Matthias Ludwig,
Reinhard Oldenburg,
Jürgen Roth (Hrsg.)

Argumentieren, Beweisen und Standards im Geometrieunterricht

AK Geometrie 2007/08

Bibliografische Information der Deutschen Nationalbibliothek
Die Deutsche Nationalbibliothek verzeichnet diese Publikation in der Deutschen Nationalbibliografie; detaillierte bibliografische Daten sind im Internet über http://dnb.d-nb.de abrufbar.

Bibliographic information published by the Deutsche Nationalbibliothek
The Deutsche Nationalbibliothek lists this publication in the Deutsche Nationalbibliografie; detailed bibliographic data are available in the Internet at http://dnb.d-nb.de.

Information bibliographique de la Deutsche Nationalbibliothek
La Deutsche Nationalbibliothek a répertorié cette publication dans la Deutsche Nationalbibliografie; les données bibliographiques détaillées peuvent être consultées sur Internet à l'adresse http://dnb.d-nb.de.

Matthias Ludwig, Reinhard Oldenburg, Jürgen Roth (Hrsg.)

Argumentieren, Beweisen und Standards im Geometrieunterricht

AK Geometrie 2007/08

ISBN 978-3-88120-487-3

Das Werk ist urheberrechtlich geschützt. Alle Rechte, insbesondere die der Vervielfältigung und Übertragung auch einzelner Textabschnitte, Bilder oder Zeichnungen vorbehalten. Kein Teil des Werkes darf ohne schriftliche Zustimmung des Verlages in irgendeiner Form reproduziert werden (Ausnahmen gem. 53, 54 URG). Das gilt sowohl für die Vervielfältigung durch Fotokopie oder irgendein anderes Verfahren als auch für die Übertragung auf Filme, Bänder, Platten, Transparente, Disketten und andere Medien.

© 2009 by Verlag Franzbecker, Hildesheim, Berlin

Inhaltsverzeichnis

Editorial 1

Bildung – Standards – Bildungsstandards (2007) 9

- Lutz Führer
  *Was könnte zeitgemäßer Mathematikunterricht zu
  naturwissenschaftlicher Allgemeinbildung beitragen?* 11
- Andreas Goebel
  *Kompetenzentwicklung im Geometrieunterricht der
  gymnasialen Oberstufe am Beispiel Niedersachsen* 53
- Günter Graumann
  *Allgemeine Ziele, die mit Tests schwerlich erfasst werden können,
  erläutert an vier Beispielen aus dem Geometrieunterricht* 65
- Reinhard Oldenburg
  Geometrie im Spiegel der Standards 75
- Lothar Profke
  *Ist der Geometrieunterricht noch zu retten? –
  Gedanken zum Tagungsthema* 93
- Heinz Schumann
  *Der Virtuelle Raum als Handlungs- und Erfahrungsraum
  für den Geometrie-Unterricht* 113
- Frauke Ulfig
  *Hauptschülerinnen und Hauptschüler lösen
  Geometrieaufgaben der PISA-Studie 2003 –
  Verbindung qualitativer und quantitativer Analysen* 133
- Hans Walser
  Was kommt denn da von draussen rein? 143

Geometrie konkret – Argumentieren und Beweisen (2008) 153

- Hans-Jürgen Elschenbroich
  Visuell-dynamische Puzzle-Beweise 155

- Lutz Führer
  Vom Begründensollen zum Vermutenwollen
  – Heinrich Winter zum 80. Geburtstag – 167
- Boris Girnat
  Geometrische Hintergrundtheorien des Beweisens im Schulalltag:
  Auszüge aus einer qualitativen Studie über Lehreransichten 189
- Olaf Knapp und Heinz Schumann
  Interaktive Instruktionsvideos für das raumgeometrische Konstruieren .. 203
- Sebastian Kuntze
  Geometrische Beweiskompetenz fördern durch Reflexions-
  und Schreibanlässe zu beweisbezogenem Metawissen 219
- Lothar Profke
  Beweisen im Mathematikunterricht –
  ein ungelöstes Problem der Mathematikdidaktik 239
- Hans Walser
  Die spinnen, die Mathematiker 255

Autorenverzeichnis **263**

Editorial

Matthias Ludwig, Reinhard Oldenburg

Der zweite Tagungsband des Arbeitskreises Geometrie der GDM ist in zweifacher Hinsicht etwas Besonderes. Zum einen beweist er, dass der Arbeitskreis Geometrie so lebendig ist, dass er seine Ergebnisse regelmäßig publizieren kann, zum anderen besteht dieser Band aus den Beiträgen zweier Herbsttagungen aus den Jahren 2007 und 2008 und dokumentiert damit die Breite der im Arbeitskreis diskutierten Themen.

Im Herbst 2007 wurde vom 14.09.2007 bis zum 16.09.2007 in Königswinter über Bildung, Standards und Bildungsstandards debattiert. Ein Jahr später traf sich der Arbeitskreis vom 12.09.2008 bis zum 14.09.2008 in Saarbrücken und verhandelte über die neusten Erkenntnisse zum Argumentieren und Beweisen im konkreten Geometrieunterricht. Aus diesen beiden Herbsttagungen wurden ausgewählte Vorträge einem Peer-Reviewprozess unterzogen und nun als Aufsätze in diesem Band veröffentlicht.

Der folgende Text soll dem werten Leser die Motivation des AK Geometrie vor Augen führen, warum er sich mit diesen Themen befasst. Es ist nicht nur der Zeitgeist, sondern auch die kritische Vernunft welche den AK Geometrie dazu gebracht hat, sich dieser beider Themen anzunehmen.

Tagung 2007: Bildung - Standards - Bildungsstandards

Mittlerweile ist die Wende von der so genannten Input- zur Outputorientierung durch die Setzung von Bildungsstandards von Seiten der KMK und durch die administrativen Umsetzungen in den Ländern weitgehend beschlossene Sache, bzw. umgesetzt. Die Umsetzung in die Unterrichtspraxis wird aber noch einige Zeit im Fluss bleiben, denn den Schulen obliegt es jetzt, die „neue inhaltliche Freiheit" zu gestalten und „den" heute vager denn je definierten Auftrag zur Allgemeinbindung umzusetzen. Am Ende der Treffen des AK Geometrie in Marktbreit (September 2006) und in Berlin (März 2007) bestand allseits der Wunsch, Geometrieunterricht einmal auf die Doppelfunktion der jetzigen Schulmaßnahmen hin gemeinsam zu überdenken.

Für den Geometrieunterricht erwachsen aus der Beschlusslage der Länder sowohl Fragen an das Konzept der Bildungsstandards überhaupt sowie Fragen innerhalb dieses Konzeptes. Zur ersten Gruppe gehören u.a.:

- Ist der Rahmen, der dem Geometrieunterricht von den Bildungsstandards gesetzt wird, geeignet, Bildungspotentiale der Geometrie zu entfalten?
- Welchen Konsens bzgl. unverzichtbarer Bestandteile des Geometrieunterrichts unterstellen und suggerieren die Bildungsstandards? Woher stammt der angebliche Konsens?
- Sind die Vorgaben der Bildungsstandards in sich didaktisch und fachlich schlüssig?
- Ist es sinnvoll möglich, die Ziele des Geometrieunterrichts für alle Schulformen einheitlich zu spezifizieren und dann auszuspezifizieren, oder dominiert so die gymnasiale Leitperspektive auch den Geometrieunterricht in der Hauptschule, der an eigene, andere Bildungsziele verfolgen (können) sollte?
- Welche Ziele des Geometrieunterrichts sind im Rahmen von Outputorientierung schlecht ansteuerbar, weil sie langfristig angelegt sind und deshalb nicht eindeutig als Unterrichtsfolgen beobachtbar sind? Können ggf. die Erfassungsmethoden verbessert werden, z. B. durch biografische Forschungsansätze?

Innerhalb des Organisationssystems Bildungsstandards ergeben sich z.B. folgende Fragen:

- Welche Konzeptionen von Geometrieunterricht sind im gegeben Rahmen möglich?
- Was kann der Geometrieunterricht zu den geforderten allgemeinen und prozessbezogenen Kompetenzen beitragen? Wie sehen geeignete Unterrichtssequenzen aus?
- Wie gut lassen sich geometrische "Kompetenzen" in zentralen oder lokalen Prüfungen erfassen? Wie könnten geeignete Aufgaben aussehen?
- Wie passt der Einsatz von Geometriesoftware, die den Unterricht divergenter macht, zum Vormarsch zentraler Prüfungen?
- Welche handfesten Erkenntnisse zum Lernen von Geometrie gibt es bisher aus PISA, Zentralabitur und/oder Lernstandserhebungen?

Natürlich konnten auf der Tagung 2007 in Königswinter nicht alle Fragen behandelt werden, aber die Beiträge der verschiedenen Autoren haben doch die Vielfalt und die Tiefe der Problematik ausgeleuchtet. Im Einzelnen haben sich die Autoren den folgenden Fragen angenommen:

Lutz Führer möchte zeigen, was zeitgemäßer Mathematikunterricht zu naturwissenschaftlicher Allgemeinbildung beitragen könnte. Der Beitrag ist aus der

Überzeugung heraus geschrieben, dass die mathematisch-naturwissenschaftlichen Fächer an allgemeinbildenden Schulen außer der Vermittlung von positivem Wissen und Können noch etwas anderes leisten sollen und müssen. Dieses andere schwingt noch mit in dem, was im deutschsprachigen Raum mit dem „Bildungs- und Erziehungszweck" öffentlicher Beschulung gemeint ist. Und dieses andere, so wird zu belegen versucht, findet sich ganz überwiegend im Komplement dessen, was im framework von scientific und mathematical literacy für PISA und ähnliche Empirie operationalisierbar ist. Worum es sich bei diesem „Bildungsrest" genau handelt, ist schwer zu beschreiben, traditionsbeladen und vermutlich auch deshalb schwer zu bewahren. Es geht um nicht weniger als die anstrengende Frage, wie aus Beobacht-, Mess- und in der Welt sicher feststellbarer Gewissheit, Handlungsperspektiven und Maßstäbe gewonnen werden können, die die soziale Gebundenheit unseres Denkens und Handelns als Rahmenbedingung ernst nehmen und nicht politischen Manipulationen unterwerfen oder wissenschaftsökonomisch funktionalisieren. Die mathematischen und naturwissenschaftlichen Fächer können wie keines der anderen, glaubhaft bezeugen, wie realitätsbezogene Erkenntnis, die sich um Vorurteilsfreiheit, Prüfbarkeit und intersubjektive Akzeptanz bemüht, gewonnen, als soziales Wissen etabliert und als Bewusstseinsdeformation relativiert und überwunden werden kann. Wer, wenn nicht die mathematischen und naturwissenschaftlichen Fächer, soll denn zu selbstkritischer Mündigkeit, intellektueller Redlichkeit und vernünftiger Rede in Tatsachenfragen anleiten? Auch wenn es dazu metaphysischer Überlegungen bedarf, und einiger Opfer an fachlichem Geltungsanspruch?

Andreas Goebel schreibt über die Fortführung der Kompetenzentwicklung in der Oberstufe am Beispiel der EPA Niedersachsen. Die von der KMK beschlossenen Bildungsstandards gelten für den mittleren Schulabschluss. Ob es ähnliche Standards für die Oberstufe geben wird, ist zur Zeit nicht bekannt. Daher hat der Andreas Goebel am Beispiel der in Niedersachsen geltenden einheitlichen Prüfungsanforderungen sowie der Abituraufgaben des Jahres 2007 und der Anforderungen für das Zentralabitur 2008 geprüft, ob durch die bestehenden Regularien bereits der Erwerb der in den Standards festgeschriebenen Kernkompetenzen sinnvoll fortgeführt wird. Alternative Ansätze für den Geometrieunterricht in der Oberstufe werden diskutiert.

Günter Graumann beschreibt in seinem Beitrag Allgemeine Ziele, die mit Tests schwerlich erfasst werden können. Und erläutert dies an vier Beispielen aus dem Geometrieunterricht. Durch die an betriebswirtschaftlichem Denken und an Vergleichs- und Output-Tests orientierten bildungspolitischen Tendenzen besteht die Gefahr, dass der Unterricht zu einem Lernen von nur abtestbaren Kenntnissen, Fertigkeiten und Fähigkeiten – einem schlechten traditionellen Unterricht in neuem Gewande – verkümmert. Außerdem kann der auch in Deutschland spürbare Trend der Fokussierung auf standardisierte Tests langfristig zu einer verengten Sichtweise der Didaktik führen. Da die Förderung und Überprüfung solcher allgemeiner Ziele grundsätzlich nicht so einfach ist wie das Trainieren und Abtesten von Kenntnissen und Fertigkeiten, beschreibt er zunächst Kategorien der Allgemeinbildung und verdeutlicht dann an vier Beispielen aus dem Geometrieunterricht („Erkundungen mit Polyominos und ähnlichen Puzzles in Klasse 3", „Entwicklung von Vorstellungen zur Geradlinigkeit und Unendlichkeit der Geraden in Klasse 5", „Experimentelle Verfahren zur Kreismessung in Klasse 9" und „Genetischer Zugang zur Trigonometrie in Klasse10"), welche allgemeinen Ziele des Mathematikunterrichts man verfolgen kann und wie diese die Unterrichtskultur beeinflussen können.

Reinhard Oldenburg versucht die Geometrie im Spiegel der Standards zu beschreiben. Die Orientierung an den Bildungsstandards wirkt auf vielfältige Weise auf den Geometrieunterricht zurück. In diesem Beitrag soll im Vergleich von Mathematik- und Informatikunterricht gezeigt werden, wie Kompetenzen mit Inhalten wechselwirken. Außerdem wird die inhaltliche Änderung am Geometrieunterricht am Beispiel von Aufgaben konkretisiert.

Lothar Profke fragt, ob der Geometrieunterricht noch zu retten ist? Die Frage meint: Kann tatsächlicher Geometrieunterricht leisten, was Lehrpläne, die Bildungsstandards, die Gesellschaft von ihm erwarten? Vorläufige Antworten führen zu Überlegungen, was man im Geometrieunterricht erreichen wollen soll und was davon (derzeit und in näherer Zukunft) überhaupt möglich erscheint. Daraus ergibt sich, wie werdende und praktizierende Mathematiklehrer zum Gestalten von Geometrieunterricht zugerüstet werden müssten. Beispiele zu Standardthemen des Geometrieunterrichts erläutern, wie man diese Aus- und Fortbildungsaufgabe bearbeiten kann. Die Antwort auf die Frage im Vortragsthema fällt wohl verhalten pessimistisch aus.

Heinz Schumann beschäftigt sich mit dem virtuellen Raum als interaktivem Handlungs- und Erfahrungsraum für den Geometrie-Unterricht. Dank der Methoden der 3D-Computergrafik, der Software-Ergonomie und leistungsfähiger Hardware verfügen wir in den für den Raumgeometrie-Unterricht entwickelten prototypischen interaktiven Computerwerkzeugen, die uns die Anwendung der Methoden der Darstellenden Geometrie abnehmen, über einen relativ offenen geometrisierten virtuellen Raum als interaktivem Sichtraum, in dem wir komfortabel raumgeometrisch arbeiten können.

Frauke Ulfig schreibt in ihrem Aufsatz über Hauptschülerinnen und Hauptschüler die Geometrie-Aufgaben der PISA-Studie 2003 lösen. Sie nimmt eine Triangulation qualitativer und quantitativer Analysen vor. Die PISA-Studie liefert globale Daten über Bildungssysteme. Die Ergebnisse darf man nicht ohne Weiteres auf einzelne Schülerinnen und Schüler beziehen. Neue Erkenntnisse hinsichtlich individueller Denkweisen zeigen sich, wenn neben den Ergebnissen auch die Lösungsprozesse analysiert werden.

Hans Walser erklärt in seinem Beitrag Hintergründe zu HarmoS. Unter diesem Kürzel wurde 2003/04 von der kantonalen Erziehungsdirektorenkonferenz ein Projekt zur Harmonisierung der Schulen in der Schweiz gestartet. Diese Harmonisierung wird im Beitrag kritisch diskutiert.

Tagung 2008: Geometrieunterricht konkret - Argumentieren und Beweisen

Eine direkte Konsequenz der Standarddiskussion in Deutschland ist die Ausarbeitung bzw. die Konkretisierung der allgemeinen mathematischen Kompetenzen. Man hat sich in der Diskussion um die Standards auf sechs Kompetenzen verständigt. Sie werden üblicher Weise mit den Kürzeln K1 bis K6 bezeichnet:

- K1: mathematisch argumentieren
- K2: Probleme mathematisch lösen
- K3: mathematisch modellieren
- K4: mathematische Darstellungen verwenden
- K5: mit symbolischen, formalen und technischen Elementen der Mathematik umgehen
- K6: kommunizieren

Es liegt aber auf der Hand, dass sich manche dieser sechs Kompetenzen nicht stark von einander abgrenzen lassen, sondern dass es teilweise große Überlappungsbereiche gibt. So kann man sich gut vorstellen, dass K1 und K6 sowie K4 und K5 ziemlich ähnliche Kompetenzen beschreiben. Einige Bundesländer z.B. Sachsen Anhalt haben deshalb die Unterscheidung in diese sechs Kompetenzen aufgegeben und formulieren wie im Fall Sachsen-Anhalt nur noch vier.

- mathematisch argumentieren und kommunizieren
- Probleme mathematisch lösen
- mathematisch modellieren
- mathematische Darstellungen und Symbole verwenden

Man erkennt, dass Argumentieren, Begründen und Beweisen sind zu einer der sechs (vier) allgemeinen Kompetenzen für den Mathematikunterricht konkretisiert worden. Das ist aber nicht der Anfang vom Argumentieren und Begründen gewesen, natürlich wurde schon vor der Formulierung der Bildungsstandards im

Mathematikunterricht bewiesen, begründet und argumentiert. Durch die Bildungsstandards wird aber mitunter der Eindruck erweckt, als müsste alles neu erfunden werden, dem ist zum Glück nicht so. Es sind viele gute Ideen zum Beweisen und Erkenntnisse über Argumentieren und Begründen vorhanden, welche wir durch diese Tagung gebündelt und verstärkt haben.

Hans Schupp legt bewusst das Gewicht auf das Wesen des Beweisens gelegt. Beweisen ist nämlich eine Warum-Frage vernünftig zu beantworten. Dies bedeutet die traditionellen Fachbeweise zu entkrampfen.

Für Lothar Profke ist das Beweisen im Mathematikunterricht nach wie vor ein ungelöstes Problem der Mathematikdidaktik, auch wenn es manch brauchbare isolierte Vorschläge gibt: Es gibt bisher immer noch keine erfolgreiche Methodik des Beweisens

Lutz Führer argumentiert, dass das offizielle KMK-Feigenblatt „mathematisch argumentieren" nur noch ein begriffsloses Assoziationsfeld ist, in dem die halbe Welt Platz finden. Wer sich dagegen wirklich auf das Beweisenlehren einlässt, benötigt Mut und Zähigkeit um der vielen anderen Ziele wie Standarderreichung und Outputorientierung durchzuhalten. Am beweisen festhalten heißt für Lutz Führer am Geometrieunterricht festhalten.

Boris Girnat geht das Thema Beweisen aus der Sicht der Lehrenden an. Dazu werden Auszüge aus einer Interviewstudie vorgestellt, in der Gymnasiallehrer allgemein zu Zielen und Aspekten ihres Geometrieunterrichtes befragt worden sind. Dabei wird skizziert, welche unterschiedlichen Erwartungen man mit diesem Bildungsziel verbinden kann und welche Konsequenzen das für den Unterricht hat; und es wird vorgestellt, welchen Stellenwert und welche Beziehungen die befragten Lehrkräfte zu anderen Kompetenzen sehen.

Sebastian Kuntze legt eine Interventionsstudie vor, bei der er zeigen möchte wie die Geometrische Beweiskompetenz durch Reflexions- und Schreibanlässe zu beweisbezogenem Metawissen gefördert werden kann. Um Beweise in der Geometrie verstehen oder generieren zu können, brauchen Lernende ein Grundverständnis über das Beweisen als mathematische Aktivität. Gelegenheiten zur Reflexion über das Beweisen, die durch Schreibanlässe vertieft werden kann, stellen eine Möglichkeit dar, solches beweisbezogenes Metawissen zu stärken. Ergebnisse zweier empirischer Studien deuten darauf hin, dass die Kompetenz, geometrische Beweisprobleme zu lösen, durch eine entsprechende Lernumgebung gefördert werden konnte.

Olaf Knapp zeigt in seiner Studie, wie Interaktive Instruktionsvideos für das raumgeometrische Konstruieren mit dynamischen Raumgeometriesystemen (DRGS) eingesetzt werden können um die reichhaltigen Potentiale der Raumgeometrie zu nutzen. Gerade für noviziale Lehrpersonen oder Schüler sind solche Instruktionsvideos gewinnbringend.

Hans Walsers kurzer Bericht über zwei Argumentationsbeispiele aus dem Unterricht und eines aus einem fachdidaktischen Pausengespräch zeigen die Vielfältigkeit und Bandbreite von mathematischer Argumentation.

Hans-Jürgen Elschenbroich stellt in seinem Aufsatz die Möglichkeiten von visuell-dynamischen Puzzle-Beweisen an schulrelevanten Beispielen der Klassenstufe 7-9 dar. Besonders viel Wert wird auf „Siehe"-Beweise gelegt. Das Zerlegen oder Ergänzen von Flächen, Spiegelungen oder Verschiebungen von (Teil-)Flächen sind altbekannte Visualisierungsstrategien, die sich mit DGS besonders schön dynamisieren lassen und eine Betrachtung von vielen Konfigurationen, auch Grenzfällen, einfach und schülernah ermöglichen.

Fazit

Die positive Resonanz auf die beiden Tagungen zeigt, dass es einen Bedarf gibt, die aktuellen Reformen des Mathematikunterrichts auch inhaltlich auf die Geometrie fokussiert zu diskutieren. Wir wünschen dem Leser dieses Tagungsbandes viele Denkanregungen zu diesem andauernden Prozess, der hoffentlich dazu führt, dass die Geometrie ein lebendiger Bestandteil der Schulmathematik bleibt oder sogar noch lebendiger wird.

Bildung – Standards – Bildungsstandards
GDM-Arbeitskreis Geometrie
Tagung 2007 in Königswinter
14.09.-16.09.2007

Was könnte zeitgemäßer Mathematikunterricht zu naturwissenschaftlicher Allgemeinbildung beitragen?

Lutz Führer

Zusammenfassung. Der im Folgenden ausgearbeitete Vortrag wurde zuerst im Juni 2007 zur Eröffnung des Zentrums für mathematisch-naturwissenschaftliche Bildung an der Kölner Universität gehalten. Er versuchte der Bitte nachzukommen, etwas Bewusstseins- und Identitätsstiftendes zum Problem zeitgemäßer mathematisch-naturwissenschaftlicher Bildung aus mathematikdidaktischer Sicht auszusagen. Den Veranstaltern der Königswinterer Tagung schien es sinnvoll, das im AK Geometrie zu erörternde „geometrische" Allgemeinbildungsproblem auch einmal bewusst umfassend und sogar „von außen" anzureißen. Damit war zugleich eine Provokation in Kauf zu nehmen: Als „studierter 68er" und langjährig erfahrener Praktiker steht der Autor Empirischer Unterrichtsforschung als didaktischer Leitkultur sehr skeptisch gegenüber. Zur Begründung seiner Skepsis versuchte er der prosperierenden Testindustrie naturalistische Fehlschlüsse, Neobehaviorismus, naiven Positivismus und bildungsfeindlichen Utilitarismus nachzuweisen. (Die damaligen Belegquellen wurden belassen, weil dem Autor bis Frühjahr 2009 keine substanziell neueren Auffassungen bekannt wurden.) Dem stellte er Umrisse eines fähigkeits- und haltungsorientierten, sozial verpflichtenden Mathematikunterrichts gegenüber, wobei „sozial" wie vor der kognitiven Wende der Psychologie mit „gesellschaftlich" zu konnotieren wäre, nicht länger nur einfach – unterrichtsmethodisch säkularisiert – mit „gesellig".

„Mit leerem Kopf nickt sich's leichter." (Volksmund)

Ein Beispiel

Als ich vor rund dreißig Jahren zum ersten Mal eine siebente Klasse in die Mechanik einführen sollte, ließ ich zum Einstieg ein Blatt Papier und ein Kreidestück fallen. „Was seht ihr?" Die Reaktion fand ich damals höchst überraschend: Fast alle Finger waren oben, und, wen immer ich fragte, dieselbe Antwort: „Beide Körper fallen gleich schnell."

Ich wiederholte das „Experiment" und fragte wieder. Diesmal waren nur noch drei Finger oben. „Eigentlich", wurde ich endlich vom Dritten aufgeklärt, „eigentlich fallen alle Köper gleich schnell, und dann kämen sie auch gleichzeitig unten an. Aber Sie haben ja geschummelt und die Luft dabei gelassen." Ich versprach, die Luft künftig aus dem Physikunterricht ganz fort zu lassen. Die Kinder lachten.

Was war geschehen? Das Ganze spielte sich in Niedersachsen ab, wo es damals in schulformunabhängigen Orientierungsstufen für die Klassen 5 und 6 schon den später berühmten fächerübergreifenden Natur„wissenschafts"unterricht gab. Die – nicht selten übergreifend fachfremden – Lehrkräfte hatten sich nach Kräften bemüht, den Mischmaschunterricht möglichst attraktiv zu machen. Resultat war eine Parforcejagd durch das traditionelle Arsenal der naturwissenschaftlichen Mittelstufenfächer: Wo immer ein Versuch, Schülerexperiment, Projekt ... einen Knalleffekt versprach, wurde er „elementarisiert" und zur propädeutischen Wissenschaftsshow umfunktioniert.[1]

Jens Pukies, damals Lehrer am Bielefelder Oberstufenkolleg, hatte offenbar sehr ähnliche Erfahrungen gemacht. In seinem höchst engagierten Buch „Das Verstehen der Naturwissenschaften" schrieb er 1979:

„Der freie Fall

Oder: Von der Beobachtung zum Naturgesetz

Beobachten wir also die Natur und sehen, was dabei herauskommt. Schüler, die noch nicht mit den Ergebnissen der Naturwissenschaften vertraut, die also noch nicht „verbildet" sind, sind die idealen Beobachter der Natur. Sie beobachten z. B., daß ein Blatt langsamer fällt als eine Eisenkugel und daß eine Eisenkugel in Luft schneller als in Wasser und in Wasser schneller als in Öl fällt. Aufgrund dieser Beobachtungen formulieren sie das Fallgesetz: die Fallgeschwindigkeit eines Körpers ist direkt proportional zu seiner Masse und umgekehrt proportional zur Dichte des Mediums.

Sie kommen auch ohne Schwierigkeiten zu der Erkenntnis, daß es ein Vakuum nicht geben kann; denn ..." (Pukies 1979, S. 14)

Wie Aristoteles und die mittelalterlichen Naturphilosophen kämen die Schüler durch sorgfältiges Hingucken zu der Hypothese

$$v \sim \frac{Masse}{Dichte}$$

und zum *horror vacui* als Korollar. Welten täten sich von dort auf...

Pukies wusste durchaus:

„Man kann als Lehrer selbstverständlich viel schneller im Stoff vorankommen, sich und den Schülern diese zweifellos schwierigen Überlegungen und

---

[1] Ragnar Yogishwar, Wigald Boning und die heutigen Kinderuniversitäten lassen mit ihren penetranten Anbiederungsversuchen grüßen.

Abstraktionen ersparen, indem man gleich mit der „richtigen" Physik anfängt, alle Natur, Schülerbeobachtungen und -erfahrungen beiseite läßt, statt dessen Experimente, die zu den richtigen Ergebnissen führen, vorführt. Man läßt z. B. nicht ein Blatt und eine Kugel im luftgefüllten Raum, also der natürlichen Umgebung, fallen, sondern in der evakuierten Röhre, in der Blatt und Kugel gleich schnell fallen. Gleich „entdecken" die Schüler das richtige Gesetz, induktiv, durch Beobachten der Natur." (Pukies 1979, S. 17)

Aber so leicht wolle er es seinen (Oberstufen-) Schülern nicht machen:

„Mit dieser Methode, mit der Durchführung solch perfekter Demonstrationsexperimente, enthält der Lehrer den Schülern aber wichtige Aspekte und Erkenntnismethoden der Naturwissenschaften vor; außerdem betrügt er sie und hindert sie am Lernen. Er betrügt sie aus folgendem Grund: Er führt einen Versuch vor, den er nur in Kenntnis des Ergebnisses durchführen kann, tut aber so, als würde durch diesen Versuch das Ergebnis, das Voraussetzung zur Durchführung des Versuchs ist, gewonnen werden. [...]

- *Der Bezug der Physik zur Natur wird verbaut und nicht mehr erkennbar (auf der Erdoberfläche gibt es in der Natur kein Vakuum).*

- *Der Schüler begreift nicht, warum es Jahrtausende gesellschaftlicher Denkanstrengungen bedurfte, um zu einem so „simplen" Gesetz zu kommen: Im Vakuum fallen alle Körper gleich schnell. Das kann man doch sehen!*

- *Der Schüler denkt, Naturwissenschaftler fänden Gesetze durch Beobachtung. Die Wahrheit und das Faszinierende ist aber - und dies wird dem Schüler vorenthalten - daß das Fallgesetz erkannt werden konnte gerade ohne Experimente im Vakuum, durch spekulatives Denken, durch Abstrahieren von der Beobachtung, gegen die offensichtliche Erfahrung.*

- *Der Schüler lernt nicht, welche Widerstände überwunden werden müssen, um eine Erkenntnis durchzusetzen."* (Pukies 1979, S. 18)

Pukies Argumentation entsprang seinem Engagement für Naturwissenschaftsunterricht in aufklärerischer Absicht. Und so betonte er immer wieder, dass Galileis Entwicklung des Fallgesetzes in den Discorsi typisch sei: Gezieltes naturwissenschaftliches Beobachten fände unvermeidlich im Bezugsrahmen hypothetischer „Theorien" statt. Empirische Fakten sprächen eben nicht für sich. Und das Sprechen, so könnte man mit J. R. Searle ergänzen, selbst auch nicht. Was immer wir (für-)wahrnehmen, bedenken und kommunizieren ist vielfältig konnotiert, und nur deswegen sinnvoll, verständlich und nutzbar.

> *Vor das „Fragen an die Natur" hat Gott das Nachdenken und Spekulieren gesetzt, sonst versteht man die Antworten nicht gut.*
>
> *Wenn Aufklärung im Kantschen Sinne noch gemeint ist, hat zeitgemäßer naturwissenschaftlicher Unterricht die Pflicht und Schuldigkeit, das zu zeigen, um vor Ideologien der selbstredenden Empirie zu schützen.*

Das Beispiel kann noch einen Aspekt zeigen, auf den wir später eingehen wollen:

Mathematisch geht es noch schneller:

Die erste Ableitung eines Weg-Zeit-Gesetzes heißt Geschwindigkeit, die zweite Ableitung Beschleunigung.

Satz:

Aus $s''(t) \stackrel{!}{=} const$ folgt $s(t) = c_2 + c_1 \cdot t + \frac{1}{2} const \cdot t^2$, und wegen $s'(t) = c_1 + const \cdot t$ ist dabei $c_1 = 0$.

Beispiel:

Experimente haben gezeigt, dass die Erdbeschleunigung g an jedem festen Ort konstant, masseunabhängig und ungefähr $-9{,}81$ m/s^2 ist. Daraus folgt Galileis Fallgesetz $h(t) \approx h_0 - 5 \cdot t^2$.

So kann – ich erinnere mich an entsprechende Vorlesungen zu Studienbeginn – gleichermaßen kostbare Unterrichtszeit und abprüfbares Niveau gewonnen werden. Zwar wird auf diesem Wege kein aktiv nutzbares, produktives Wissen gewonnen, aber eine verlässliche Haltung „zur exakten Wissenschaft", die in der großen Schar der nicht durch Begabung Immunisierten durch Reinen Glauben ans Berechenbare, ehrfürchtige Demut und gesellschaftliche Opferbereitschaft charakterisiert ist.

Hier ein Beleg aus einer Weiterbindungsveranstaltung April 2007, als es um das Thema „Dreisatz oder nicht" ging:

Aufgabe:

Ein Ei fällt vom Frankfurter Messeturm, der rund 265,5 m hoch ist. Nach 2 Sekunden hat das Ei 20 m zurück gelegt. Wann kommt es unten an?

Lösung einer praktizierenden Grundschullehrerin:

Es handelt sich um einen direkten Dreisatz.

Fällt das Ei in durchschnittlich gleicher Geschwindigkeit (ohne Anfangsbeschleunigung), so erreicht das Ei nach 2565 sec. den Boden.

Rechnung:

2 sec = 20 m

1 sec = 20/2 = 10 m

10 · 256,5 = 2565

Nach dieser Rechnung fiele das Ei also rund eine Dreiviertelstunde.

Als ich davon in einer Vorlesung erzählte, wandte ein Gymnasialstudent ein, es sei gar nicht einfach, die Fallzeit eines Eis in diesem Kontext zu berechnen, es gebe ja formabhängige Grenzgeschwindigkeiten sowie Kreisel- und Schwingungseffekte aufgrund der inneren Inhomogenitäten zwischen Eiweiß und Eidotter ...[2] Ja, und es gibt auch noch – s. Google-Earth – die sperrige Form des Messeturms. Aber der springende Punkt, der hier hartnäckig verfehlt wird, ist die Verlagerung einer harmlosen Frage aus der persönlichen Erfahrungswelt in eine Scheinwelt exakter Belanglosigkeiten.

Unbefriedigende Schulleistung

„Wittenbergs Behauptung, dass eine rein ökonomische oder auch nur rein vom objektiven Kulturzustand hergeleitete Zielsetzung des Unterrichts eine Inhumanität oder Würdelosigkeit dar stelle, ist — soziologisch gesehen — keine Phrase. Sie beschreibt nur den Tatbestand, dass jeder Mensch, auch der Schüler, auf die Dauer immer mit Desinteresse und Abwehr reagieren wird, wo man ihn grundsätzlich nur als eine zu reproduzierende oder zu manipulierende Größe — sei es der Ökonomie, sei es eines bestehenden Fach- oder Kulturzustandes [, sei es einer seit hundert Jahren fortschrittlichen Methodik oder einer phantasielosen Forschungsmode; L. Fü.] — betrachtet."

(Lenné 1969, S. 94 f)

Wissenschaftliche Didaktik lebt wie Ärzte und Rechtsanwälte von schlechten Nachrichten und teuren Heilsversprechen. Eine Testindustrie, die das real existierende Schulwesen bestätigen würde, könnte nicht prosperieren und verstünde verdächtig wenig vom modernen Wirtschaftsleben. Kein Wunder also:

---

[2] http://www.tuwien.ac.at/fileadmin/t/tuwien/docs/news/Schwerkraft_und_Gravitation-1.pdf

„Die Befunde der multiplen Ländervergleiche auf der allgemeinen Ebene mathematisch-naturwissenschaftlicher Grundbildung sind konsistent. Das am Ende der schulischen und beruflichen Erstausbildung erreichte Niveau mathematisch-naturwissenschaftlicher Grundbildung liegt im internationalen Vergleich in einem mittleren Bereich. Schulabsolventen wichtiger europäischer Nachbarstaaten erreichen tendenziell oder deutlich bessere Leistungsergebnisse. Das Gesamtbild ist über alle verglichenen Teilpopulationen hinweg stabil. Auch bei der Betrachtung des oberen Leistungsviertels der Alterskohorte ergeben sich keine abweichenden Resultate." (Baumert; Bos u. A. 2000, S. 24)

Ausschnitt aus den Rankings von PISA 2003

Mathematik		Lesefähigkeit		Naturwissenschaften	
1. Hongkong	550	1. Finnland	543	1. Finnland	548
2. Finnland	544	2. Südkorea	534	2. Japan	548
3. Südkorea	542	3. Kanada	528	3. Hongkong	539
4. Niederlande	538	4. Australien	525	4. Südkorea	538
5. Liechtenstein	536	5. Liechtenstein	525	5. Liechtenstein	525
6. Japan	534	6. Neuseeland	522	6. Australien	525
8. Belgien	529	11. Belgien	507	12. Schweiz	513
10. Schweiz	524	13. Schweiz	499	14. Belgien	509
18. Österreich	506	21. Deutschland	491	18. Deutschland	502
19. Deutschland	503	21. Österreich	491	23. Österreich	491
23. Luxemburg	493	27. Luxemburg	479	27. Italien	486
31. Italien	466	29. Italien	476	29. Luxemburg	483

zit. nach http://de.wikipedia.org/wiki/PISA-Studien

Abbildung 1: Ausschnitt aus den Rankings von PISA 2003

Es ist inzwischen Tradition, auf Hiobsbotschaften nicht mit innerer Einkehr, sondern mit Aktionismus zu antworten. Wer kann das Unerfreuliche rasch verdrängen? Der Reparaturbetrieb der Nation, die Schule – oder besser: das Schulwesen.

Im Folgenden soll es um – zumindest in Mathematik – seit 10 Jahren vernachlässigte Überlegungen gehen, was „man" mit dem Bildungssystem wollen könnte und sollte. Ein wichtiger Hinweis kann unmittelbar der öffentlich wirksamen PISA-Diskussion entnommen werden:

Weil aus einer rein deskriptiven Aussage – ohne metaphysische Zutaten – keine präskriptive folgen kann, sprechen die Befunde nicht für sich selbst.³ Ich unterstelle keinem PISA-Forscher ohne genaueres Hinsehen einen naturalistischen Kurzschluss, aber Bildungspolitik, Bildungspresse, -administration und -profiteure suggerieren ihn dauernd in der populistischen Form:

Weil Deutschland (oder Nordrhein oder Tutzing) bei PISA so und so abgeschnitten hat, müssen wir, genauer gesagt: „die Lehrer", ...

In den meisten Fällen steckt dahinter sehr wahrscheinlich kein echter „Sein-Sollen-Fehlschluss", sondern wissenschaftsökonomische oder gar demagogische Interessenpolitiken. Umso schlimmer. Hier wird aus dem naturalistischen Kurzschluss eine nationale Bewegung. Das sollte nicht so sein. Eine wichtige, wenn nicht die wichtigste Aufgabe allgemein-, d. h. „volks"bildenden, mathematisch-naturwissenschaftlichen Unterrichts muss Immunisierung gegen naturalistische Kurzschlüsse sein: Tatsachenwissen kann nicht sagen, was zu denken ist und was geschehen soll. Oder, um es mit Popper zu sagen:

---

³ Aus dem, was ist, folgt – ohne normative Zutaten – nicht, was sein soll. („Hume's Gesetz" aus dem „Treatise on Human Understanding" von 1740: „Sein-Sollen-Fehlschluss", „naturalistischer Kurzschluss" nach G. E. Moore 1903) Dass es sich um einen Fehlschluss handele, ist in der Philosophie nicht unumstritten und hängt natürlich davon ab, wie viel gedankliches Eigenleben man gegenüber den „Tatsachen" zubilligen mag. Hume selbst (1748/58) reduzierte jeglichen Begriff der notwendigen Folgerung auf Herleitungen aus wiederholt wahrgenommenen Koinzidenzen, also auf vorläufige, wahrscheinliche Hypothesen. Das könnte man ironisch überspitzen: Man muss die kurzschlüssige Umdeutung empirischer Befunde in normative Handlungsanweisungen nur lange genug wiederholen, dann wird aus dem naturalistischen Kurzschluss ein Kausalgesetz. Präskriptive Aussagen wurzeln bei Hume nicht in der Vernunfts-, sondern in der Gefühlswelt. Die Bezeichnung „naturalistischer Fehlschluss" stammt von G. E. Moore, der vorschlug, jeder empirischen Tatsachenbehauptung die entlarvende Frage „ist es auch gut?" gegenüber zu stellen. J. Searle gab zu bedenken, dass gar keine sprachliche Beschreibung von „Tatsachen" ohne normative Elemente möglich sei. – Im konkreten Fall der PISA-Rezeption braucht man solche Feinheiten gar nicht: Das PISA-Konsortium und diverse Hilfsexperten interpretieren freiwillig die in unverdaulichen Massen vorliegenden Rohdaten als würden sie seit langem modische erziehungswissenschaftliche Meinungen zu Unterrichtsformen und -wirkungen empirisch stützen bzw. modifizieren, auch dann wenn letztere weder im Untersuchungsdesign noch in den tatsächlichen Beobachtungen eine Rolle spielten, jedenfalls nicht in den öffentlich zugänglichen. Das gilt z. B. für diverse reformpädagogische Parolen, obwohl auch „reaktionäre" Auffassungen von Unterricht mit den Daten kompatibel wären. Man denke nur an die Diskussionen bzgl. der japanischen Juku-Schulen und bzgl. zweifelhafter Interpretationen von großenteils geheimen Videos. (Die Video-Studien sind ein Fall für sich. Man sollte sie aus wissenschaftsethischen Gründen gar nicht zur Kenntnis nehmen.)

„Aus der Feststellung einer Tatsache lässt sich niemals ein Satz herleiten, der eine Norm, eine Entscheidung oder einen Vorschlag für ein bestimmtes Vorgehen ausspricht." (Popper, Offene Gesellschaft I, 77)

Auf PISA bezogen: Die aufgabengebundene Performanz der Probanden verrät nur Reaktionen in einem bestimmten organisatorischen Umfeld, zu einer bestimmten Zeit, auf bestimmte Aufgaben und auf unbestimmte systemstrategische Erfordernisse. Sie verrät nicht wirklich, wie es mit der jeweils inneren, in echten Lebenssituationen aktivierbaren mathematischen oder naturwissenschaftlichen Grundbildung steht und insbesondere nicht, was man tun muss, um persönliche „literacy" (neudeutsch: Literalität; sinngemäß ungefähr: gelebte Grundbildung) zu bessern, nicht einmal deren Performanz. Dazu bedarf es eben der Expertinnen, Experten, Expertisen, der politischen Willensbildung und der administrativen Umsetzung – mit all ihren offenen oder heimlichen Bindungen auch an problemfremde Interessen, wie z.B. die Drittmittelkonjunktur. Rasche Erfolge kann zudem nur erwarten, wer das jedermann geläufige, aber wissenschaftlich sperrige Reifungsproblem integrativen Wissens und Könnens ignoriert – eine Haltung, die aus methodischen Gründen quantitativ-empirischer Bildungsforschung geradezu immanent ist: Was aus Schulbildung im Leben wird, kann nicht empirisch stringent auf Schulbildung zurückgeführt werden, weil die maßgeblichen Einflussparameter nicht kontrollierbar sind und weil Längsschnittstudien – um noch einmal Popper zu bemühen – sowohl überindividuelle als auch falsifizierbare Befunde kaum erwarten lassen.

Naturwissenschaftliche Grundbildung?

„Ein Grundgestus der Wissenschaft ist es nun aber, die schlichte Frage zu stellen, ob denn stimmt, was man gemeinhin denkt und sagt, und zu beobachten und zu problematisieren, was ansonsten nicht beobachtet und problematisiert wird." (Hörisch, 2006, S. 86)

Naturwissenschaftliche Grundbildung wird derzeit unter dem Einfluss von PISA als „scientific literacy" verstanden. Letzteres wurde als sog. „framework" der PISA-Studie vorgeordnet. Im Folgenden soll gezeigt werden, wie dieses Framework zunächst auf dem Weg durch die nationalen Gremien delikate Modifikationen erfuhr, ohne das Aufgabenmaterial ernsthaft zu verändern. Heute wird es de facto in der öffentlichen und bürokratischen Wahrnehmung durch das Aufgabenmaterial selbst verdrängt.

Man kann selbst nicht beobachten, ohne dabei zu sein. Das wussten wir spätestens aus der Mikrophysik des 20. Jahrhunderts, und die TIMSS- und PISA-Konstrukteure wussten es auch. Alle ihre Testfragen wurden, so versicherten sie uns immer wieder, auf der Grundlage vorgängiger Annahmen über wünschenswerte „Literacy", Grundbildung oder gar Bildung konstruiert. Es lohnt sich, diesen „Framework"-Konstruktionen ein wenig nachzugehen, weil sich schon bei deren Konstruktion Bedeutungsverschiebungen ohne Auswirkungen auf die Testaufgaben nachweisen lassen und weil sich die Reinterpretation der gewonnenen empirischen Befunde kaum noch um eine stringente Rückführung auf das bildungstheoretische Framework bemüht.

„The National Science Education Standards are designed to guide our nation toward a scientifically literate society. Founded in exemplary practice and research, the Standards describe a vision of the scientifically literate person and present criteria for science education that will allow that vision to become reality. Why is science literacy important? First, an understanding of science offers personal fulfillment and excitement – benefits that should be shared by everyone. Second, Americans are confronted increasingly with questions in their lives that require scientific information and scientific ways of thinking for informed decision making. And the collective judgment of our people will determine how we manage shared resources – such as air, water, and national forests.

Science understanding and ability also will enhance the capability of all students to hold meaningful and productive jobs in the future. The business community needs entry-level workers with the ability to learn, reason, think creatively, make decisions, and solve problems. In addition, concerns regarding economic competitiveness stress the central importance of science and mathematics education that will allow us to keep pace with our global competitors.

Why National Science Education Standards?

The term "standard" has multiple meanings. Science education standards are criteria to judge quality: the quality of what students know and are able to do; the quality of the science programs that provide the opportunity for students to learn science; the quality of science teaching; the quality of the system that supports science teachers and programs; and the quality of assessment practices and policies. Science education standards provide criteria to judge progress toward a national vision of learning and teaching science in a system that promotes excellence, providing a banner around which reformers can rally. [...]

Goals for School Science

The goals for school science that underlie the **National Science Education Standards** *are to educate students who are able to*

- *experience the richness and excitement of knowing about and understanding the natural world;*

- *use appropriate scientific processes and principles in making personal decisions;*

- *engage intelligently in public discourse and debate about matters of scientific and technological concern; and*

- *increase their economic productivity through the use of the knowledge, understanding, and skills of the scientifically literate person in their careers.*

These goals define a scientifically literate society. The standards for content define what the scientifically literate person should know, understand, and be able to do after 13 years of school science." (NAS 1995, Kap. I)

Die US-amerikanischen National Standards antworteten auf eine Reihe von Krisenberichten und Standards-Vorschlägen aus den 80er-Jahren wie „A Nation at Risk" (1983), die NCTM-Standards (1989), Standards der Science-Teacher-Vereinigung, Appelle und Vorschläge diverser Naturwissenschafts-, Industrie- und Wirtschaftsverbände. In NAS (1995) wird das im Einzelnen berichtet und mit sehr großem methodischem Aufwand in testbare Items zergliedert. Hauptmotiv war – wie 30 Jahre zuvor – Steigerung der wirtschaftlichen Konkurrenzfähigkeit aus der Staatskasse. Die pädagogische Begleitmusik folgte der seit Max Weber notorischen calvinistisch-puritanistischen Partitur: Was dem Wirtschaftswohl dient, sichert Wohlstand für viele, steigert summarisch das Gemeinwohl und garantiert dem Einzelnen Wege zur ökonomischen Teilhabe, also zu materiellem und sozialem Glück. Und für die Kontrolle des flächendeckenden Qualitätssteigerungsprogramms reichen – Kognitionstheorie her, Konstruktivismus hin – behavioristische Assessments:

Beitrag eines zeitgemäßen Mathematikunterrichts zur naturwissenschaftlichen Allgemeinbildung

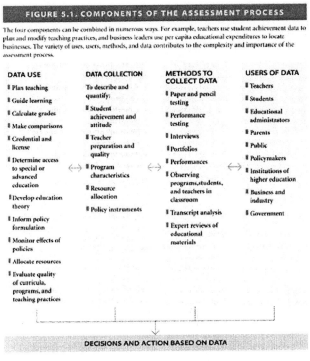

Abbildung 2: Assessment (NAS 1995, Kap. V)

Die TIMS-Studie sprach recht ungeniert diese Sprache, und man konnte sich des Eindrucks nicht erwehren, dass hier das delikate Ableitungsproblem „Contrat social ↔ öffentliche Bildung → Leistungsfeststellung" unter dem Vorwand empirischer Methodenreinheit ganz sorglos umgekehrt werden sollte.

In der Mathematikdidaktik ist dieses Abduktionsschema[4] sehr klar an dem geradezu schlagartigen öffentlichen Diskussionswechsel von 1996 auf 1997 ablesbar: Hatte Heymanns Buch über mathematische Allgemeinbildung noch 1996/97 eine sehr aufgeregte Debatte um die Frage ausgelöst, ob man an den

---

[4] Abduktion: Aus der Wahrheit von $(A \Rightarrow B)$ und $(B$ ist der Fall) wird auf $(A$ ist der Fall) geschlossen. (Bei Aristoteles: „Apagoge"; von Pacius um 1600 mit „Abduktion" übersetzt.) Nach C. S. Pierce stellt diese Form der Hypothesenbildung den einzigen Weg, wie neue Erkenntnisse gewonnen werden können: „Die überraschende Tatsache C wird beobachtet; aber wenn A wahr wäre, würde C eine Selbstverständlichkeit sein; folglich besteht Grund zu vermuten, daß A wahr ist." (Peirce CP 5.189; zit. n. Wikipedia, Stichwort „Abduktion")

öffentlichen Schulen oberhalb des Bürgerlichen Rechnens und ein wenig Statistik überhaupt noch mathematischen Pflichtunterricht fordern solle, und falls ja im Namen welchen Bildungsbegriffs, so galt es der Meinungspresse und Bildungspolitik mit den Rankings der TIMS-Studie 1997 wie selbstverständlich als abgemacht, dass es nicht mehr um das „ob, warum und was?", sondern um Konkurrenzfähigkeit bei internationalen Aufgabenlösungswettbewerben gehen müsse. Nicht Sinn, Begründung und Weichenstellung für irgendeine Zukunft, sondern Erfolg bei testgerecht konstruierten Aufgabenbatterien.

> In der internationalen mathematik- und naturwissenschaftsdidaktischen Literatur zeichnet sich eine gewisse Verständigung über Grundzüge einer wünschenswerten mathematisch-naturwissenschaftlichen Allgemein- und Grundbildung der nachwachsenden Generation ab. Die Hauptaspekte mathematischer und naturwissenschaftlicher Literalität lassen sich mit einer begrenzten Zahl von Kompetenzen beschreiben. Zur mathematischen Grundbildung gehören:
> - die Fähigkeit, die Anwendbarkeit mathematischer Konzepte und Modelle auf alltägliche und komplexe Problemstellungen zu erkennen,
> - die Fähigkeit, die einem Problem zu Grunde liegende mathematische Struktur zu sehen,
> - die Fähigkeit, Aufgabenstellungen in geeignete Operationen zu übersetzen, und
> - ausreichende Kenntnis und Beherrschung von Lösungsroutinen.

Abbildung 3: Mathematische und naturwissenschaftliche Literalität TIMSS (2000)

Gar so pragmatisch-behavioristisch wollte man auf europäischer Seite nicht mit den Bildungsfunktionen des mathematisch-naturwissenschaftlichen Unterrichts umgehen. Das PISA-Konsortium machte deshalb aus

> „Scientific literacy is knowledge and understanding of the scientific concepts and processes required for personal decision making, participation in civic and cultural affairs, and economic productivity." (National Academy of Sciences, 1995)

zunächst

> **GLOSSARY OF STATISTICAL TERMS**
>
> OECD   SCIENTIFIC LITERACY
>
> **French Equivalent:** Culture scientifique
>
> **Definition:**
> The Programme for International Student Assessment (PISA) defines scientific literacy as the capacity to use scientific knowledge, to identify questions, and to draw evidence-based conclusions in order to understand and help make decisions about the natural world and the changes made to it through human activity.
>
> **Source Publication:**
> Education at a Glance, OECD, Paris, 2002, Glossary
>
> http://stats.oecd.org/glossary/detail.asp?ID=5425

Abbildung 4: Scientific literacy

und für den deutschsprachigen Raum daraus

„Naturwissenschaftliche Grundbildung ist die Fähigkeit, naturwissenschaftliches Wissen anzuwenden, naturwissenschaftliche Fragen zu erkennen und aus Belegen Schlussfolgerungen zu ziehen, um Entscheidungen zu verstehen und zu treffen, die die natürliche Welt und die durch menschliches Handeln an ihr vorgenommenen Veränderungen betreffen." (Baumert/Klieme 2001)

Der Austausch der Schlagwörter „*participation*" und „*economic productivity*" durch eine deutlich globalere und wolkig-unverbindlichere Redeweise mag den Schwierigkeiten geschuldet sein, innerhalb der OECD Akzeptanz und mit den USA Vergleichbarkeit erreichen zu müssen. Im Lichte der Formulierungsänderungen müssen die näheren Erläuterungen, die im PISA-Rahmenkonzept unmittelbar anschließen, besonders zu denken geben:

„Nach dieser Definition bedeutet naturwissenschaftliches Wissen weit mehr als bloßes Faktenwissen und die Kenntnis von Bezeichnungen und Begriffen. Es umfasst ein Verständnis von grundlegenden naturwissenschaftlichen Konzepten, von den Grenzen des naturwissenschaftlichen Wissens und von den Besonderheiten der Naturwissenschaften als ein von Menschen betriebenes Unterfangen. Das Erkennen naturwissenschaftlicher Fragen bezieht sich auf Fragestellungen, die sich mit naturwissenschaftlichen Untersuchungen beantworten lassen und die ein Wissen über die Naturwissenschaften und die naturwissenschaftlichen Aspekte bestimmter Themen voraussetzen." (Ebenda)

Welche Reduktion und Trivialisierung des Auftrags öffentlicher Beschulung, zu befähigen, zu bilden und zu erziehen, durch pragmatisch-technokratische Reduktion[5] auf Befähigung droht („Kompetenzen"), kommt heute – zehn Jahre nach TIMSS – in den Sitzungen des US-amerikanischen NMP ganz ungeschminkt zum Ausdruck:

> *„The most recent (sixth) meeting of the National Mathematics Advisory Panel (NMP) was held April 19-20 2007 in Illinois at the IMSA* [Illinois Mathematics and Science Academy]. *Task Group Progress reports as follows:*
>
> *1. Conceptual Knowledge and Skills*
>
> *2. Learning Processes*
>
> *3. Instructional Practices*
>
> *4. Teachers*
>
> *5. Assessment."*
>
> From http://www.ed.gov/about/bdscomm/list/mathpanel/meetings.html

Auch die weiteren Vorhaben der präsidialen Kommission zur Besserung des US-amerikanischen Mathematikunterrichts zeigen, dass von Bildung nicht mehr die Rede ist[6], nur noch von Stoff, Vermittlung und Assessment:

---

[5] „pragmatisch" ist hier und im weiteren nicht im alltäglichen Sinne abwertend als Konglomerat von sachlich-geschäftstüchtig-oberflächlich-gewissenlos gemeint, sondern als wertneutraler Hinweis auf Zusammenhänge mit diversen Spielarten des amerikanischen Pragmatismus, insbesondere auf dessen Handlungs- und Gemeinwohlorientierung (vgl. etwa J. Oelkers in http://paed-ork.unizh.ch/veranstWS07/1886/WS060711.pdf).

[6] T. Jahnke (2005) schreibt über den Kopf des europäischen PISA-Konsortiums: „Jan de Lange hat mir versichert, dass er sich von PISA grundsätzlich bis auf das Framework distanziere, er habe sich nur der OECD gegenüber vertraglich verpflichtet, nichts Kritisches über PISA zu publizieren."

Abbildung 5: Learning Processes Task Group (From http://www.ed.gov/about/bdscomm/list/mathpanel/meetings.html)

Bildung als ethisches Korrektiv

„Was die Naturwissenschaft nämlich ausklammert, ist das Erstaunliche und die Verwunderung. Und mit Recht. Denn Staunen, Verwunderung, Ehrfurcht sind Reaktionen des schauenden und denkenden Individuums, aber nicht Gegenstand der Naturwissenschaft." (Prof. Klaus Brunner, Freiburg, Leserbrief, 02.08.2007, Die Zeit)

Die pragmatisch gemeinte Wendung „literacy" (als Gegensatz zu illiteracy = Analphabetismus) wird als mühsam eingedeutschte „Grundbildung" (erst recht als französische „culture scientifique") nur scheinbar mit den individualistischen subjekt-, erziehungs- und haltungszentrierten kontinentaleuropäischen Bildungstraditionen harmonisiert. Im ideologischen Kern ist es bei der PISA-Grundbildung, wo immer es über positives Wissen hinausgehen soll, beim Schlussfolgern, positivistisch determinierten Entscheiden und Handeln im Interesse der Prosperität eines ökonomisch motivierten und definierten Allgemeinwohls geblieben. Erziehung, Bürgersinn, Empathie und Altruismus spielen keine Rolle. Wie im PISA-Rahmen versucht wurde, die pragmatisch bereinigte naturwissenschaftliche Grundbildung aus subjektiven Globalsichten von naturwissenschaftlichen Fragestellungen, Konzepten, Wissensgrenzen und Bemühungen an Verhaltensäußerungen in Tests zu prüfen, ist hinreichend bekannt. Viele Kritiker der aktuellen Standardisierung unseres Bildungswesens auf der PISA-Linie weisen darauf hin, dass Sichtweisen und Grundhaltungen gar nicht an Verhalten ablesbar seien, jedenfalls nicht zweifelsfrei und nicht in ein- oder zweistündigen Reaktionen auf schriftliche Testaufgaben. Das Subjekt als Träger eines fortwährenden Selbst- und Fremdbildungsprozesses bleibt derartigen Testzugriffen entzogen und muss – zumindest vorübergehend – aus methodischen Gründen ignoriert werden. Aus dieser Not, persönliche Bildung nicht messen zu können, entsteht eine scheinbare Tugend, indem auf Standardisierungszwänge bei internationalen Vergleichsstudien verwiesen wird, deren gewaltiger Umfang jede Frage nach dem Bedarf erstickt.

Anders gesagt: Indem Befunde von TIMSS, PISA und ähnlichen Studien zur Rechtfertigung bildungspolitischer, ökonomischer und -administrativer Maßnahmen herangezogen und dabei durch keine andere curriculare Wertsetzung ergänzt werden als durch messbare Testerfolge, wird der naturalistische Kurzschluss institutionalisiert. Diesem Kurzschluss entgeht die Testindustrie nur scheinbar durch eine normative Abduktionspflicht: Weil die Testitems verlässlich die Outputqualität messen und den Auftraggebern neue Erkenntnisse liefern sollen, muss in den Testbatterien die bildungstheoretische Intention operationalisiert werden, und das naturwissenschaftliche Grundbildungskonzept ist reduziert auf das Operationalisierbare, behavioristisch Beobachtbare, was PISA eben misst oder messen kann. Haltungen, Einstellungen, Ethik und Empathie sind so nicht messbar, also – und das ist die große Gefahr der gegenwärtigen Bildungs- und Forschungspolitik: – erstens unwissenschaftliche Kategorien, zweitens nicht kommerziell nutzbar und „folglich", drittens, obsolet.

„Der Mythos geht in die Aufklärung über und die Natur in bloße Objektivität. Die Menschen bezahlen die Vermehrung ihrer Macht mit der Entfremdung von dem, worüber sie die Macht ausüben ... Auf dem Wege zur neuzeitlichen Wissenschaft leisten die Menschen auf Sinn Verzicht. Sie ersetzen den Begriff durch die Formel, Ursache durch Regel und Wahrscheinlichkeit ... Was dem Maß von Berechenbarkeit und Nützlichkeit sich nicht fügen will, gilt der Aufklärung für verdächtig ... Wissenschaft, in ihrer neopositivistischen Interpretation, wird zum Ästhetizismus, zum System abgelöster Zeichen, bar jeglicher Intention, die das System transzendierte: zu jenem Spiel, als welches die Mathematiker ihre Sache längst schon stolz deklarie-

ren." (M. Horkheimer; T. W. Adorno: Dialektik der Aufklärung 1971, zit. n. Pukies, S.73)

Es wird nicht naturwissenschaftlich reflektiertes Denken, Meinen und Verhalten in echten Lebenssituationen getestet, sondern verbales Reagieren auf ikonisch-symbolische Repräsentanten von symbolisch gemeinten Aufgabentypen. Ob der erfolgreiche oder erfolglose Proband echte Handlungssituationen auf der Basis seiner naturwissenschaftlichen Grundbildung bewältigt, wird nicht geprüft, schon gar nicht seine demokratische, humane, in Krisensituationen altruistische Gesinnung. Der Test revidiert, naturalisiert und kommerzialisiert das Bildungskonzept, aus dem er stammt. Weil der Behaviorismus bei Großtests unvermeidlich ist, prägt sich der ursprünglich gut gemeinte, wenn auch recht pragmatische „Bildungs"-Begriff des PISA-Konsortiums in der Schulwirklichkeit denn auch ganz folgerichtig nur im Methodischen aus, genauer: im Widerkäuen reformpädagogischer Glaubensbekenntnisse, zudem in einem Rennen um „modernere", d.h. offener anwendungszentrierte und/oder projektähnliche, Aufgaben samt schülerzentrierter Einübung in eine „Neue Aufgabenkultur" sowie tendenziell in Performanz- statt Sinn- und Verantwortungsorientierung.

Weil Schule nur Wissen, Können und Verhalten lehren und prüfen kann, über diese Zugänge aber unvermeidlich auch geistige, emotionale und ethische Haltungen beeinflusst und beeinflussen will, braucht es normative, nicht einfach nur pragmatische Bildungskonzepte.

„Hier genügt vorerst die Feststellung, dass bildungstheoretische Modelle der Didaktik, wie auch immer sie im einzelnen angelegt sein mögen, einen nicht-positivistischen Ansatz benötigen, weil sie mit dem Bildungsbegriff ihre Wissenschaft an ein Interesse binden, welches über bloße Analyse und wertfreie Tatsachenfeststellungen prinzipiell hinausweist. Eine solche Auffassung braucht sich nicht allein auf die Tradition des pädagogischen Denkens zu berufen, sondern es kann auch moderne Positionen beanspruchen, sogar von sozialwissenschaftlicher Seite..." (Blankertz 1974, S. 35)

Dabei geht es nicht um Indoktrination des Subjekts mit irgendwelchen Bildungsmodulen, sondern um Hilfe zur Selbstbildung, um verantwortbare Kanalisierung der dienstleistenden Bildungsarbeit und um „ein emanzipatorisches Interesse an der Erziehung", wie es Blankertz in seinem erziehungswissenschaftlichen Klassiker ausdrückte (an gleicher Stelle). Die scientific literacy der internationalen Testindustrie ist – jedenfalls gemessen an der bildungstheoretischen Tradition im deutschsprachigen Raum – nicht als hinreichendes Bildungskonzept anzusehen. Ihr Bildungskonzept steckt immer im Korsett des kurztaktigen Beobachtungs- und Beobachtbarkeitszwanges.

Bildung ist hingegen auf eine fortwährend praktizierte Grundhaltung einzelner Subjekte bezogen. Dies meint „ein gebildeter Mensch sein" oder „Bildung haben", auch im Sinne des unauflöslichen Bezugs zu fortwährenden internen Bildungsprozessen. Der deutsche Bildungsbegriff aus der Gründerzeit des Pflichtschulwesens wollte den Bezug des geistige Metaphern bildenden Subjekts auf die sinnlich wahrgenommene Außenwelt harmonisieren und läutern, um die menschlichen Grundrechte mit human denkenden, handelnden und urteilenden Menschen abzusichern. Um es mit Herbart und Wilhelm von Humboldt auszudrücken: Persönlichkeitsbildung ist eine innersubjektive Aktivität. Sie beruht auf vielseitigem, gleichschwebendem Interesse und zielt immer neu auf proportionierlichste (Re-)Integration von Wissen, Können, Fühlen, Denken, Wollen und Handeln.

Dass aus subjektiver Harmonisierung von Bildungsgütern Tugend folge, gilt spätestens seit Heinrich Himmler als widerlegt. Es kann dem heutigen Bildungswesen nicht mehr um die (gut-)bürgerliche Persönlichkeit gehen, die ihre gleichschwebenden Interessen uneigennützig aufs proportionierlichste entwickelt und handlungsfähig integriert. Dass aber aus erfolgreicher Performanz in Testsituationen auf gesellschaftsfähige Grundhaltung zurückgeschlossen werden könne, ist – Unterrichtskultur hin, fächerübergreifender Projektunterricht her – ebenso unsicher und lebt stets von Abduktionen. Da Erziehungs- und Bildungswirkungen dem Unterrichten immanent sind, muss das, „was den Menschen zum Menschen macht", während materialbildender Prozesse im öffentlichen Erziehungsinteresse über Eingrenzung der subjektiven Bedeutungszuweisungen gefördert werden – verantwortlich begründet, behutsam und auf „Uferfunktionen" beschränkt, versteht sich, aber eben nicht nur Lern-, sondern auch Erziehungsumgebung: Sozialisation durch Enkulturation, nicht steuerfinanziertes Spinnen an den Kokons bangloser Mikroweltchen.

Was „gebildet sein" meint, hat der Philosoph und Romancier Peter Bieri in einer Rede vor zwei Jahren sehr eindrucksvoll umrissen. Ein gebildeter Mensch wäre durch folgende Strebungen charakterisierbar. Er wolle (frei nach Bieri 2005):

- kennen lernen: die Welt und das Lernen, und er würde einen, seinen Sinn für Proportionen und einen Sinn für „genau kennen" entwickeln
- Aufklärung suchen (Gewohnheitsfragen: Was heißt „genau wissen"? Woher kann man das wissen?)
- historische Bewusstheit, Relativierungsbereitschaft (weniger aus kultischem Respekt als aus Interesse an denkbarer Variabilität: „Es hätte auch ganz anders kommen können.")

- Empathie und Artikuliertheit (Wiederum: aus Neugier auf anderes Denken, Wollen, Fühlen und Reden)
- Selbsterkenntnis, -bestimmung und -entwerfen (éducation sentimentale, s. Flaubert, Sartre, Bourdieu ...)
- poetische Erfahrung (Intensität, Intuition, Evidenz)

und er empfände

- Ekel gegenüber systematischer Verdummung.

Persönliche Bildung fördern, Bildungssehnsucht und Bildungshaltung, würde nicht nur standardisierter Bildungskontrolle scharfe Grenzen setzen, es verwiese auch konstruktive Bildungsarbeit auf indirekte Formen der Beeinflussung, und auf pädagogischen Takt! Subjektiv bildender Unterricht kann nur in bildungstoleranten Lernumgebungen stattfinden, wo Wissen, Können und Verhalten im Einklang mit den gleichzeitig ablaufenden internen Bildungsprozessen stehen und sie insbesondere nicht behindern. Bildungsarbeit hat folglich von Theorien und – wo es sie gibt – Abduktionen von einschlägigen empirischen Befunden auszugehen. Dabei gilt es nicht herauszufinden, „wie man bildet", sondern wie man subjektive Bildungsarbeit initiieren, fördern und abstützen kann. Zum mindesten ist zu klären, wie subjektive Bildungsarbeit nicht behindert oder gar verhindert wird, insbesondere nicht durch den Oktroi mathematisch abgesegneter Wahrheiten. Umgekehrt darf Respektieren der unvermeidlichen Subjektivität von Bildungsprozessen nicht heißen, dem Subjekt im Schonraum Schule „objektive Mächte und Gegebenheiten"[7] entweder als belanglos oder als denknotwendig vorzugaukeln. Schule im Namen und auf Kosten einer demokratischen Gesellschaft, auch Mathematikunterricht, darf den Einzelnen nicht von seiner ganz persönlichen Verantwortung für das eigene Denken, Reden und für-wahr-Halten entbinden.

Natürlich ist all das in letzter Zeit Heruntergekommene hier und jetzt nicht zu renovieren. Im Rahmen meines Vortrags möchte ich mich auf die Rekapitulation eines alten Versuchs aus der geisteswissenschaftlichen Pädagogik beschränken, das Besondere naturwissenschaftlicher Weltauffassung als Gegenüber zu

---

[7] Im Blick auf manche Formen von Konstruktivismus, die besonders in populären Erziehungstheorien für Grundschulen und Orientierungsstufen gern als Begründung für Zentrierung des Unterrichtsgeschehens auf Selbsttätigkeit angeführt werden („Handlungsorientierung"; vgl. z. B. Klein/Oettinger 2007), muss beim Stichwort „objektive Mächte und Gegebenheiten" gar nicht über Realitätsebenen gestritten werden. Hier ist lediglich gemeint, dass jedes Subjekt unter äußeren Bedingungen lebt, kommuniziert und agiert, die es selbst nicht kurzfristig ausschalten kann – egal, ob man diese Bedingungen als „objektiv" oder als „intersubjektiv" einstufen möchte.

ganzheitlich-erlebnishafter Wahrnehmung und Reflexion zu bestimmen. Ziel ist es dabei, einen Aspekt naturwissenschaftlicher Bildung (von vielen) herauszuarbeiten, dem der Mathematikunterricht in der landläufig affirmativen Form positiver Wahrheitsunterweisung leichtfertig entgegen arbeitet.

Eine Besonderheit naturwissenschaftlicher Weltauffassung

„Die zunehmende Intellektualisierung und Rationalisierung bedeutet also nicht eine zunehmende allgemeine Kenntnis der Lebensbedingungen, unter denen man steht. Sondern sie bedeutet etwas anderes: das Wissen davon oder den Glauben daran: dass man, wenn man nur wollte, es jederzeit erfahren könnte, dass es also prinzipiell keine geheimnisvollen unberechenbaren Mächte gebe, die da hineinspielen, dass man vielmehr alle Dinge – im Prinzip – durch Berechnen beherrschen könne. Das aber bedeutet: die Entzauberung der Welt." (Max Weber 1922)

Naturwissenschaftliche Weltauffassung dient (auch) der Entzauberung der Welt – wo man sie lässt. Von Theodor Litt stammt ein Versuch, das alte Spannungsverhältnis Empirie-Metaphysik in besonderer Weise auf naturwissenschaftliches Erkennen und Bewerten zu beziehen. Naturwissenschaftliche Weltauffassung ist nach Litt Teil eine dem Menschen gegebenen Fähigkeit, auf Objekte seines äußeren oder inneren Erlebens absichtlich zu fokussieren, diese zu Betrachtungsgegenständen abzusondern und speziellen Betrachtungsweisen zu unterziehen. Die Natur antwortet auf geeignet spezifizierte Fragen und erlaubt die schlussfolgernde Ausdeutung der Antworten. Sie macht Aspekte der Außenwelt dem Subjekt in seiner Denkweise verstehbar und verfügbar, oder lässt sie ihm als verfügbar erscheinen.[8] In der Nachkriegszeit von 1952 und deutlich unter dem Eindruck der ersten Kernwaffeneinsätze schrieb Litt:

„Was von dem Menschen theoretisch als ‚Sache' bestimmt worden ist, das steht demselben Menschen, sobald er auf den Boden des Handelns hinübertritt, als das ‚Ding' gegenüber, das er – durch die Theorie über die ihm zukommenden Eigenschaften belehrt – als ‚Mittel' in den Dienst seiner ‚Zwecke' zu stellen die Möglichkeit hat. Dass es gerade die exakte Naturwissenschaft ist, die die Tendenz zur Versachlichung der Welt recht eigentlich zum Siege führt, das hat einen sehr einfachen Grund: Das Werk dieser

---

[8] Dass die „naturwissenschaftliche" Sprache der Frage eine Deutung der „Antwort der Natur" zulässt, bedeutet selbstverständlich nicht, dass die Natur so gesprochen habe, wie es die Deutung verstehen will oder muss.

Wissenschaft ist die Zurückführung des Weltgehalts auf mathematische Relationen." (zit. n. T. Litt 1959, S. 15)

Man wird Litts Identifizierung „der" naturwissenschaftlichen Methode mit Quantisierung, Messung, Mathematisierung und Technisierung heute nicht mehr vorbehaltlos akzeptieren[9], aber die drei Hauptpunkte seiner Überlegungen zu einer möglichen Symbiose von „Naturwissenschaft und Menschenbildung" sind nach wie vor aktuell und bedenkenswert:

1. Dass naturwissenschaftliche Betrachtungsweisen mitsamt ihrer systemisch verallgemeinernden Theoriebildung zu den fundamentalen Möglichkeiten menschlicher Weltbegegnung gehören, ergibt sich geradezu zwingend daraus, dass theoriegeleitete „Fragen an die Natur", wie etwa die vorhergesagte Lichtkrümmung in der Nähe von Planeten, von der Natur auf interpretierbare und reproduzierbare Weise beantwortet werden.

2. Obwohl in „der" naturwissenschaftlichen Sichtweise das Subjekt in einem gedachten oder gefühlten „Raum" über die Methode mit dem Objekt Kontakt hält, können die Elemente der *Trias Subjekt-Methode-Objekt* nicht wie räumliche Objekte voneinander entfernt oder gar separiert werden. (Litt 1959 kritisiert auf S. 119 ff. ausdrücklich Heisenberg, weil der sich über die Unschärferelation im Mikrokosmos wundere und sie dem Makrokosmos offenbar nicht unterstelle.) Das Objekt naturwissenschaftlicher Betrachtung wird gedanklich konstruiert. Dabei spielen von vornherein methodische Konstruktionsprinzipien eine Rolle (Prüfbarkeit, Messbarkeit, Definierbarkeit, Regelhaftigkeit, Kausalität, Wahrscheinlichkeit, ...). Ohne naturwissenschaftliche Erkenntnis- oder Manipulationsinteressen kein naturwissenschaftlich denk- oder beobachtbares Objekt! Damit ist zugleich gesagt, dass das erkennende oder manipulierende Subjekt nicht fortgedacht werden kann, weil es das vergegenständlichte Objekt nur während der Betrachtung erschafft und am Leben hält. Wenn die Natur antwortet, dann in der Sprache und im Kontext des Fragenden.

---

[9] Vgl. etwa die bei Blankertz angeführte Sozialkritik und die bei Fischer referierten Einwände.

3. Die relativistische Konstruktion der Subjekt-Objekt-Fokussierung steht dem Menschen als zweite natürliche Wahrnehmungsweise neben seiner ganzheitlich-erlebnishaften Welterfahrung zur Verfügung.[10]

„Der durch die mathematische Naturwissenschaft herausgearbeitete Gegenstand ist der mit letzter Präzision bestimmte Gegenstand... Ein Gegebenes mathematisieren heißt es mit unüberbietbarer Exaktheit bestimmen. Die Exaktheit der Bestimmung fällt zusammen mit ihrer Allgemeingültigkeit.

Mathematik ist diejenige Wissenschaft, die es nicht mit den Befunden einer gegebenen Wirklichkeit, sondern mit solchen Gegenständen zu tun hat, welche aus der konstruktiven Betätigung des denkenden Geistes hervorgegangen sind...

Wer zur Mannigfaltigkeit der sinnlichen Eindrücke zurückkehrt, der lässt unweigerlich das Reich der allgemeingültigen Wahrheiten in seinem Rücken... Das mit den Sinnen aufgenommene ‚Bild' der Welt ist niemals ein Insgesamt von Befunden, die ausgeschöpft wären, wenn man sie nach ihrer sinnlichen Qualität bestimmt. Jeder sinnliche Welteindruck trägt etwas in sich, das man kaum anders den als ‚Stimmung', ‚Tönung'; ‚Bedeutung' bezeichnen kann ...

Mit der Anerkennung der ‚Bedeutung' sind wir am Gegenpol der allgemeingültigen Weltbestimmung angelangt." (T. Litt 1959, S. 38 f)

Wo versucht wird, naturwissenschaftliche Sichtweisen auf Bereiche der Lebens- und Geisteswissenschaften oder der Philosophie zu übertragen, fehlt es nicht selten an einem Ersatz für das Korrektiv „Frage an die Natur" („empiristisches Sinnkriterium"; vgl. Stegmüller 1989, S. 380 ff.). Wie Litt (1959, S. 56 ff.) eindrucksvoll zeigte, wird dann in der Regel nur mit einem Teil der Trias argumentiert, sei es durch Verabsolutierung des Subjekts, durch korrektivfreie Übernahme der Methoden oder durch allzu naiven Realismus[11]:

---

[10] Litt bezieht sich mit dieser Auffassung wiederholt auf Goethes Farbenlehre. In stark vergröberter Form findet sich das Motiv der epistemologischen Doppelnatur auch in C. P. Snows Schlagwort von „den zwei Kulturen" (vgl. etwa die Diskussion in Kreuzer 1969) und im Gegeneinander der Bestseller von Schwanitz und Fischer (vgl. dazu auch den Vortrag von Ringel 2006).

[11] Jahnke (2005) zitiert T. W. Adorno 1972 wie folgt: „Das in der empirischen Technik allgemein gebräuchliche Verfahren der operationellen oder instrumentellen Definition, das [etwa] Kategorien [wie ‚Konservatismus'] definiert durch bestimmte Zahlenwerte der Antworten auf Fragen innerhalb der Erhebung selbst, sanktioniert den Primat der Methode über die Sache, schließlich die Willkür der wissenschaftlichen Veranstaltung. Präten-

- Verabsolutierung der Methode (Usurpation oder Dequalifikation qualitativer Bedeutungen, Entzauberung der Welt, Verallgemeinerungssucht, ...)
- Verabsolutierung der Objekte (naiver Empirismus, Materialismus, ...)
- Verabsolutierung des Subjekts (Solipsismus, Existenzphilosophie, Entsolidarisierung, ...)
- Subjekt & Methode: „... dass der Mensch den frei dahinflutenden Strom seiner Erlebnisse nach Maßgabe der logischen Prinzipien, auf denen die Methode beruht, eindämmt, reguliert und auf bestimmte Erkenntnisziele hin ausrichtet.... er blickt auf die Sache, er formt an der Sache... [indem] er sich selbst ‚methodisiert'."
- Objekt & Methode: „Und zwar ist es gerade das Kernstück der Methode, nämlich der Wechselbezug von Hypothese und Experiment, in dem diese doppelseitige Verschränkung sich ad oculus[12] demonstriert ... Diese Bestätigung aber bedeutet nichts anderes, als dass die Hypothese durch die Natur selbst als Beitrag zur Bestimmung des „Objekts" anerkannt wird."

Und zusammenfassend zur Unverkürzbarkeit der Triade Subjekt-Methode-Objekt:

„Aus dem Zusammenhang herausgenommen würde das Subjekt in die Gelöstheit der schauenden Seele zurücksinken, würde das Objekt in die Gesichte der anschaulichen Welt zergehen, würde die Methode zum inhaltlosen Schema – zum funktionslosen „Instrument"! – erstarren. Alle der Raumwelt entlehnten Analogien werden an der Geschlossenheit dieses Gefüges zuschanden." (Litt 1959, S. 59)

Real-existierender Mathematikunterricht

„Ein wirklich fundiertes Urteil über diese Unterrichtspraxis könnte nur anhand eingehender empirischer Studien gesichert werden. Diese hätten sich einerseits der bekannten Methoden der Berufs- und Arbeitsplatzanalyse zu bedienen, müssten andererseits auch Informationen bereitstellen, die eine genaue Inhaltsanalyse der verwendeten Schulbücher in Verbindung mit einer statistischen Erhebung über deren Verbreitung und tatsächlichen Ge-

---

diert wird, eine Sache durch ein Forschungsinstrument zu untersuchen, das durch die eigene Formulierung darüber entscheidet, was die Sache sei: ein schlichter Zirkel."

[12] Demonstratio ad oculus: Etwas wird in der gemeinsamen Umgebung von Sprecher und Hörer gezeigt. („Der Stuhl da: <Zeigegeste>") (Karl Bühler nach http://www.uni-due.de/imperia/md/content/computerlinguistik/mci2006_kommunikation7.pdf)

brauch voraussetzen. Schließlich wären wichtige Daten auch aus einer umfassenden Auswertung von Klassenbüchern und Arbeitsheften zu gewinnen. Dies alles kann hier nicht geleistet werden. Es ist lediglich möglich, aufgrund vorhandener Informationen und vermittels bereits bewährter Hypothesen allgemeine Hinweise abzuleiten. [...]

Von besonderem Gewicht ist es, dass die didaktische Grundtendenz von Lehrern – mit dem „Berufsgewissen" – in dem Teil an der Berufsausbildung entwickelt wird, in dem die Anpassung an die Berufszwänge überhaupt beginnt (Initiationswirkung) und der zugleich auch die größten Anpassungsrisiken enthält. In beiden Punkten scheint aber das Fachstudium weit schwerer zu wiegen als die Referendarzeit, zumal diese nach wie vor mit den Frustrationen einer temporären Statusreduktion nach bestandenem Staatsexamen belastet ist und daher wahrscheinlich immer mehr oder minder verdrängt wird." (Lenné 1969, S. 91 f)

„*Vorurteilen entkommt man nur durch Nachdenken."* (Ernst Ferstl „Durchblicke" 2004)

Abgesehen von der Berufsfelduntersuchung von Bromme und einigen älteren Sek.II-Untersuchungen von Tietze hat an Lennés Feststellung auch der Empirismusboom der letzten zehn Jahre wenig geändert: Über die tatsächlichen organisatorischen, rechtlichen und gruppendynamischen Bedingungen, unter denen Mathematikunterricht stattfindet, sich ereignet und organisatorisch gerahmt assimiliert wird, ist auch heute – außerhalb der Schulpraxis selbst – wenig bekannt. Üblicherweise wird angenommen, dass die Lehrplaninhalte entlang eingeführter Lehrbücher und in mehr oder minder lehrerzentrierten Formen „vermittelt" werden. Dies ermöglicht es den sog. „Unterstützungssystemen" (Schulbehörden, Verlagen, Hochschulen, Test- und Forschungsinstituten, Seminaren, Ministerien usw.) und der Meinungspresse, über Unterricht und Schule zu räsonieren, ohne den real-praktizierten und real-professionellen Unterricht tatsächlich zu reformieren. Im Wesentlichen schreiben die Unterstützungssysteme ihre Traditionen und Feindbilder fort, pflegen ihre Außendarstellung und legitimieren ihr bessergestelltes Dasein durch Außendruck auf die Schulpraxis, die sich notgedrungen in Mimikri und bürokratischem Vollzug übt, während sie offiziös kreatives Denken und demokratische Gesprächskultur predigt. Besonders deutlich zeigen den Außendruck neben der Meinungspresse die auch hierzulande aufblühende Testindustrie und die amerikanische „No Child Left Behind"-Gesetzgebung der Bush-Administration seit 2001 unter Federführung des Demokraten E. Kennedy.[13]

Man muss wohl davon ausgehen, dass es mindestens drei reichlich getrennte Arten „real"-existierenden Mathematikunterrichts gibt: den alltäglich praktizierten; den methodisch, materiell und zeitlich aufwändigen Vorführunterricht prononciert reformpädagogischer Ausrichtung sowie die empirisch besonders eifrig disqualifizierte Handwerkslehre nach dem umgekehrten Trichtermuster.[14] Der zweite Unterrichtstyp ist außerhalb der Schule Lieblingskind der synthetischen Mathematikdidaktik, der dritte Standardfeindbild der empirisch-analytischen Groß- und Kleinforschung. Was im unbeobachteten Mathematikunterricht absichtlich und auch unabsichtlich gelehrt wird, ist jedoch ein seltsames Gemenge aus vorgefundenem Stoffkanon, bewährter Methodik und persönlicher Bewältigung des Erlebnisses Hochschulmathematik/er.

Fischer/Malle haben in ihrem Buch „Mensch und Mathematik" (1985) wiederholt darauf hingewiesen, dass im schulischen, allgemeinbildenden, Rahmen Mathematik nicht dauernd von menschlichen Belangen, Verwendungsinteressen und Interpretationsleistungen getrennt werden sollte, und auch nicht getrennt werden kann. Alltäglich praktizierter Unterricht findet in permanenten Wechselwirkungen vieler biographischer Prozesse statt, die dem Gelernten bestenfalls halbbewusst vielerlei persönliche Bedeutungen, Assoziationen und Reifungsanstöße beifügen. Hinzu kommen stets aktuelle psychologische, organisatorische

---

[13] Hierzulande besteht der Außendruck eher in expandierender Bürokratie, Outputmessung und Salonpädagogik, in den USA ist direkte Diskriminierung, Mittelkürzung und Maßregelung für ganze Schulen vorgesehen. Erst neuerdings ist im Gespräch, soziale Umgebungsnachteile zu berücksichtigen.

[14] "Der *Unterschied* zwischen *Theorie* und *Praxis* ist in der Praxis weit höher als in der Theorie." (Ernst Ferstl, Unter der Oberfläche, 1996; http://de.wikiquote.org/wiki/Ernst_Ferstl) – Der alltäglich praktizierte Unterricht ist empirisch unzugänglich, weil seine Einflussparameter nicht überschaubar sind. So haben die höchst aufwändigen interpretativen Untersuchungen zum Mathematikunterricht zwar sehr viel über Missverständnisse und Unsinn im Mathematikunterricht zutage gefördert, aber – meines Wissens – keine empirisch eindeutigen Befunde oder falsifizierbaren Erklärungsansätze für nachhaltiges Lernen in gutem und schlechtem Unterricht – und solches Lernen findet ja dauernd statt. – Der reformpädagogisch aufgebrezelte Vorführunterricht wird andererseits nur selten auf seinen Output hin geprüft. (Wo es Empiriker wie Kounin, Rohlf, Weinert, Helmke oder Klieme doch taten, wurde der – für Praktiker erwartbar – enttäuschende Befund mit schöner Regelmäßigkeit reformtheoretisch marginalisiert.)

und soziale Zwänge des Schulalltags und des Schüleralltags, die die Unterrichtsinhalte und -wirkungen unvermeidlich mitprägen.[15]

Für das Thema dieses Aufsatzes möchte ich nur einen der zahlreichen Aspekte näher ausleuchten:

„Ein weiterer Mangel tritt hinzu. In der Mathematikdidaktik werden außermathematische Gesichtspunkte wie soziale Funktion der professionellen Mathematik oder relative Bedeutung gegenüber anderen Fächern zwar genannt, aber – abgesehen von gewissen psychologischen Aspekten – kaum durchdacht. Dies könnte damit zusammenhängen, dass sich die reine Mathematik, auf die die Mathematikdidaktik überwiegend zurückgreift, als eine in sich selbst ruhende, unabhängige Wissenschaft versteht." (Lenné 1969, S. 110)

Mathematiklehrer, die in das Fachverständnis der Reinen Mathematik enkulturiert sind[16], müssen mit einem besonderen Spannungsverhältnis in ihrem Alltag zurecht kommen: Der jedenfalls im Materialen zentrale Lehrgegenstand „Mathematik" wird umso „Reiner", mathematischer, wissenschaftlicher, geistig (und mental) disziplinierender[17] vertreten je stärker er „reine" Ideen, Gedankenverbindungen, Strukturen und Theorien vermittelt, d. h. von allem Zeitlichen, Subjektiven und Unsicheren bereinigte Ideen, Gedankenverbindungen, Strukturen und Theorien. Schüler können dazu mit ihrem eher egozentristischen, gegenwartsbezogenen und weitläufig assoziativen Sinngebungsversuchen eigentlich nichts beitragen. Daher die Beliebtheit des „didaktischen Dreiecks": Reine Mathematik steht nicht zur Disposition des Schülers (und Normallehrers); sie bildet einen riesigen Schatz sicheren Wissens und Könnens, aus dem Schüler mithilfe des geschickt lehrenden Fachmanns bereichert werden. Statt relationale Begriffsverständnisse (Cassirer 1910) zu erarbeiten werden Begriffe und Definitionen prüfungsschnittig identifiziert, aber nicht arbeitsfähig und intuitionsgeladen.

„Der tatsächliche Aufbau der Geometrie in der Schule ist aber in dieser axiomatischen Form unmöglich. Man beachte, was das für unsere Schulma-

---

[15] Näheres dazu in Führer (1997b).

[16] Ich bevorzuge die Großschreibung für dieses Adjektiv, weil es sich mehr um einen Namen als um die Eigenschaft „Reinheit" handelt – wie man in Berufungskommissionssitzungen, Haushalts-, Personal- und Verbandsdebatten deutlich sehen kann.

[17] Der größte Trost, den die alltäglich unglückliche „Liebe zur Geometrie" für Lehrer bereithält, ist ihre strenge Diszipliniertheit: Wahrheitsbewertungen und Noten erscheinen als natürliche Sachzwänge, nicht als menschlich fehlbare Urteile. (Ganz analog dazu: die bildungspolitische Durchschlagskraft der empirischen Großforschung.)

thematik bedeutet. Sie ist von Anfang an, am Maßstabe der heutigen Mathematik gemessen, unstreng. Und wer das Wesen der Mathematik in der Strenge ihres Aufbaues sieht, der muss bekennen, dass unsere Schulmathematik, wenigstens die Geometrie, keine Mathematik ist. Gott sei Dank hat man aber auch schon vor den modernen Axiomatikern und vor den modernen Analytikern Mathematik getrieben [man wird es wohl auch noch nach ihnen tun; L. F.], *und damit schon ist unsere Schulmathematik als Mathematik gerettet."* (Lietzmann 1916, S. 105)

Neben dem wachsenden Disziplinierungsvorteil, den die platonische Auffassung von Mathematik für den Unterrichtsalltag bietet, wird auch die akademische Ausbildung von Mathematiklehrern nach wie vor sehr weitgehend als Initiation in Reine Mathematik praktiziert, obwohl deren Vormachtstellung im mathematischen Wissenschaftsbetrieb vor allem aus materiellen Gründen abbröckelt. In der Hochschullehre hat das Dogma vom Primat der „logischen und strukturellen Grundlagen" auch den Bologna-Prozess überlebt: Bevor man selbst „wissenschaftliche" Mathematik interpretieren oder gar treiben darf, muss man Analysis und Lineare Algebra stilistisch verinnerlichen. Lehrern wird es dann leicht gemacht, die assimilierten Stilmittel in weiteren Studien zu vertiefen, z. B. in Grundlagen der Geometrie, Allgemeine Topologie, Zahlentheorie, Algebra, Diskrete Mathematik, Informatik usw. Für anwenderzentrierte Sichtweisen „auch wissenschaftlicher" Mathematik wie etwa Technomathematik, Statistik, Numerik, Bio- oder Wirtschaftsmathematik fehlt dem Lehramtsstudierenden schlicht die Zeit, der Lehrerausbildung das Personal und den meisten Dozenten der Mut problemorientiert anzufangen und nicht – s. o. – „von Grund auf".

Um den soeben besprochenen Aspekt etwas provokant auf drei Punkte zu bringen:

- Die sog. Reine Mathematik dominiert nach wie vor die Ausbildung von Mathematiklehrern,
- sie bewährt sich in der Schulpraxis als Disziplinierungsinstrument,

und

- sie spaltet den Gegenstand „Mathematik" von der sinngebenden Erlebniswelt der Schüler und Lehrer ab.

Zeitgemäßer Mathematikunterricht?

„Der herkömmliche Mathematikunterricht an allgemeinbildenden Schu-len wird weder absehbaren gesellschaftlichen Anforderungen noch den indivi-

duellen Bedürfnissen und Qualifikationsinteressen einer Mehrzahl der Heranwachsenden gerecht." (Heymann 1996, S. 8)

Statistische Belege für diese traditionsreiche Behauptung haben danach bekanntlich auch TIMSS und PISA auf ihre Weise geliefert. Uns soll hier wieder der zugrunde gelegte Bildungsbegriff interessieren, der bei PISA in Bezug auf mathematischen Unterricht so lautet:

„Definition von mathematischer Grundbildung ('Mathematical Literacy')

Die Definition mathematischer Grundbildung ('Mathematical Literacy') im Rahmen von OECD PISA lautet:

,Mathematische Grundbildung ist die Fähigkeit einer Person, die Rolle zu: erkennen und :u verstehen, die Mathematik in der Welt spielt, fundierte mathematische Urteile abzugeben und sich auf eine Weise mit der Mathematik zu befassen, die den Anforderungen des gegenwärtigen und künftigen Lebens dieser Person als konstruktivem, engagierten: und reflektierendem Bürger entspricht.'

Der Begriff Grundbildung (literacy) *wurde gewählt. um zu betonen, dass mathematische Kenntnisse und Fähigkeiten. wie sie im traditionellen Curriculum der Schulmathematik definiert werden, im Rahmen von OECD/PISA nicht im Vordergrund stehen. Statt dessen liegt der Schwerpunkt auf der funktionalen Anwendung von mathematischen Kenntnissen in ganz unterschiedlichen Kontexten und auf ganz unterschiedliche. Reflexion und Einsicht erfordernde Weise.* (Baumert, Klieme u.a. 2001)[18]

„Die in PISA 2000 verwendeten Mathematiktests basieren auf den Begriffen Mathematical Literacy bzw. mathematische Grundbildung, wie sie in den internationalen und nationalen PISA-Rahmenkonzeptionen entwickelt worden sind. Mathematische Grundbildung wird als die Fähigkeit einer Person definiert, die Rolle zu erkennen und zu verstehen, die die Mathematik in der Welt spielt, fundierte mathematische Urteile abzugeben und sich auf eine Weise mit der Mathematik zu befassen, die den Anforderungen des gegenwärtigen und künftigen Lebens dieser Person als konstruktivem, engagiertem und reflektierendem Burger entspricht.

---

[18] Bei genauerem Lesen entpuppt sich die elegante europäische Mathematics-Literacy-Definition als reichlich utopisch, euphemistisch-unverbindlich und im Wesentlichen untestbar.

Die internationale Rahmenkonzeption stützt sich im Wesentlichen auf Arbeiten des Mathematikers und Mathematikdidaktikers Hans Freudenthal, nach dem in der realen Welt auftretende Phänomene die Grundlage für die Entwicklung mathematischer Begriffe sind. Das Bearbeiten mathematischer Aufgaben in Anwendungszusammenhängen wird als ein zyklischer Prozess des mathematischen Modellierens verstanden. Er beginnt mit dem Erkennen einer Problemstellung und ihrer Übertragung in einen mathematischen Ansatz; dann folgen die Verarbeitung dieses Ansatzes, die Interpretation der Ergebnisse und gegebenenfalls die Überprüfung der Adäquatheit des gewählten Ansatzes." (Baumert, Artelt u. A. 2002, S. 26)

Bildung durch Mathematikunterricht wird hier als Eingewöhnung ins Mathematisieren nach der Auffassung Freudenthals verstanden. Nun war Freudenthal sicher eine hoch gebildete Persönlichkeit, und sein Schüler de Lange, der Vater der mathematischen PISA-Studie, ist zweifellos ein sehr anwendungsbegeisterter und kreativer Didaktiker. Aber ihr ausgeprägtes Selbstbewusstsein als Mathematiker bleibt in dem Bild stringenter Verarbeitung im mathematischen Modell befangen, das der Wirklichkeit zwar angepasst, dann aber via Interpretation als absolut verlässliche Gegenwelt regulativ gegenübergestellt wird. „Bedeutung" haben meint in dieser Welt der exakt definierten „Begriffe" und „verarbeitbaren" „Ansätze" inner- oder außermathematischen Anwendungsreichtum: anwendbares Orientierungswissen (Mittelstraß 1982), nicht mehr und nicht weniger. Das mathematische Orientierungswissen, der an sich wahre Regelkanon, steht schon seit langem bereit, kann nur vermittelt und angeeignet werden, sei es auch in noch so farbenfroher Verpackung als schülerzentrierte Lernumgebung. Der Regelkanon selbst steht nicht zur Diskussion.

Das ist gewiss eine erzieherische Verkürzung, weil ethische, normative, soziale Bindungen aus globalen Werten und Verantwortlichkeiten nur eklektisch, gelegentlich und unverbindlich „hergeleitet" werden und dann vergleichsweise wie aufgesetzt erscheinen. Theodor Litts Triade Subjekt-Methode-Objekt verliert das Subjekt als integralen Bestandteil, indem es scheinbar zum Sachwalter des Paars Methode-Objekt bestellt wird, in Wahrheit aber sich selbst durch Annäherung an den wahren („richtigen") Modellbildungs-Output überflüssig machen soll. Wer in den internationalen oder nationalen Vergleichstests reüssiert genügt Standards in besonderem Maße. Wo jedoch Besonderes geleistet wird sind die Tests überfordert. Politikberatung, dafür wird PISA bezahlt, kann PISA nur abliefern, indem von standardisierten und folglich standardisierenden Leistungssituationen direkt gehandelt wird und wo Unterricht generell als Mittel zur Leistungssteigerung des „human capital"[19] konnotiert ist. Wo diese instrumentell bedingte Sichtweise zum Bildungsmaß aufsteigt, missrät Gleichmaß zum Ziel.

Heymanns Versuch, bildenden Mathematikunterricht als Lernumgebung der Selbstbildungsprozesse zu definieren, hat ihn immerhin zu folgenden „sieben Aufgaben der allgemeinbildenden Schule" geführt:

1. Lebensvorbereitung
2. Stiftung kultureller Kohärenz
3. Weltorientierung
4. Anleitung zum kritischen Vernunftgebrauch
5. Entfaltung von Verantwortungsbereitschaft
6. Einüben in Verständigung und Kooperation
7. Stärkung des Schüler-Ichs

In dieser Allgemeinheit ist Heymanns Katalog sicher eine brauchbare Diskussionsgrundlage. Leider blieb Heymann bei der näheren Bestimmung seiner nichtutilitaristischen Kategorien doch wieder im Pragmatischen, und so gelang es ihm nicht, allgemeinbildenden Mathematikunterricht oberhalb des Bürgerlichen Rechnens und Deskriptiver Stochastik auch nur halbwegs verbindlich zu konturieren. (Zu dieser Kritik im einzelnen: Führer 1997a.) Nicht zufällig hatte denn Heymanns Frage nach der allgemeinbildenden Funktion abstrakter Unterrichtsinhalte fast deren Abschiebung in den Wahlpflichtunterricht heraufbeschworen, wäre dem nicht 1997 als neuer Fetisch die international vergleichbare Testperformanz entgegen getreten.

Es ist hier nicht der Ort, allen Heymannschen Bildungsaufgaben bessere und praktikablere Deutungen zu unterlegen. Im Hinblick auf die hier gestellte Frage, wie der Mathematikunterricht naturwissenschaftliche Bildung stützen könne, lässt sich mit den obigen Vorüberlegungen zumindest eine These rechtfertigen:

---

[19] So unverblümt redet man heute nicht mehr öffentlich. In den OECD-Veröffentlichungen der 70er Jahre hatte man weniger Hemmungen (vgl. etwa das OECD-Zitat in Führer 1997b, S. 73).

> *Mathematikunterricht kann Weltorientierung, kritischen Vernunftgebrauch, Empathie, Kooperation und Verantwortungsbereitschaft nur da fördern, wo er die Wechselwirkung von „Mensch und Mathematik" nicht ausblendet.*[20] *Positiv ausgedrückt: Mathematikunterricht kann die genannten Tugenden stützen, indem er Reine und Angewandte Mathematik fortwährend an der Trias Subjekt-Methode-Objekt reflektiert.*

Übersetzungen realer Sachverhalte in stringente mathematische Modelle und die Reinterpretation der dort stringent hergeleiteten „Ergebnisse" für die Realität liefern für sich noch keine Wahrheiten.

„Insofern sich die Sätze der Mathematik auf die Wirklichkeit beziehen, sind sie nicht sicher, und insofern sie sicher sind, beziehen sie sich nicht auf die Wirklichkeit." (Einstein 1921)

Schule hat es aber fortwährend und unvermeidlich mit Wirklichkeit(en) zu tun. Sie kann sie nur in glücklichen Momenten ausblenden. Mehr muss auch nicht sein.

Die Mathematisierung realer Sachverhalte zu Denk- und Entscheidungsformen der Reinen Mathematik und deren anschließende normative Reinterpretation zwecks Beurteilung der Sachverhalte begünstigt naturalistische Fehlschlüsse durch Scheinlegitimationen: Kurzschlüsse werden auf der Grundlage eindrucksvoller Mathematisierungen nicht wahrer. Aber die Gefahr, Wahrheitsansprüche von der Modellebene in Form technokratischer Gebote auf die außermathematische Welt zu übernehmen, wächst mit der Illusion, mathematisches Know how sei unantastbares Wahrheitswissen. Das ist Fachleuten natürlich klar, aber es entspricht nicht der üblichen Lehrerausbildung, und es entspricht nicht der landläufigen öffentlichen Einschätzung von Mathematisierungen, nicht einmal bei Bildungstheoretikern.

So fasst z. B. Blankertz' Klassiker von 1974 Derbolavs Analyse der schulischen Bildungskategorien kritiklos in folgender Tabelle zusammen:

---

[20] Die Anspielung auf den gleichnamigen Titel des mathematikdidaktischen Standardwerkes von R. Fischer und G. Malle ist beabsichtigt, wie sich im Weiteren noch zeigen wird.

Sachgebiet	Wissenshorizont	Kategorialer Bildungssinn
Mathematik	Operationales Regelwissen	ideale Ordnungsstruktur der Mathematik
Naturwissenschaften	abstrakte Gesetzesbeschreibung	Kosmoscharakter der Natur
Geschichte	Verstehen der Geschichte	politische Verantwortung
Sprachlehre	Sprachbeherrschung	Sprachgewissen
Rechtskunde	positives Recht	Gerechtigkeit
Sittenlehre	Konvention	Moralität
Gesundheitslehre	Körper	Leiblichkeit

Abbildung 6: Bildungskategorien (Blankertz 1974, S. 45)

Selbst des Neukantianers Theodor Litt Charakterisierungen der (vermeintlich immer) „mathematisierenden Naturwissenschaft" entbindet die hier scheinbar nur technisch eingesetzte Mathematik von jedem Rückbezug auf menschliche Bedeutungen, die er der erlebnisweltbezogenen Reflexion vorbehalten möchte, so als könne „die" Mathematik wenigstens gültige Aussageformen bereitstellen, die keiner Triade Subjekt-Methode-Objekt verhaftet seien.[21]

Und – last, not least – die nach 30 Jahren wieder einmal hochschwappende Heilserwartung an standardisierte Tests und empirische Unterrichtsforschung ist kaum anders zu verstehen, denn als unkritische Übertragung des konditionalen

---

[21] „Dass es einer durchgreifenden Umbildung des unmittelbaren Welteindrucks bedurfte, damit mathematische Naturwissenschaft zustande komme, das war eine nicht zu bestreitende Tatsache. [...]

Der durch die mathematische Naturwissenschaft herausgearbeitete Gegenstand ist der mit letzter Präzision bestimmte Gegenstand. Er ist es eben aus dem Grunde, weil er der auf mathematische Relationen zurückgeführte Gegenstand ist. Mathematik ist diejenige Wissenschaft, die, was Exaktheit der Gegenstandsbestimmung angeht, nicht ihresgleichen hat. Ein Gegebenes mathematisieren heißt es mit unüberbietbarer Exaktheit bestimmen. Die Exaktheit der Bestimmung hinwiederum fällt zusammen mit ihrer Allgemeingültigkeit.

Mathematik ist diejenige Wissenschaft, die es nicht mit den Befunden einer gegebenen Wirklichkeit, sondern mit solchen Gegenständen zu tun hat, welche aus der konstruktiven Betätigung des denkenden Geistes hervorgegangen sind. Wenn das Denken sich mit diesen Gegenständen beschäftigt, so bewegt es sich innerhalb einer nicht sowohl vorgefundenen, als vielmehr von ihm selbst geschaffenen Welt." (Litt 1959, S. 39)

Gültigkeitsbegriffs der „rechnenden Naturwissenschaft"(Litt) auf „wissenschaftliche", also positive, Wahrheiten für Gebiete ohne falsifikatorisches Kontrollwesen.[22]

„Der Naturforscher geht aus von der den Sinnen sich darbietenden Welt, d. h. von dem Unmittelbaren, in dem die Wirklichkeit dem Menschen zunächst entgegentritt, und sucht mit Hilfe der Methode, die er in ständiger Auseinandersetzung mit dieser Sinnenwelt entwickelt und ausgestaltet, zu der „hinter" ihr stehenden wahren Wirklichkeit vorzudringen. Der Philosoph [Szientist, Sozialwiss... Bildungsforscher...; L. F.] setzt ein mit der Kanonisierung der Methode, die er nicht selbst in der Auseinandersetzung mit seinem Gegenstand erarbeitet, sondern von dem Naturforscher übernommen hat, und sucht mit ihrer Hilfe von einer Welt von (nichtsinnlichen) Erscheinungen zu der „hinter" ihr stehenden wahren Wirklichkeit vorzudringen. Die Methode, die sich dort fort und fort an dem, was die Sinne darbieten, zu kontrollieren und gegebenenfalls zu berichtigen hat, ist hier unter Wegfall der Pflicht, ja der Möglichkeit der Kontrolle zu absoluter Gültigkeit erhöht." (Litt 1959, S. 21)

Stützung naturwissenschaftlicher Bildung

„Der Umgang mit der in abstrakte mathematische Modelle transformierten Realität und die Abschätzung der Exaktheit der dabei erreichten Übereinstimmungen erfordert durch Erfahrung vervollständigte intuitive Fertigkeiten. *Oft muß das ursprüngliche mathematische Problem, das sich für die Lösung auch nach modernen Methoden als zu kompliziert erweist,* irgendwie umgeformt werden. *Das erklärt zum Teil den* Charakter des intellektuellen Risikos und die Befriedigung, *welche Mathematiker empfinden, die zusammen mit Ingenieuren und Naturwissenschaftlern an der Lösung realer Aufgaben arbeiten. die sich überall dort ergeben. wo der Mensch in seinem Streben nach Erkenntnis und Steuerung der Natur eindringt."* (Courant: zit. n. Blechman u.a.. S. 53)

Soll schulischer Mathematikunterricht so gestaltet werden, dass mathematische Allgemeinbildung Methode und Objekt grundsätzlich nicht vom urteilenden Subjekt trennt, dann ist von folgenden Schwierigkeiten auszugehen:

---

[22] Man vgl. auch die keineswegs überholte Diskussion in Kreutzer 1967.

1. Schulmathematik ist – aus Sicht vieler Wissenschaftssysteme – verdünnte Mathematik und erbt nur zu gern deren Nimbus, unbedingte Wahrheiten zu garantieren.
2. Mathematik in der Schule ist aber nicht einfach nur Mathematik, insbesondere keine Lightversion wissenschaftlicher Mathematik, denn ...
3. Mathematik in Schule und Unterricht ist gelebter Ausdruck einer Kulturtradition, heute einer Weltkultur des (ausgehenden) „technischen Zeitalters".
4. Unterricht in Mathematik bleibt sozial ein Kompromiss zwischen vielfältigen, berechtigten und konfligierenden Ansprüchen, z.B. Wissenschaftlersozialisation ↔ Erziehungspraxis ↔ Behörden ↔ Meinungspresse ...
5. Schulmathematik muss ihre gesellschaftlichen Funktionen und Verwendungszwecke erzieherisch mitreflektieren („ethische" Funktion des Bildungsbegriffs)
6. Schulmathematik gibt sich als atemlose Dienstleistung, die sich möglichst „effizient"[23] auf Output-Kriterien auszurichten habe, die nur material begründet sind.

Dass die in Punkt 1 beklagte Alltagsideologie von dem, was bildungsöffentlich als „Mathematik" gilt, illusionär ist, hat schon Platon im Liniengleichnis (Politeia) klargelegt. Insofern sich das strenge Beweisen, das Markenzeichen der exakten Mathematik, auf vorgängige Annahmen stützen muss (Axiome) kann es nur Verstandesleistungen erbringen, während dialektische Erkenntnis der eigentlichen Ideen zusätzlich der urteilenden Vernunft bedarf, um auch ihre Voraussetzungen bezweifeln zu können. Mathematik – Reine wie Angewandte – kann eben nicht (allein) herausfinden, was „wirklich wahr" ist. Formale und „wirkliche" Wahrheiten sind nicht dasselbe.[24] Aber ihre laxe und für den Mathematikbetrieb schmeichelhafte Identifikation begünstigt naturalistische Fehlschlüsse des Typs „sogar mathematisch bewiesen". In der Sichtweise von Litt handelt es sich schlicht um die unzulässige Verkürzung der Subjekt-Methode-Objekt-Triade auf ihren Mittelteil. Die Großtest-Industrie und ihre empiristelden

---

[23] Dass „Effizienz" im Sinne sparsamst erzielter Höchstleistung im bildungspolitischen und schulbürokratischen Kontext Euphemismen begünstigt und intellektuelle Unredlichkeiten kaschieren hilft, habe ich in Führer 2002 ausführlich belegt.

[24] Das ist keine Trivialität, nur weil sie allzu gern ignoriert wird. Hans Blumenberg schrieb: „Die Neuzeit ist eine Epoche, die ihre Probleme kennen will. Dass darin eine Besonderheit liegen soll, fällt keinem mehr auf." (Blumenberg 1989, S. 13) Dass man mit Kant ein Stück weit behaupten kann, mathematisches Wissen gehöre zur angeborenen Hardware unseres Denkens, um synthetische Erkenntnis a priori zu erlauben, deckt sicher nicht viel von dem, was Schulmathematik lehrt.

Nachläufer im Kleinen finanzieren und etablieren sich aber großenteils mithilfe des Nimbuseffekts „der" Mathematik.

Mathematikunterricht, der – wir oben gefordert – Reine und Angewandte Mathematik fortwährend an der Trias Subjekt-Methode-Objekt reflektiert, muss Mathematik überwiegend als etwas Vorläufiges, in seinen Auskünften grundsätzlich zu Relativierendes darstellen. Im Grenzfall lässt sich Wahres in Form von Konditionalsätzen aussprechen. Aber es sollte als wesentliche Bildungsaufgabe des Mathematikunterrichts gelten, Wahrheits„formen" von positiven Wahrheiten, von wirklich Wahrem, zu unterscheiden.[25] Wahrheitsformen allein können z. B. aus empirischen Dateien keine positiven Wahrheiten machen.

Fischer/Malle (1985) schreiben annähernd in diesem Sinne:

„Wir sind allerdings der Auffassung, dass es im Mathematikunterricht nicht (nur) um Mathematik im engeren Sinn gehen sollte, also um Begriffe, Verfahren, Sätze, Beweise etc. Wir meinen, dass im Zentrum eines jeden Unterrichts das Verhältnis von Mensch und Wissen *stehen sollte, aktualisiert durch das Verhältnis des jeweiligen Lernenden zum Wissen. Man kann sagen, dass Unterricht immer so gemeint war und auch immer so gelaufen ist – man kann ja nichts lernen ohne gleichzeitig über das Verhältnis zu diesem Wissen zu lernen, mehr oder minder bewusst. Wir meinen aber, dass heute besondere Veranlassung besteht, im Unterricht außer Wissensaneignung zu betreiben auch das Verhältnis zum Wissen* bewusst *zu entwickeln.*

Wissen, insbesondere mathematisches Wissen, liegt zunehmend in materialisierter Form vor, sei es in Büchern oder Zeitschriften, sei es in Maschinen (insbesondere in Computern). Bedeutsamer als die schlichte Aneignung ist die Handhabung und der flexible Einsatz des Wissens geworden. Dies setzt eine Distanz zwischen Mensch und Wissen und ein reflektiertes Verhältnis zum Wissen voraus, was im traditionellen Unterricht nicht direkt angestrebt wurde." Fischer/Malle (1985, S. 7)

Und auf S. 340 desselben Buchs heißt es:

„Ein neuer Akt der Befreiung ist eine bildungsgeschichtliche Notwendigkeit. Und wir sind auch überzeugt davon, dass es dazu kommen wird. Ob dabei allerdings die Wissenschaft ihre wertvollen Güter in ein neues Zeitalter wird hinüberretten können, hängt von uns ab. Wir glauben, dass jedes

---

[25] Wahrheits„formen" sind hier in Analogie zu Aussageformen zu verstehen, aus denen Aussagen erst durch Bindung oder Konstantenbelegung der Variablen werden. Bei Wahrheits„formen" übernehmen Urteile über die Gültigkeit der Prämissen und der Folgerungen diese Funktionen der Bindung oder Belegung.

Fach dem Menschen, insbesondere dem lernenden, eine Möglichkeit an die Hand geben muss, es zu relativieren. Und wir glauben, dass der Mathematik aus der extremen Position des Faches mit dem höchsten Absolutheitscharakter hier eine besondere Aufgabe zukommt." Fischer/Malle (1985, S. 340)

Wie können wir Schülern eine Möglichkeit an die Hand geben, „das Fach mit dem höchsten Absolutheitscharakter" zu „relativieren"? Wird hier nicht Unmögliches verlangt, wenn man von der verbreiteten, aber hier gewiss nicht gemeinten inneren Distanzierung von Mathematik überhaupt absieht?

Fischer/Malle schlagen wiederholt vor, die Relativierungsmöglichkeit über zwei Sichtweisen auf Mathematik anzubahnen, die sie als „geschlossene" bzw. „offene" Mathematikauffassung bezeichnen und so charakterisieren:

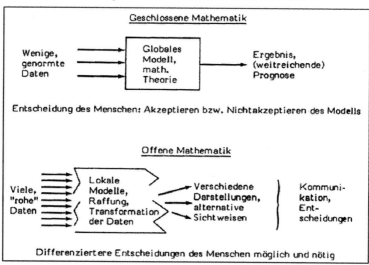

Abbildung 7: „Geschlossene" bzw. „offene" Mathematikauffassung
(Fischer/Malle 1985, S. 266)

Das ist ein wesentlicher Schritt in die richtige Richtung, insofern die klassische „Anwendendungs"auffassung des Mathematikunterrichts, bei der (explizit oder implizit) vorgegebene Mathematik auf eklektisch ausgesuchte Fälle angewandt wird, mit einer „offenen" Mathematisierungsweise gepaart wird. Die erfreulichen Bemühungen einiger Mathematikdidaktiker um die Verbreitung offenerer

Aufgabenstellungen lassen seit PISA inzwischen ihre Spuren sogar in den KMK-Standards erkennen.[26]

Aber: Das um offenere Sichtweisen erweiterte Angebot, Mathematik als Instrument für reale Probleme darzustellen, ist im schulischen Bezugsrahmen vielfältig bedroht[27] und es rüttelt nicht am scheinbar vorgeordneten Dasein „der" (kontextfreien) Mathematik „an sich". So kann aber nicht „das Fach mit dem höchsten Absolutheitscharakter" relativiert werden, noch dazu von Laien, sondern allenfalls seine außerfachliche Leistungsfähigkeit – und sein Ansehen. Der Ansatz von Fischer/Malle bleibt auf halbem Weg stecken, indem er es grundsätzlich zulässt, die permanente Wechselbeziehung zwischen Mensch (Subjekt), Mathematik (Methode) und Wirklichkeit (Objekt) zugunsten der Methode und/oder des Objekts zu ignorieren. Was fehlt, ist die Pflicht zum selbstkritischen Relativieren der Wirklichkeits-Modell-Beziehung:

Was fehlt, ist geschlossene und offene Mathematik sowie auch Reine Mathematik grundsätzlich als Bemühen menschlicher Subjekte um Aufklärung sachlicher Gegebenheiten aufzufassen, und nicht einfach nur gelegentlich als intelligent zu handhabendes Werkzeug.

Es reicht freilich nicht, den alten Wein lediglich in Dosen zu tun:

---

[26] Man denke etwa an die seit PISA berühmte Rennstrecken-Aufgabe, die nach Fischer/Malle (1985, S. 234) von Janvier 1978 stammt, oder die Fassaufgabe in den KMK-Hauptschul-Standards, zu der es diverse Varianten in Herget/Jahnke/Kroll 2001 gibt. Zur Kritik an der didaktischen KMK-Auffassung zur eigenen Fassaufgabe vgl. Führer 2005.

[27] Die Bedrohungen sind offensichtlich: Zeitbedarf, Verunsicherung im Klausurrhythmus, Konzentrations-, Differenzierungs- und Disziplinprobleme, Lehrbücher, Traditionalismen, bürokratische Outputevaluationen ...

> **WISSENSWERT** 1
>
> **Lehrpläne und ihre Interpretationen: Zwei Beispiele**
>
> **Zahlen und Operationen** (Ende Klasse 8)
>
> Die Schülerinnen und Schüler [...] kennen die Identität $\sqrt{a^2} = a$
>
> Kerncurriculum für das Gymnasium Schuljahrgänge 5–10 Mathematik, Niedersachsen, S. 25
>
> **Lesart 1:** „Ich muss nach wie vor eine vollständige Unterrichtsreihe zur Einführung des Betrags machen."
>
> **Lesart 2:** „Es reicht aus, wenn meine Schülerinnen und Schüler wissen, dass für a eine positive wie auch eine negative Zahl eingesetzt werden kann und dass als Ergebnis des Wurzelziehens per definitionem immer eine positive Zahl herauskommt."
>
> **Geometrie** (Ende Klasse 10)
>
> Die Schülerinnen und Schüler [...] berechnen geometrische Größen und verwenden dazu [...] Ähnlichkeitsbeziehungen [...]
>
> Kernlehrplan Sekundarstufe I, Realschule, Mathematik, Nordrhein-Westfalen
>
> **Lesart 1:** „Damit meine Schülerinnen und Schüler mithilfe von Ähnlichkeitsbeziehungen geometrische Größen berechnen können, müssen wir die Strahlensätze vollständig erarbeiten."
>
> **Lesart 2:** „Auf die systematische Erarbeitung der Strahlensätze kann ich verzichten, ich thematisiere nur Vergrößerungen und Verkleinerungen."
>
> Aus: "Neue Lehrpläne – Neue Freiheiten" von A. Büchter. In: ml 143 (2007), S. 62-63 - dortige Bezugsliteratur: Klieme, E. u.a.: Zur Entwicklung von Bildungsstandards. Eine Expertise. Bonn: BMBF 2003.

Abbildung 8: „Alter Wein in Dosen"

Natürlich hätte eine durchgehende Grundauffassung des Mathematikunterrichts im Sinne der Subjekt-Methode-Objekt-Triade Litts noch stärker mit den Bedrohungen aus dem schulischen Bezugsrahmen zu rechnen. Büchters Beispiele zeigen es. Aber sie würde und müsste m. Es. auf intellektuell redliche, sozial verantwortliche und bildungspolitisch konstruktive Weise Mathematikunterricht der aktuellen Schulrealität anpassen:

Der heutige Mathematikunterricht lehrt nämlich unter dem Methodendruck der Erziehungswissenschaft und Bildungspresse zunehmend mit empirischen, experimentellen, naturkundlichen Methoden „ewige Wahrheiten" – und konterkariert damit naturwissenschaftliche Bildung. Daher wäre es nur ehrlich im künftigen Mathematikunterricht, vorwiegend mit empirischen, experimentellen, „naturwissenschaftlichen" Methoden relative Wahrheiten zu lehren und absolute weitgehend meiden.

Ob der künftige Mathematikunterricht absolute Wahrheiten lehren kann, hängt davon ab, welcher Rang Denkmöglichkeiten gegenüber Tatsachenfeststellungen eingeräumt werden wird. (Renaissance des Konjunktivs – reflektierte Abstraktion – hypothetisches Denken statt Abduktionen – „Formalismus" als Arbeitshypothese ...)

Um noch einmal Fischer/Malle beim Wort zu nehmen:

„Die Neugestaltung unseres Verhältnisses zur Mathematik läuft in gewisser Weise auf eine Befreiung von der Mathematik, allgemeiner: auf eine Befreiung vom Wissen, hinaus. Rationales Wissen und seine Methodik, insbesondere die vor 300 Jahren als Helfer und Befreier angetretenen Naturwissen-

schaften, sind selbst zu Herrschenden geworden. Es gibt eine Herrschaft der Rationalität, die sich vordergründig im Führungsanspruch von Technokraten und Wissenschaftlern manifestiert, die aber in viel subtilerer Weise in unserem Denken, Werten, Urteilen selbst enthalten ist. Wir alle haben mit der Muttermilch unser Verständnis dieser Welt eingesogen, das da lautet: Es gibt unverrückbare Gesetze, denen man sich unterwerfen muss. Manche dieser Gesetze hat man erforscht, andere gilt es erst zu finden. Wissenschaftler können zwar irren oder absichtlich Falsches sagen, die Gesetze gibt es aber und sie sind unverrückbar. Die Sachzwänge existieren, unsere Freiheit ist sehr beschränkt." (Fischer/Malle 1985, S. 339)

Ich bin überzeugt, diese gewachsene Ideologie der technokratischen Überlegenheit liegt nicht in „der" Mathematik selbst begründet, sondern in der Form der öffentlichen Darstellung und Vermittlung von „Mathematik". Wo sonst sollte mathematisches Denken Menschen zu sich selbst befreien, wenn nicht im Mathematikunterricht?

Nachworte

„Induktion ist der Fortschritt vom Einzelnen zum Allgemeinen, z. B. wenn der kundige Steuermann der beste ist und wieder der kundige Wagenlenker, so wird auch überhaupt in jedem Ding der Kundige der beste sein. Es hat die Induktion eine größere Kraft der Überredung und Gewissheit und ist nach der sinnlichen Auffassung hin erkennbarer und bei der Menge gang und gäbe; der Schluss hat eine zwingendere Gewalt und ist gegen Streitende wirksamer." (Aristoteles, Logik 18)

„Induktion ist zwar ohne sinnliche Wahrnehmung nicht möglich; denn die sinnliche Wahrnehmung geht auf das Einzelne.

Aber man kann nicht durch sinnliche Wahrnehmung allein erkennen und wissen. Denn wenn sich auch die sinnliche Wahrnehmung auf ein Qualitatives und nicht auf ein bestimmtes Einzelne(s) bezieht, so kann man doch notwendig nur ein Einzelnes und irgendwo und jetzt wahrnehmen. Was aber allgemein ist und in allem, das ist (als solches) unmöglich wahrzunehmen. Denn es ist kein räumlich Einzelnes und Jetzt; denn dann wäre es nicht allgemein. Was immer ist und allenthalben, nennen wir allgemein. – Wenn wir daher z. B. auch (während einer Mondfinsternis) auf dem Mond wären und die Erde das Sonnenlicht versperren sähen, so würden wir doch nicht die Ursache der Mondfinsternis wissen; denn wir würden nur wahrnehmen, dass der Mond sich jetzt verfinstert, aber nicht warum überhaupt; denn es gab keine Wahrnehmung des Allgemeinen." (Aristoteles, Logik 23)

"Es ist ein Unterschied, das Dass und das Warum zu wissen." (Aristoteles, Logik 11)

"Der Gebildete treibt die Genauigkeit nicht weiter, als es der Natur der Sache entspricht." (Aristoteles, Politik, V, 4)

"Man muss die Menschen so belehren, als ob man sie nicht belehrte, und unbekannte Dinge vortragen, als seien sie nur vergessen." (Alexander Pope)

"Der Gebildete verfügte über Orientierung im Handeln. Universal war diese Bildung nur im Sinne der Universalität eines perspektivisch zusammengezogenen Horizonts von Welt, in dem wissenschaftliche Erfahrungen interpretiert und in praktische Fähigkeiten, nämlich in ein reflektiertes Bewusstsein von dem praktisch Notwendigen, umgesetzt werden konnten. Nun ist der Typ Erfahrung, der heute nach positivistischen Kriterien wissenschaftlich allein zugelassen wird, dieser Umsetzung in Praxis nicht fähig. Das Verfügenkönnen, das die empirischen Wissenschaften ermöglichen, ist mit der Potenz aufgeklärten Handelns nicht zu verwechseln. Ist aber deshalb Wissenschaft überhaupt von dieser Aufgabe einer Orientierung im Handeln dispensiert, oder stellt sich heute die Frage nach akademischer Bildung im Rahmen einer mit wissenschaftlichen Mitteln verwandelten Zivilisation von neuem als ein Problem der Wissenschaften selber? [...]

Wenn aber Technik aus Wissenschaft hervorgeht, und ich meine die Technik der Beeinflussung menschlichen Verhaltens nicht weniger als die Beherrschung von Natur, dann verlangt das Einholen dieser Technik in die praktische Lebenswelt, das Zurückholen der technischen Verfügung partikularer Bereiche in die Kommunikation handelnder Menschen erst recht der wissenschaftlichen Reflexion. Der vor-wissenschaftliche Horizont der Erfahrung wird infantil, wenn der Umgang mit den Produkten angespanntester Rationalität auf naive Weise in ihm eingelebt werden soll. Freilich lässt sich Bildung dann nicht länger auf die ethische Dimension der persönlichen Haltung einschränken; in der politischen Dimension, um die es geht, muss vielmehr die theoretische Anleitung zum Handeln aus einem wissenschaft-

lich explizierten Weltverständnis folgen." (J. Habermas in Kreuzer 1967, S. 318 f)

"Bildung ist: die feinen Schattierungen treffen und doch einfach bleiben." (Alfred Döblin)

"Jammerschade, dass die Herzensbildung nicht zur Allgemeinbildung gehört." (Ernst Ferstl, Bemerkenswert, 2006, S. 30)

Literatur

Baumert, J.; Bos, W. u. A.: TIMSS/III – Deutschland – Der Abschlussbericht. Berlin: MPIB 2000. (http://www.TIMSS.mpg.de/TIMSS_im_Ueberblick/TIMSSIII-Broschuere.pdf).

Baumert, J.; Klieme, E. u. A.: Internationales und nationales Rahmenkonzept für die Erfassung von naturwissenschaftlicher Grundbildung in PISA. Berlin: MPIB 2001 (http://www.mpib-berlin.mpg.de/PISA/KurzFrameworkReading.pdf)

Baumert, J.; Artelt, C. u. A.: PISA 2000 - Die Länder der Bundesrepublik Deutschland im Vergleich – Zusammenfassung zentraler Befunde. Berlin: MPIB 2002

Bieri, P.: Wie wäre es, gebildet zu sein … (Vortrag, PH Bern 2005; http://www.phbern.ch/fileadmin/Bilder_und_Dokumente/01_PHBern/PDF/051104_Festrede_P._Bieri.pdf)

Blankertz, H.: Theorien und Modelle der Didaktik. München: Juventa (8. Aufl.:) 1974.

Blumenberg, H.: Höhlenausgänge. Frankfurt: Suhrkamp 1989.

Bulthaup, P.: Zur gesellschaftlichen Funktion der Naturwissenschaften. Frankfurt: Suhrkamp 1973.

Cassirer, E.: Substanzbegriff und Funktionsbegriff. Berlin 1910 (Nachdruck Wiss. Buchges. 1980).

Einstein, A.: Geometrie und Erfahrung (Vortrag vor der Preuß. Akademie der Wiss. am 27.01.1921). In: D. Simon: Albert Einstein – Akademie-Vorträge. Wiley-VCH 2006.

Fischer, E. P.: Die andere Bildung. München: Ullstein 2001.

Fischer, R.; Malle, G.: Mensch und Mathematik. Mannheim u.a.: BI 1985.

Führer, L.: Von der Entsorgung mathematischer Bildung durch ihre Theorie. In: ZDM 2 (1997a), S. 53-61.

Führer, L.: Pädagogik des Mathematikunterrichts. Wiebaden/Braunschweig: Vieweg 1997b.

Führer, L.: Effizienz oder Substanz? In: K. Röttel (Hrsg.): Mathematik, nützlich und schön - vor 500 Jahren und heute. Eichstätt: Polygon 2002,S. 85-112.

Führer, L.: Kleine Revue sozialer Aspekte der Schulgeometrie. In: Der Mathematikunterricht, Jg. 51, Heft 2/3 (Juni 2005), S. 70-85.

Habermas, J.: Technischer Fortschritt und soziale Lebenswelt. In: Kreuzer 1969, S. 313-327.

Herget, W.; Jahnke, T.; Kroll, W.: Produktive Aufgaben. Paderborn: Cornelsen 2001.
Heymann, H. W.: Allgemeinbildung und Mathematik. Weinheim: Beltz 1996.
Hörisch, J.: Die ungeliebte Universität. München/Wien: Hanser 2006
Hume, D.: Eine Untersuchung über den menschlichen Verstand. (Übers. H. Herring) Stuttgart: Reclam 1976 (engl. Orig. 1748/58).
Jahnke, T.: Ideologiekritisches und Versöhnliches zu PISA&Co. (Manuskript 2005 unter http://www.math.uni-potsdam.de/prof/o_didaktik/a_mita/aa/Publ/publ2).
Jäkel, E. u. A. (Hrsg.): Der Wandel im Lehren und Lernen von Mathematik und Naturwissenschaften, Band II: Naturwissenschaften. Weinheim: Dt. Studienverlag 1994.
Klein, K.; Oettinger, U.: Konstruktivismus – Die neue Perspektive im (Sach-) Unterricht. Hohengehren: Schneider (2. Aufl.:) 2007.
Kreuzer, H. (Hrsg.): Die zwei Kulturen – Literarische und naturwissenschaftliche Intelligenz – C. P. Snows These in der Diskussion. Stuttgart: Klett/Cotta 1967.
Lenné, H.: Analyse der Mathematikdidaktik in Deutschland (Hrsg. W. Jung). Klett: Stuttgart 1969.
Lietzmann, W.: Methodik des mathematischen Unterrichts, Band II. Leipzig: Teubner 1916.
Litt, T.: Naturwissenschaft und Menschenbildung. Heidelberg: Quelle und Meyer (3. Aufl.:) 1959.
Mittelstraß, J.: Wissenschaft als Lebensform. Frankfurt a. M.: Suhrkamp 1982.
Moore, G. E.: Pricipia Ethica. 1903 (http://fair-use.org/g-e-moore/principia-ethica/).
NAS: National Science Education Standards. Washington: National Academy of Sciences 1995 (http://books.nap.edu/readingroom/books/nses/)
Oelkers, J.: Pragmatismus und Pädagogik: Zur Geschichte der demokratischen Erziehungstheorie (Vortrag 2004 Oldenburg; http://www.paed-work.unizh.ch/ap/ downloads/oelkers/Vortraege/143_Oldenburg.pdf)
Popper, K.: Die offene Gesellschaft und ihre Feinde (2 Bände; 1945). Tübingen: Mohr-Siebeck 2003.
Pukies, J.: Das verstehen der Naturwissenschaften. Braunschweig: Westermann 1979.
Ringel, C. M.: Naturwissenschaftliche Kenntnisse? "... zur Bildung gehören sie nicht!" (Vortrag in Lemgo 2006; http://www.mathematik.uni-bielefeld.de/~ringel/lectures/lemgo.html)
Schwanitz, D.: Bildung. Frankfurt a. M.: Eichborn 1999.
Searle, J. R.: Sprechakte. Frankfurt 1983 (Original: Speech Acts. Cambridge 1969).
Stegmüller, W.: Hauptströmungen der Gegenwartsphilosophie, Band 1. Stuttgart 1989.
Terhart, E.: Konstruktivismus und Unterricht. Soest: Landesinstitut für Schule und Weiterbildung (2. Aufl.:) 2002.
Weber, M.: Die protestantische Ethik und der „Geist" des Kapitalismus. In: Archiv für Sozialwissenschaften und Sozialpolitik (20. Bd., Heft 1 (1904), S. 1-54 sowie 21. Bd., Heft 1 (1905), S. 1-110; online verfügbar unter http://de.wikisource.org/wiki/Die_protestantische_Ethik_und_der_Geist_des_Kapitalismus)
Weber, M.: Wissenschaft als Beruf (Vortrag 1922; zit. n. http://www.textlog.de/2321.html

Kompetenzentwicklung im Geometrieunterricht der gymnasialen Oberstufe am Beispiel Niedersachsen

Andreas Goebel

Zusammenfassung. Die von der KMK beschlossenen Bildungsstandards gelten für den mittleren Schulabschluss. Ob es ähnliche Standards für die Oberstufe geben wird, ist zurzeit nicht bekannt. Daher wird im vorliegenden Aufsatz am Beispiel der in Niedersachsen geltenden einheitlichen Prüfungsanforderungen sowie der Abituraufgaben des Jahres 2007 und der Anforderungen für das Zentralabitur 2008 geprüft, ob durch die bestehenden Regularien bereits der Erwerb der in den Standards festgeschriebenen Kernkompetenzen sinnvoll fortgeführt wird. Ebenfalls berücksichtigt wird die Behandlung der vorgeschriebenen Themen in aktuellen Schulbüchern. Alternative Ansätze für den Geometrieunterricht in der Oberstufe werden vorgestellt.

Verbindliche Inhalte und Themen für den Geometrieunterricht der gymnasialen Oberstufe in Niedersachsen

In der Oberstufe werden geometrische Inhalte im Rahmen des Kurses „Analytische Geometrie / lineare Algebra" behandelt (Niedersächsisches Kultusministerium 1990, S. 12). Dabei gibt es drei alternative Schwerpunkte, von denen zwei Modellierungen von Prozessen durch Matrizen behandeln, während der erste vorrangig geometrische Themen berührt. Im Folgenden soll daher nur der geometrische Schwerpunkt berücksichtigt werden. Im Rahmen dieses Schwerpunktes und des (unabhängig von der Wahl des Schwerpunktes) vorgeschriebenen Kerns sind folgende Themen Pflichtthemen in Niedersachsen:

- Vektoren im Anschauungsraum
- Vektorielle Beschreibung von Geraden, Ebenen und Körpern im Raum
- Lineare Abhängigkeit und Unabhängigkeit
- Lösbarkeit von linearen Gleichungssystemen
- Vertiefung:
    - Darstellung geometrischer Objekte in einem Schrägbild
    - Lagebeziehung von Punkten, Geraden und Ebenen im Raum
    - Bestimmung von Winkeln und Abständen mit Hilfe des Skalarproduktes (einschließlich windschiefer Geraden)

Für das Zentralabitur 2008 ist dieser Inhaltsstrang als Schwerpunktthema vorgeschrieben, explizit genannt werden die folgenden Inhalte (Niedersächsisches Kultusministerium 2007, S. 4f):

- Erstellen und Interpretieren unterschiedlicher Formen von Ebenengleichungen
- Klassifikation von Geraden- und Ebenenscharen sowie deren gegenseitiger Lagebeziehung
- Flächen- und Rauminhalte einfacher geometrischer Gebilde wie Dreieck, Viereck, Spat und Pyramide
- Vektorprodukt mit Anwendungen

Berührpunkte mit den mathematischen Kernkompetenzen

Die von der Kultusministerkonferenz beschlossenen Bildungsstandards für den mittleren Schulabschluss (Beschlüsse der Kultusministerkonferenz 2003) wurden vom Niedersächsischen Kultusministerium für das „Kerncurriculum für das Gymnasium Schuljahrgänge 5 – 10" (Niedersächsisches Kultusministerium 2006) verwendet. Insbesondere die allgemeinen mathematischen Kompetenzen (Beschlüsse der Kultusministerkonferenz 2003, S. 11ff) wurden direkt übernommen (Niedersächsisches Kultusministerium 2006, S. 8f). Im Folgenden wird untersucht, inwieweit die oben dargestellten Themenschwerpunkte geeignet sind, die mathematischen Kompetenzen „Mathematisch argumentieren" (K1), „Probleme mathematisch lösen" (K2) und „Mathematische Darstellungen verwenden" (K4) weiterzuentwickeln.

Dabei wird insbesondere untersucht, inwieweit dynamische Raumgeometriesoftware (DRGS) geeignet sein könnte, den Kompetenzerwerb besonders zu fördern.

Mathematisch argumentieren

Die vorgegebenen Themen ermöglichen mathematisches Argumentieren an ausgewählten Stellen. Schon bei den verschiedenen Darstellungsformen der Ebene lässt sich jeweils argumentieren, warum sich überhaupt eine Ebene ergibt. Der Einsatz einer dynamischen Raumgeometriesoftware könnte an dieser Stelle das anschauliche Argumentieren erleichtern, ich halte ihn aber nicht für zwingend erforderlich. Man kann hier auch gut mit Hilfe von Modellen argumentieren. Dennoch möchte ich an dieser Stelle die Möglichkeit einer computergestützten Argumentation kurz anreißen.

Verstehen der Parameterform der Ebene mit Hilfe von DRGS

Gegeben sei die Vektorgleichung

$$\vec{x} = \begin{pmatrix} 2 \\ 2 \\ -1 \end{pmatrix} + s \cdot \begin{pmatrix} 1 \\ 2 \\ 3 \end{pmatrix} + t \cdot \begin{pmatrix} -2 \\ -1 \\ 4 \end{pmatrix}.$$

Setzen Sie für s und t verschiedene Zahlen ein und veranschaulichen Sie die Ergebnisse durch Eingabe als Punkte in Archimedes Geo3D.

- Welches Bild ergibt sich, wenn man immer mehr verschiedene Zahlen für s und t einsetzt?
- Welche Bedeutung haben die drei Vektoren in der Gleichung?
- Begründen Sie, weshalb sich nur ein solches Bild ergeben kann. Nehmen Sie dazu die Datei „Veranschaulichung Parameterform" zu Hilfe. Variieren Sie die Parameter s und t.

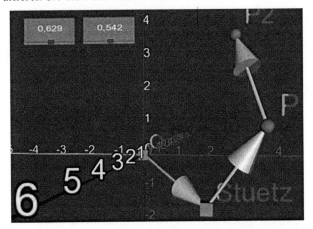

Abbildung 1: Verstehen der Parameterform der Ebene

Alternative: Finden Sie analog zur Parameterform einer Geraden eine ähnliche Darstellungsweise für Ebenen. Begründen Sie, weshalb die von Ihnen gewählte Form tatsächlich eine Ebene darstellt und erläutern Sie, welche Bedingungen die in Ihrer Gleichung verwendeten Vektoren erfüllen müssen, damit sich tatsächlich eine Ebene ergibt.

Obwohl man (vor allem bei der ersten Alternative) nicht von einem wirklich induktiven Vorgehen sprechen kann, ist die Schüleraktivität doch deutlich höher, als wenn man die Parameterform und die Bedeutung der Stütz- und Richtungsvektoren fertig vorgibt (was in den gängigen Schulbüchern der Fall ist). Die Alternative eignet sich für gute und sehr gute Schüler. Das Vorgehen wurde von mir in einem Grundkurs erfolgreich erprobt, wie eingangs erwähnt ist ein argumentatives Vorgehen an dieser Stelle aber auch gut ohne DRGS möglich.

Geraden- und Ebenenscharen

Eine typische Fragestellung zu Geradenscharen ist die folgende:

Gegeben sei die Geradenschar

$$g_t : \vec{x} = \begin{pmatrix} 1 \\ 2 \\ -1 \end{pmatrix} + s \cdot \begin{pmatrix} t \\ 2t \\ -1 \end{pmatrix}.$$

a) Untersuche, ob alle Geraden der Schar in einer Ebene liegen und finde ggf. eine Parameterdarstellung dieser Ebene.

b) Untersuche, ob alle Punkte der Ebene auf einer Geraden der Schar liegen.

Ohne dynamische Raumgeometriesoftware bleibt nur ein algebraischer Nachweis, der unangenehm zu führen ist und für Argumentationen wenig Spielraum lässt:

a) Man findet leicht zwei linear unabhängige Richtungsvektoren der Schar und stellt so die Ebenengleichung auf:

$$E : \vec{x} = \begin{pmatrix} 1 \\ 2 \\ -1 \end{pmatrix} + u \begin{pmatrix} 0 \\ 0 \\ -1 \end{pmatrix} + v \begin{pmatrix} 1 \\ 2 \\ -1 \end{pmatrix}$$

Um zu zeigen, dass g immer in E liegt muss man lediglich nachweisen, dass zusätzlich zum Stützpunkt, der ja gleich ist, immer noch ein weiterer Punkt der Geraden in der Ebene liegt. Dies gelingt leicht für den Punkt $(1 + t \mid 2 + 2t \mid -2)$ durch Wahl von $v = t$ und $u = 1 - t$.

Versucht man umgekehrt zu zeigen, dass jeder Punkt von E auch auf einer Geraden der Schar liegt, so muss man zeigen, dass die Gleichung

$$\begin{pmatrix} 1+v \\ 2+2v \\ -1-u-v \end{pmatrix} = \begin{pmatrix} 1+st \\ 2+2st \\ -1-s \end{pmatrix}$$

bei beliebiger Wahl von u und v in s und t lösbar ist. Man erhält $s = v + t$ aus der letzten Zeile und somit

$$t = \frac{v}{v+u}.$$

Damit ist die Gleichung nicht lösbar für $v = -u$, und die Gerade, die nicht in der Schar enthalten ist ließe sich leicht angeben.

Mit Archimedes Geo3D lässt sich nach Erzeugen eines Schiebereglers t die Geradenschar einfach eingeben:

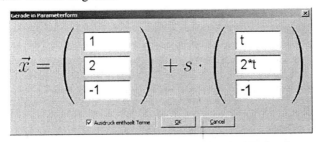

Abbildung 2: Geradenschar in Archimedes Geo3D eingeben

Anschließend kann man die Geradenschar durch Variation von t untersuchen oder sich die entstehende Punktmenge als Ortsfläche anzeigen lassen. Es wird schnell klar, dass zwar alle Geraden der Schar in einer Ebene liegen, aber nicht die ganze Ebene ausgeschöpft wird. Hierfür kann man schöne Argumente finden: Der fehlende Punkt, auf den der Richtungsvektor zeigen müsste, liegt im Unendlichen.

Erweiterung: Finde eine Geradenschar, deren Gesamtbild keine Ebene ergibt!

Hier erschließt sich gleich ein völlig neues Gebiet. Ändert man z.B. in der zweiten Komponente $2 \cdot t$ zu $2 \cdot t^2$, so ergibt sich eine Fläche, die wie ein elliptischer Kegel aussieht. Ist sie es auch wirklich?

Abbildung 3: Elliptischer Kegel?

Zwischenfazit

Die gegebenen Themen eignen sich zum mathematischen argumentieren. Der Einsatz von DRGS würde das mathematische Argumentieren aber erleichtern und an manchen Stellen erst ermöglichen.

Mathematische Darstellungen

Es ist offensichtlich, dass der Standardstoff der linearen Algebra und analytischen Geometrie den Umgang mit mathematischen Darstellungen und formalen Elementen vertieft.

Probleme lösen

Meiner Meinung nach liegt der Hauptmangel der bestehenden Konzepte zur vektoriellen Geometrie im Mangel an problemorientierten Fragestellungen. Dies schlägt sich sowohl in den Schulbüchern als auch in den Abituraufgaben nieder. Die Mittelstufenmathematik hingegen ist reich an interessanten Problemen. So bieten z.B. Konstruktionsaufgaben Problemorientierung in Reinkultur, anhand derer sich auch Strategien zur Problemlösung gut üben und veranschaulichen lassen (vgl. Polya 1966).

Ein Beispiel für eine typische Problemstellung, die sich durch eine Konstruktion lösen lässt, ist der Abstand windschiefer Geraden. In Schulbüchern wird die Problemlösung vorgegeben, die Schüler müssen diese nachvollziehen und anschließend Beispielaufgaben rechnen (vgl. etwa Baum et al. 2000, S. 160). Bei Einsatz einer DRGS könnte eine Aufgabenstellung wie folgt lauten:

- Konstruieren Sie zwei Geraden im Raum, die sich nicht schneiden und nicht parallel sind.
- Überlegen Sie, wie man sinnvoll den Abstand zweier solcher Geraden definiert und bestimmen Sie experimentell diesen Abstand
- Konstruieren Sie einen Vektor (oder eine Strecke), dessen Länge den Abstand der Geraden angibt.
- Beschreiben Sie Ihre Konstruktion und entwickeln Sie daraus ein Rechenverfahren zur Bestimmung des Abstandes windschiefer Geraden

Weitere Möglichkeiten zu problemorientierten Aufgabenstellungen

Rein synthetische Konstruktionsaufgaben liegen jenseits aller bestehenden Lehrpläne, da bisher die Werkzeuge für solche Aufgaben fehlten (vgl. Schumann 2004, S. 82). Aus zweierlei Hinsicht sind solche Aufgaben dennoch attraktiv: Sie sind durch die Problemorientierung motivierend, und sie erlauben eine Vielfalt von Lösungen (Offenheit). Im Folgenden sind zwei Beispiele für Konstruktionen eines regelmäßigen Hexaeders von Schülern dargestellt.

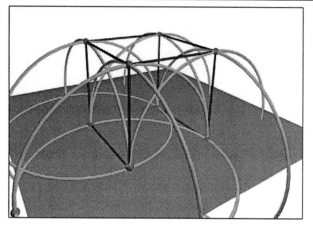

Abbildung 4: Würfelkonstruktion (Schülerlösung 1)

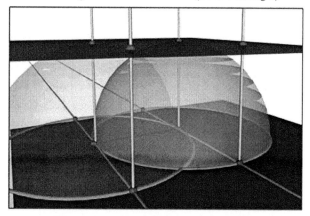

Abbildung 5: Würfelkonstruktion (Schülerlösung 1)

In der ersten Konstruktion (vgl. Abbildung 4) begannen die Schüler mit dem Quadrat auf der Basisebene. Anschließend verwendeten sie die bewährte und bekannte Konstruktion auch für die Seitenflächen. Jeder Eckpunkt des oberen Quadrates wurde einzeln konstruiert, obwohl man mit einer Hilfsebene die Punkte des oberen Quadrates auch leichter hätte konstruieren können, nachdem ein erster Punkt gefunden war.

In der zweiten Konstruktion (vgl. Abbildung 5) wurde ebenfalls mit der bekannten Quadratkonstruktion begonnen, anschließend wurden die Punkte aber mit Hilfe von Kugeln nach oben transformiert.

Insgesamt scheint es mir sinnvoll zu sein, Problemlösungen, die z. Zt. in Schulbüchern vorgegeben und anschließend nur noch nachgerechnet werden müssen, den Schülern zur Lösung zu überlassen, zumindest in ausgewählten Fällen. Sonst besteht die Gefahr, dass der früher rechenintensive Kurs zur linearen Algebra durch den Einsatz von GTR zu einem lediglich tippintensiven Kurs wird.

Diskussion einer Abituraufgabe

Im Zentralabitur dieses Jahres, bei dem der Autor als Korreferent tätig war, war zur analytischen Geometrie die folgende Aufgabe enthalten:

Gegeben sind die Gerade g mit

$$g : \vec{x} = \begin{pmatrix} -2 \\ 2 \\ -5 \end{pmatrix} + \lambda \begin{pmatrix} 6 \\ 2 \\ 3 \end{pmatrix}$$

und die Geradenschar h_k mit

$$h_k : \vec{x} = \begin{pmatrix} -1 \\ -1 \\ 2 \end{pmatrix} + \lambda \begin{pmatrix} 3 \\ 2 \\ k \end{pmatrix}$$

und $k \in \mathbb{R}$.

a) Untersuchen Sie die Lagebeziehung von g zu h_k in Abhängigkeit von k. Diejenige Gerade der Schar h_k, die die Gerade g schneidet, spannt mit dieser eine Ebene E auf. Bestimmen Sie den Abstand der Ebene E zum Ursprung.

b) Bestimmen Sie für $k = 2$ einen Punkt A der Geraden g und einen Punkt B der Geraden h_2 so, dass die Gerade durch die Punkte A und B auf den Geraden g und h_2 senkrecht steht. Die Funktion f gebe den Abstand an, den ein beliebiger Punkt der Geraden h_2 vom Punkt $T(4 \mid 4 \mid -2)$ besitzt. Bestimmen Sie das Minimum der Funktion f. Interpretieren Sie das Ergebnis.

Aufgabe a) ist im Wesentlichen Standard, zumal im Erwartungshorizont nicht stand, dass alle Geraden der Schar, die g nicht schneiden, windschief zueinander sind.

Aufgabe b) ist meiner Meinung nach ein typisches Beispiel für eine Aufgabe, in der die Lösung schon enthalten ist, so dass man nur noch rechnen muss. Die

Punkte A und B lassen sich (durch eine recht aufwändige Rechnung) dadurch bestimmen, dass ihr Verbindungsvektor senkrecht zu den Richtungsvektoren beider Geraden stehen muss. Man stellt fest, dass einer der Punkte dem Punkt T entspricht, so dass die geforderte „Interpretation" das ist, was man sowieso wissen sollte: Die kürzeste Verbindung der Geraden steht senkrecht zu beiden Geraden.

In diesem Fall hat es die Schüler erkennbare Mühe gekostet zu raten, was sie denn bei der „Interpretation" hinschreiben sollen, denn die Lösung schien zu belanglos.

Die Lösung lässt sich aber auch konstruieren:

- Konstruiere die Ebene E, in der h_2 liegt und die parallel zu g ist.
- Fälle das Lot L von einem beliebigen Punkt auf g auf E.
- Die Parallele zu g durch L schneidet h_2 in B.
- A ist der Schnitt der Normalen zu E durch B mit g.

Falls man anhand dieser Konstruktion die Punkte A und B berechnen möchte, hat man es leider ähnlich schwer wie bei dem oben angedeuteten Weg.

Fazit

Die vorliegenden EPAs im Fach Mathematik lassen einen Unterricht, der die bis Jahrgang 10 angestrebten Kompetenzen weiterentwickelt, zwar zu, sind aber umgekehrt nicht direkt auf die Fortführung der Kompetenzentwicklung ausgelegt. Im Zusammenhang mit der Vorgehensweise in aktuellen Schulbüchern besteht die Gefahr, dass für die gegebenen Probleme lediglich Rezepte passiv nachvollzogen und anschließend von den Schülern „nachgekocht" werden. Für das Abitur reicht eine solide Beherrschung dieser Rezepte aus, so dass insgesamt die Gefahr besteht, dass der Geometrieunterricht der gymnasialen Oberstufe gegenüber einem an den von der KMK beschlossenen Kompetenzen ausgerichteten Unterricht der Mittelstufe einen Rückschritt darstellt.

DRGS kann ein Mittel zum mathematischen Argumentieren und zur eigenständigen Problemlösung sein und würde sich daher eignen, die Kompetenzentwicklung in der Oberstufe fortzuführen.

Literatur

Niedersächsisches Kultusministerium (2007). Thematische Schwerpunkte für das Zentralabitur 2007.

Niedersächsisches Kultusministerium (1990). Rahmenrichtlinien für das Gymnasium gymnasiale Oberstufe, Mathematik.

Niedersächsisches Kultusministerium (2006). Kerncurriculum für das Gymnasium Schuljahrgänge 5 –10 Mathematik.

Beschlüsse der Kultusministerkonferenz (2003). Bildungsstandards im Fach Mathematik für den Mittleren Schulabschluss.

Schumann, Heinz (2004). Entdeckung von Analogien mit Cabri 3D am Beispiel Dreieck – Tetraeder. In: math.did 27, Bd1, S. 82 ff.

Pólya, George (1966). Vom Lösen mathematischer Aufgaben.

Baum, M. et al. (2000). Lambacher Schweizer Analytische Geometrie mit linearer Algebra.

Andreas Goebel

Allgemeine Ziele, die mit Tests schwerlich erfasst werden können, erläutert an vier Beispielen aus dem Geometrieunterricht

Günter Graumann

Zusammenfassung. Durch die an betriebswirtschaftlichem Denken und an Vergleichs- und Output-Tests orientierten bildungspolitischen Tendenzen besteht die Gefahr, dass der Unterricht zu einem Lernen von nur abtestbaren Kenntnissen, Fertigkeiten und Fähigkeiten – einem schlechten traditionellen Unterricht in neuem Gewande – verkümmert. Auch kann der in Deutschland spürbare Trend der Fokussierung auf standardisierte Tests langfristig zu einer verengten Sichtweise der Didaktik führen. Da die Förderung und Überprüfung allgemeiner Ziele grundsätzlich nicht so einfach ist wie das Trainieren und Abtesten von Kenntnissen und Fertigkeiten, werden hier zunächst Kategorien der Allgemeinbildung beschreiben. Daran anschließend wird an vier Beispielen aus dem Geometrieunterricht („Erkundungen mit Polyominos und ähnlichen Puzzles in Klasse 3", „Entwicklung von Vorstellungen zur Geradlinigkeit und Unendlichkeit der Geraden in Klasse 5", „Experimentelle Verfahren zur Kreismessung in Klasse 9" und „Genetischer Zugang zur Trigonometrie in Klasse 10") verdeutlicht, welche allgemeinen Ziele des Mathematikunterrichts man verfolgen kann und wie diese die Unterrichtskultur beeinflussen können.

Einleitung

In den vergangenen zehn Jahren (angestoßen durch TIMSS, PISA, die Übernahme anglo-amerikanischer Bildungsvorstellungen und die Einführung von Bildungsstandards in Deutschland) zeichnet sich in der Mathematikdidaktik eine stärkere Orientierung an allgemeinen Zielen und Kompetenzen ab, die ich als Didaktiker und auch als Sprecher des GDM-Arbeitskreises Mathematik und Bildung nur begrüßen kann. Die didaktischen Vorschläge der letzten Jahre mit mehr Betonung lebensweltlich orientierter Anwendungen, offenen Aufgaben, selbstreguliertem Lernen und Metakognition liegen ebenso ganz auf der Linie einer früher (vgl. etwa Graumann 1976, 1977 und 1988) schon von mir vertretenen didaktischen Konzeption.

Durch die an betriebswirtschaftlichem Denken und an Vergleichs- und Output-Tests orientierten bildungspolitischen Tendenzen wird ein solches Konzept jedoch erheblich eingeschränkt und verkümmert zu einem Lernen von nur abtestbaren Kenntnissen, Fertigkeiten und Fähigkeiten – einem schlechten traditionellen Unterricht in neuem Gewande. Hinzu kommt, dass in letzter Zeit die öffentlich geförderte Forschung in beträchtlichem Maße diesem Test-Trend folgt. Dass dabei für andere Forschungsrichtungen und Förderungen oft kein

Geld mehr vorhanden ist, zeigt z. B. ein Bericht von G. Lind über die Ergebnisse des „No-child-left-behind"-Gesetzes von 2002 in den USA[1] Außerdem kann der auch in Deutschland spürbare Trend der Fokussierung auf standardisierte Tests langfristig zu einer verengten Sichtweise der Didaktik führen. Nachdem sich die Mathematikdidaktik in den vergangenen fünfzig Jahren gerade von den einseitigen Sichtweisen des Rechenunterrichts der Volksschule einerseits und des stofforientierten Mathematikunterrichts des Gymnasiums andererseits gelöst hatte, besteht die Gefahr der Einengung nun darin, nur noch auf abtestbare Aufgaben zu fokussieren und z. B. allgemeinbildende Aspekte, die mit Tests schwerlich erfasst werden können, unter den Tisch fallen zu lassen. Obgleich laut Bildungsstandards die Förderung solcher allgemeiner Kompetenzen gewünscht wird, besteht wie schon früher die Gefahr, dass diese nur in Präambeln etc. auftauchen, aber die tatsächliche Unterrichtskultur nicht prägen.

Da die Förderung und Überprüfung solcher allgemeiner Ziele grundsätzlich nicht so einfach ist wie das Trainieren und Abtesten von Kenntnissen und Fertigkeiten, möchte ich zunächst Kategorien der Allgemeinbildung beschreiben und dann an vier Beispielen aus dem Geometrieunterricht verdeutlichen, welche allgemeinen Ziele des Mathematikunterrichts man verfolgen kann und wie diese die Unterrichtskultur beeinflussen können.

Die Beispiele beziehen sich dabei auf den Geometrieunterricht der Primarstufe und Sekundarstufe I und betreffen die Themen „Erkundungen mit Polyominos und ähnlichen Puzzles in Klasse 3", „Entwicklung von Vorstellungen zur Geradlinigkeit und Unendlichkeit der Geraden in Klasse 5", „Experimentelle Verfahren zur Kreismessung in Klasse 9" und „Genetischer Zugang zur Trigonometrie in Klasse 10".

Dimensionen von Allgemeinbildung durch Mathematikunterricht

Die Aufgaben der Schule kann man generell in folgende drei Kategorien[2] zusammenfassen:

---

[1] „Es ist viel Geld in das Projekt gesteckt worden. Aber ein großer Teil davon ist in die Testindustrie geflossen. [...] Die veröffentlichten Testergebnisse täuschen über das Ausmaß des Desasters hinweg, da sie blind für die Kollateralschäden bei Schulen und Schülern und zudem geschönt sind. [...] Viele Schulen sitzen in der Falle. Die Bundeszuschüsse, die sie erhalten, reichen oft gerade für die Testkosten." (Lind 2007, S. 89)

[2] Die Anzahl der Kategorien ist hier der Übersicht halber bewusst klein gehalten; auch bilden die Kategorien keine klare Klasseneinteilung. Eine etwas andere, aber ähnliche

1. Pragmatische Dimension [Lebensvorbereitung im engeren Sinne, Nutzen in Alltag und Beruf einschließlich Kommunikation mittels üblicher Begriffe]

D. h.: Jeder Mensch soll die nötigen Kenntnisse, Fertigkeiten und Fähigkeiten erwerben, die eine praktische Hilfe in seinem gegenwärtigen und zukünftigen Leben bieten, wobei die gesellschaftlichen Probleme und die gemeinschaftliche Gestaltung der zukünftigen Welt sowie die Vorbereitung auf mögliche Berufstätigkeiten mit eingeschlossen sind.

Im Mathematikunterricht geht es hierbei etwa um Rechenfertig- und –fähigkeiten, zeichnerische Fertigkeiten und Verständnis von Darstellungsformen wie Schrägbildern, Graphiken, Tabellen etc., Anwendungs- und Modellierungsfähigkeiten, Ordnungs- und Strukturierungsfähigkeiten und verschiedenen Formen der Bewältigung von Problemen, aber auch um die Kenntnis und das Verständnis von Begriffen der Mathematik, die für die allgemeine Kommunikation von Bedeutung sind.

2. Aufklärungsdimension [Welt verstehen, Weltorientierung, Stiftung kultureller Kohärenz]

D. h.: Jeder Mensch soll möglichst viele Einzelheiten und Zusammenhänge der heutigen und prognostizierten zukünftigen Welt verstehen und sich ein eigenes Bild von der Welt machen können.

Den Mathematikunterricht betreffend wäre hier etwa Folgendes zu nennen: Die Bedeutung und Funktionalität[3] von Formen, die Rolle der Symmetrie (einschließlich verallgemeinerter Symmetrie) und geometrischer Modelle in unserer Welt, das unterschiedliche Wachstum bestimmter Veränderungen (Funktionen), das Verhalten dynamischer Systeme sowie Möglichkeiten und Grenzen mathematischer Simulationen. Außerdem gehören hierher Kenntnisse über Kalender, Ornamente früher und nicht-abendländischer Kulturen, die Entstehung der Stunden- / Winkeleinteilung, Hintergründe für Ausdrücke wie „Quadratur des Kreises" oder auch die Bedeutung der Entdeckung nicht-euklidischer Geometrien für heutige Denkweisen in Mathematik und Wissenschaft. Darüber hinaus impliziert „Welt verstehen" auch die Erkenntnis, dass die Beschäftigung mit rein theoretischen Problemen und der spielerische Umgang mit Puzzles, Knobelproblemen etc. zum Wesen des Menschen gehört und dass sich aus der Beschäftigung mit rein theoretischen Fragen des Öfteren später Lösungen für Probleme des Alltags oder der Technik ergeben.

Aufteilung findet man etwa bei Graumann (1993a) oder Heymann (1996); vgl. auch Graumann (1993b).

[3] Vgl. etwa die Zweckrationalität von Formen nach Bender/Schreiber (1983).

3. Persönlichkeitsdimension [Formale Fähigkeiten, Persönlichkeitsfaktoren, soziale Ziele]

D. h.: Jeder Mensch soll sich zu einer eigenständigen Persönlichkeit mit gesundem Selbstbewusstsein und angemessenen Fähigkeiten entwickeln, Normen ausbilden und im gesellschaftlichen Kontext reflektieren sowie seine individuellen Fähigkeiten und Interessen entfalten können. Jeder Mensch soll sich auch als Mitglied verschiedener sozialer Ganzheiten sehen und einbringen können, Verantwortungsbereitschaft im Umgang mit Mensch und Natur zeigen, sein Denken und Handeln kritisch reflektieren können und sich der Grenzen einzelner Verfahren sowie menschlicher Erkenntnisfähigkeit grundsätzlich bewusst sein.

Aufgaben, die hierbei insbesondere dem Mathematikunterricht zufallen, sind etwa die Förderung der Raumanschauung, des Abstraktionsvermögens, der Ordnungs- und Strukturierungsfähigkeit, des kausalen und logischen Denkens einschließlich kritischen Urteilsvermögens, der Argumentationsfähigkeit, der Kreativität und des Problemlösevermögens einschließlich der Bereitschaft zum Entdecken und zum spielerischen Umgang mit mathematischen Gegenständen. In diese Dimension gehört weiterhin die Förderung von Team- und Kooperationsfähigkeit sowie die Darstellungs- und Kommunikationsfähigkeiten insbesondere bezüglich sachlogischer und abstrakter Erkenntnisse. Schließlich gehört hierher auch die Reflexion über die Grenzen mathematischer Modellierungen und Lösungen.

Beispiel 1: Polyominos und ähnliche Puzzles in Klasse 3

Kurze Themenbeschreibung

Jedes Kind hat mehrere kongruente Quadrate (aus Papier, Pappe oder Plastik) vor sich liegen und erhält die Aufforderung zwei davon so aneinander zu legen, dass zwei Seiten miteinander zur Deckung kommen. Man stellt leicht fest, dass sich dabei nur eine Form – Duomino oder Doppelquadrat genannt – ergibt, wenn man die Lage der Figur nicht berücksichtigt. Danach soll ein drittes Quadrat an eines der beiden vorangegangenen angelegt werden, wobei auch wieder zwei Seiten miteinander zur Deckung gebracht werden. Wie viele verschiedene Formen – Triominos – gibt es dieses Mal? Weiterhin wird noch nach allen Quadrominos oder vielleicht auch Pentominos und Hexominos gesucht. Wir variieren die Aufgabenstellung danach, indem wir als Grundform ein gleichseitiges oder gleichschenklig-rechtwinkliges Dreieck oder auch einen Würfel verwenden.[4]

Intentionen der Unterrichtseinheit mit Bemerkungen zum Thema

Zum Ersten sollen die Kinder erfahren, dass man mathematische Erkenntnisse auch durch einen spielerisch-experimentellen Umgang mit bestimmten Objekten gewinnen kann. Ohne dass Kinder im dritten Schuljahr schon über das Wesen des Menschen reflektieren, sammeln sie hier auch Erfahrungen über verschiedene Eigenarten der Menschen und können über die Freude diskutieren, die Menschen an Spielen und Knobel-aufgaben haben, etwa durch Erwähnung der weltweiten Euphorie mit dem Rubic-Cube in den 1980-Jahren und mit Sudoku gegenwärtig. Mit Blick auf die Mathematik kann durch die Beschäftigung mit Polyominos auch eine Grundlage dafür geschaffen werden, dass das mathematische Weltbild der Kinder nicht nur „Ausrechnen/Berechnen" beinhaltet. Ein solches Weltbild lässt sich schwerlich durch Test feststellen, eine Rückkopplung erhält die Lehrkraft eher in Diskussionen mit einem Kind oder durch aufmerksame Beobachtung von scheinbar nebensächlichen Bemerkungen der Kinder.

Zum Zweiten geht es bei diesem Thema auch um erste Erfahrungen mit systematischem Denken. Gemeint ist damit einmal das Ordnen und Klassifizieren der verschiedenen Formen, vor allem aber auch das Finden eines systematischen Vorgehens, um sicher zu sein, dass man alle Duominos, Triominos, Quadrominos, etc. gefunden hat. Ob ein Kind alle gesuchten Formen findet, kann man zwar mit einer Testaufgabe feststellen (die aber im Rahmen eines auch andere Aspekte betreffenden Vergleichstest sehr viel Zeit beanspruchen muss), wie es aber zur Lösung gekommen ist und ob es die gewünschte Fähigkeit besitzt bzw. erworben hat, lässt sich nicht in einem Test feststellen (sofern man keine Einzelinterviews damit verbindet).

Neben fachlichen Zielen der Vertiefung von Formeigenschaften und Relationsbeziehungen soll natürlich auch die Wahrnehmungsfähigkeit (insbesondere Diskriminierungsfähigkeit) und die Raumanschauung gefördert werden. Auch hier sind informelle Tests bzw. Beobachtungen von Handlungs- und Ausdrucksweisen sicherlich die geeigneteren Mittel der Rückkopplung durch die Lehrenden.

---

[4] Bezüglich weiterer Einzelheiten vgl. etwa Graumann (2006b).

Beispiel 2: Geradlinigkeit und Unendlichkeit von Geraden in Klasse 5

Kurze Themenbeschreibung

Im Rahmen der Behandlung von Grundbegriffen der Geometrie im 5. Schuljahr müssen die Schülerinnen und Schüler einerseits lernen, dass die geometrischen Objekte idealisierte Objekte sind, die durch Abstraktion aus der Wirklichkeit entstehen. Um in Unterrichtsgesprächen darauf zu kommen, dass Geraden keine Dicke haben, kann man etwa die üblichen Aufgaben nach Anzahl der Schnittpunkte von gegebenen Geraden und die Anzahl der Verbindungsgeraden bei vorgegebener Anzahl von Punkten behandeln. In diesem Zusammenhang wird man dann auch darauf eingehen, dass ein gegebenes Geradenstück in beide Richtungen beliebig verlängert werden kann – zunächst praktisch durch wiederholtes Anlegen des Lineals und dann durch Abstraktion dieses Gedankens.[5] Verbunden werden kann dieser Gedanke dann auch damit, dass zwei parallele Geraden sich nicht schneiden. Eine weitere Frage stellt sich: Wodurch ist überhaupt eine gerade Linie gekennzeichnet? Was unterscheidet sie von einer gekrümmten Linie? Der übliche Hinweis auf das Lineal muss zurückgewiesen werden, da man ja zur Herstellung eines Lineals schon wissen muss, wie man Geradlinigkeit erzeugen kann. Außerdem gibt es ja auch Kurvenlineale. Wir suchen deshalb nach Gegebenheiten in der Umwelt, in der Geradlinigkeit eine Rolle spielt: stramm gespannter Faden (kürzeste Verbindung zweier Punkte), Lichtstrahl als Peillinie, Faltkante eines ebenen Blattes (Schnitt zweier Ebenen) oder auch Bahnlinie eines Körpers (Fahrrad, Auto, etc.), bei der keine Fliehkräfte auftreten.[6]

Intentionen der Unterrichtseinheit mit Bemerkungen zum Thema

Ein wesentliches Ziel dieses Themas ist offensichtlich die Entwicklung von Grundvorstellungen zur Geradlinigkeit und erste Erfahrungen über die Weise, wie man in der Mathematik mit Unendlichkeit umgeht. Zugeordnet werden kann dieses Ziel der Aufklärungsdimension mit Fokus auf die Welt der Mathematik und Eigenarten menschlichen Denkens. Der Umgang mit Geraden in Bezug auf Schnittpunkte außerhalb des Zeichenblattes und Charakteristika der Geradlinigkeit lässt sich zwar in Tests abfragen, aber die Veränderungen der Denkweisen über Mathematik und das individuelle Weltbild von Mathematik wird damit nur sehr grob erfasst.

---

[5] Das zweite Postulat von Euklid basiert vermutlich auf einer solchen Erfahrung.

[6] Vgl. etwa auch Graumann, G. (2004), S. 11-18

Beispiel 3: Experimentelle Verfahren zur Kreismessung in Klasse 9

Kurze Themenbeschreibung

Nachdem man mittels Ähnlichkeitsüberlegungen festgestellt hat, dass für alle Kreise das Verhältnis vom Umfang des Kreises zum Durchmesser und das Verhältnis vom Flächeninhalt des Kreises zum Flächeninhalt des Radiusquadrats konstant ist und diese beiden Konstanten sogar identisch sind, empfiehlt es sich Umfang und Flächeninhalt von Kreisen bzw. die Größe der Konstanten (Pi genannt) experimentell zu bestimmen. Hierbei wird man erst einmal Umfänge an kreisförmigen Figuren (z. B. zylinderförmigen Gegenständen) messen oder Umfänge kreisförmiger Figuren abrollen und dann messen bzw. im Sinne der Definition des Flächeninhalts Kreise aus Papier zerschneiden und angenähert in berechenbare Figuren umlegen oder Einheitsquadrate bei Kreisen auf Karobzw. Millimeterpapier (geschickt) auszählen. Aber auch Ermittlungen des Verhältnisses vom Umfang zum Durchmesser bzw. Flächeninhalt zum Einheitsquadrat über Anzahlbestimmungen von geeignet ausgelegten genormten Muttern oder über Gewichtsmessungen (mit entsprechenden Figuren aus gleichmäßiger Pappe bzw. homogenem Holz/Kunststoff oder der mit genormten Muttern ausgelegten Längen bzw. Flächen) etc.[7]

Intentionen der Unterrichtseinheit mit Bemerkungen zum Thema

Neben dem Inhaltsziel der angenäherten Bestimmung von Pi, sollen die Schülerinnen und Schüler vor allem auch ihre Problemlösefähigkeiten trainieren, wozu insbesondere die Erfahrung gehört, dass man auch mathematische Probleme mit praktischen experimentellen Mitteln angehen kann und dass es oft verschiedene Wege gibt, ein Problem zu lösen. Durch die Anregung der Lehrperson nach Diskussion der anfangs gefundenen Wege weitere zu finden oder die bisherigen zu verbessern wird darüber hinaus die Kreativität angesprochen. Insgesamt kann die Thematik im Wechsel von Gruppenarbeit und gemeinsamer Diskussion stattfinden. Dabei werden dann soziale Ziele, die Argumentationsfähigkeit und die Fähigkeit zur Präsentation gefundener Erkenntnisse gefördert. Diese genannten allgemeinen Ziele sowie Reflexionen über Grundvorstellungen zum Flächeninhalt und Annäherungen von Flächeninhalten klassisch nicht berechenbarer Flächeninhalte sind nun offensichtlich auch wieder Ziele, die schwerlich mit Tests erfasst werden können.

---

[7] Vgl. hierzu etwa Schwengler (1998), S. 89-102

Beispiel 4: Einführung in die Trigonometrie in Klasse 10

Kurze Themenbeschreibung

Zunächst wird ein Beispiel zur Dreiecksberechnung aus dem Thema „Geometrie im Gelände", wie es im 8. Schuljahr behandelt wurde, wiederholt und die „Thaletische Methode" mit Konstruktion einer maßstabsgetreuen Zeichnung herausgestellt. Danach wird die Anwendung dieser Methode auf Dreiecke im Weltraum (entweder astronomische Probleme aus dem antiken Griechenland oder Fragen im Zusammenhang mit Satelliten) diskutiert. Die Unmöglichkeit von adäquaten maßstabsgetreuen Zeichnungen führt dann zu der Frage, ob man nicht Berechnungen anstellen kann, ähnlich wie mit dem Satz von Pythagoras. Durch Untersuchung verschieden geformter und verschieden großer rechtwinkliger Dreiecke kann man (unter Erinnerung an Gesetze der Ähnlichkeit) darauf kommen, dass die Größe eines spitzen Winkels im rechtwinkligen Dreieck mit dem Verhältnis zweier Seitenlängen unmittelbar zusammenhängt. Jedem bestimmten Winkelmaß (eines spitzen Winkels) kann man deshalb sechs Seitenverhältnisse zuordnen. Wir lernen dann die Namen für die sechs trigonometrischen Funktionen und die wichtigsten Zusammenhänge zwischen ihnen kennen. Hinweise auf die Entstehungsgeschichte der Namen und der Einteilung von Winkelmaßeinheiten (sinnvoller Weise gekoppelt mit den Namen der Stundenunterteilungen) können dies gut ergänzen.[8] Für die Bestimmung einzelner Werte trigonometrischer Funktionen muss man von rechtwinkligen Dreiecken alle Seitenlängen und alle Winkelgrößen kennen. Das bieten uns Teildreiecke vom regelmäßigen Dreieck, Viereck und Fünfeck. Mit Hilfe des Additionstheorems (das wir herleiten oder aus der Literatur übernehmen) können wir dann wie Ptolemäus eine Tabelle für die trigonometrischen Funktionen erstellen. Die Erweiterung auf Winkelmaße über 90° hinaus wäre dann ein weiteres Thema.[9]

Intentionen der Unterrichtseinheit mit Bemerkungen zum Thema

Wichtigstes Ziel bei dieser genetischen Einführung ist die Erfahrung, dass neue mathematische Begriffe oft aufgrund eines vorhandenen Problems eingeführt wurden und dadurch ihren Sinn erhalten. Es gehört aber auch dazu die Erfahrung, dass für einen wohldefinierten Begriff gewisse Gesetzmäßigkeiten notwendig sind und für eine praktikable Verwendung zusätzliche Entdeckungen gemacht werden müssen. Auch die Erkenntnis, dass eine Vernetzung mit früheren Themen sowie der neuen Begriffe untereinander sinnvoll ist und ein tieferes

---

[8] Vgl. etwa Graumann (1987)

[9] Vgl. hierzu Graumann (2006a)

Verständnis erzeugt, ist ein angestrebtes Ziel. Die Intention der Unterrichtseinheit liegt also im Bereich der Aufklärung, und zwar sowohl in Bezug auf die Mathematik als auch in Bezug auf die Geschichte der Mathematik und die kulturelle Kohärenz. Nebenbei werden aber auch Ziele der Persönlichkeitsdimension (wie etwa Kreativität, Problemlösefähigkeit und vernetztes Denken) und ein Ziel in Bezug auf die Relevanz von Mathematik bei nicht-mathematischen Problemen gefördert. Bei all diesen Zielen zeigt sich wiederum, dass bei einer Evaluation dieser Ziele Tests höchstens eine ergänzende Funktion haben können.

Schlussbemerkung

Wie an den Beispielen verdeutlicht werden konnte, gibt es wichtige Ziele des Mathematikunterrichts (und insbesondere des Geometrieunterrichts), deren Erreichen schwerlich durch Tests überprüft werden können. Eine Aufgabe didaktischer Forschung sollte deshalb auch darin liegen, Methoden für informelle Lernstandserhebungen zu finden bzw. weiterzuentwickeln und damit den Lehrerinnen und Lehrern zur Evaluation und Reflexion ihres Unterrichts Hilfen an die Hand zu geben, um die allgemeinen, nicht leicht evaluierbaren, aber dennoch wesentlichen Lernziele einer Unterrichtsstunde oder -einheit bzw. -sequenz nicht aus dem Auge zu verlieren.

Literatur

Bender, P. & Schreiber, A. (1983). Operative Genese der Geometrie, Wien: Hölder-Pichler-Tempinski

Graumann, G. (1976). Praxisorientiertes Sachrechnen. In: Beiträge zum Mathematikunterricht 1976, Hannover: Schroedel, S. 79-83

Graumann, G. (1977). Praxisorientierter Geometrieunterricht. In: Beiträge zum Mathematikunterricht 1977, Hannover: Schroedel, S. 98-101

Graumann, G. (1987). Eine genetische Einführung in die Trigonometrie. In: Beiträge zum Mathematikunterricht 1987, Bad Salzdetfurth: Franzbecker, S. 146-149

Graumann, G. (1988). Geometrie im Alltag. In: Mathematik lehren Heft 29/1988, S. 8-14

Graumann, G. (1993a). Konzepte zur Allgemeinbildung durch Mathematik im Vergleich. In: Beiträge zum Mathematikunterricht 1992, Hildesheim: Franzbecker, S. 175-178

Graumann, G. (1993b). Wodurch wirkt der Mathematikunterricht allgemeinbildend? In: Arbeitskreis Mathematik und Bildung (Hrsg.). Mehr Allgemeinbildung im Mathematikunterricht. Buxheim-Eichstätt: Polygon, S. 55-68

Graumann, G. (2004). Grundbegriffe der Elementaren Geometrie, Leipzig: EAGLE

Graumann, G. (2006a). Zugänge zu Werten trigonometrischer Funktionen im Bereich 90° bis 360°. In: Beiträge zum Mathematikunterricht 2006, Hildesheim: Franzbecker, [CD- und Buchfassung] S. 219-222

Graumann, G. (2006b). Puzzeln und Schneiden mit Dreiecken und Vierecken aus Papier und analogen Figuren im Raum. In: Leuders, T & Ludwig, M. & Oldenburg, R.

(Hrsg.). Experimentieren im Geometrieunterricht – Herbsttagung 2006 des GDM-Arbeitskreises Geometrie, Hildesheim: Franzbecker, S. 37-46

Heymann, H. W. (1996). Allgemeinbildung und Mathematik, Weinheim: Beltz

Lind, G. (2007). Eine Zwischenbilanz des „Kein-Kind-bleibt-zurück-Gesetzes" (NCLB) in den USA. In: Pädagogik, 59. Jahrgang, Heft 7-8, Juli-August 2007, S. 89

Schwengler, C. A. (1998). Geometrie experimentell, Zürich: Orell Füssli

Geometrie im Spiegel der Standards

Reinhard Oldenburg

Zusammenfassung. In diesem Beitrag wird analysiert, wie die Standardorientierung den Gehalt des Geometrieunterrichts verändert. Dazu wird der Einfluss der Kompetenzorientierung auf die Legitimation von Unterricht beleuchtet. Anschließend werden die geometrischen Aufgabenbeispiele der KMK-Standards und des IQB-Buchs „Bildungsstandards konkret" analysiert.

Einleitung

Welche geometrischen Inhalte werden zu welchem Zweck wie unterrichtet? Diese Frage ist in sich schon extrem komplex, dennoch soll hier versucht werden, sogar die Ableitung der Antwort nach der Zeit zu schätzen – sprich die Veränderungen der letzten Zeit zu beschreiben. Die Ergebnisse können also nur exemplarisch sein. Es stellt sich einerseits die Frage nach den Begründungsmustern für bestimmte inhaltliche Entscheidungen, andererseits sind diese Entscheidungen selbst zu analysieren.

Mathematik und Allgemeinbildung

Die Idee der Allgemeinbildung stellt eine vage, aber universelle Quelle der Legitimation von Unterricht dar. Ein normatives Unterfangen wie die Erstellung von Bildungsstandards könnte hier ansetzen. Aus dem Kontext der Bildungsdiskussion der letzen Jahre wäre z.B. zu erwarten gewesen, dass die Bildungsstandards sich der normativen Konzeption der „mathematical literacy" (zwischen „mathematical literacy" und mathematischer Grundbildung gibt es feine, vor allem durch die Genese der Begriffe bedingte Unterschiede, aber m.E. sind diese Unterschiede in der folgenden Diskussion vernachlässigbar) wie sie für die PISA-Studien konkretisiert wurde, anschließt. Dies ist zwar nicht ausdrücklich geschehen – die KMK-Bildungsstandards für Mathematik (mittlerer Abschluss) erwähnen das literacy-Konzept nicht – trotzdem kann man davon ausgehen, dass dieses Konzept eine zentrale Rolle bei der inhaltlichen Ausgestaltung gespielt hat. Im Rahmen von PISA 2000 wurde definiert:

„Mathematische Grundbildung ist die Fähigkeit einer Person, die Rolle zu erkennen und zu verstehen, die Mathematik in der Welt spielt, fundierte mathematische Urteile abzugeben und sich auf eine Weise mit der Mathematik

zu befassen, die den Anforderungen des gegenwärtigen und künftigen Lebens dieser Person als konstruktivem, engagiertem und reflektierendem Bürger entspricht." (Deutsches Pisa-Konsortium 2000)

Allerdings ist schon fraglich, ob mit diesem Konzept alle PISA-Aufgaben legitimiert werden können. Zwar merkt man vielen der veröffentlichen Aufgaben an, dass sie in diesem Geiste entwickelt wurden, aber ob z.B. die bekannte Apfelbaum-Aufgabe wirklich im Sinne dieser Definition relevant ist, kann diskutiert werden. Die Bildungsstandards gehen – das wird später erläutert – noch stärker über den Rahmen der literacy-Definition hinaus.

Hier ist eine Betrachtung aus der Perspektive der Informatikdidaktik nützlich. Dort unterscheidet man seit langem ITG (=Informationstechnische Grundbildung) vom eigentlichem Informatikunterricht. Bei der ITG steht im Vordergrund, dass die Schüler in die Lage versetzt werden, mit dem Computer zu arbeiten und ihn als Werkzeug zur Problemlösung bei Fragen aus anderen Gebieten einzusetzen, z.B. zum Lernen, Kommunizieren, Auswertung von Versuchen etc.

Begründet wird der ITG-Unterricht oft über das Argument, dass hier eine neue Kulturtechnik entstanden sei, die wie das Schreiben und Lesen grundlegend für jedes weitere Eindringen in die Kultur sei.

Für den ITG-Unterricht ergibt sich daraus, dass er am Anfang der Sekundarstufe konzentriert sein sollte, da er überwiegend erst nach dem Erwerb der anderen Kulturtechniken erfolgen kann, und vor dem wesentlichen Teil des Unterrichts anderer Fächer erfolgen muss.

Je nach den organisatorischen Bedingungen kann es vernünftig sein, den Unterricht in dieser Stufe als Fachunterricht stattfinden zu lassen – also erteilt von wenigen besonders qualifizierten Lehrerinnen, oder aber er kann in die Fächer integriert werden, wo seine Früchte ja später genutzt werden sollen.

Es drängt sich die Analogie ITG = mathematical literacy auf. Man vergleiche dazu die obige literacy-Definition z.B. mit der Berliner ITG-Definition:

„Dieser Bereich (ITG) hat zwei Schwerpunkte, zum einen die Ausbildung einer Kompetenz zum Gebrauch des Rechners als Werkzeug, zum anderen die Vorbereitung auf die Teilhabe an einem gesellschaftlichen Leben, das in weiten Bereichen durch Informationstechnik geprägt ist." (Rahmenplan Sek I, Berlin 2006)

In der Informatikdidaktik unterscheidet sich der eigentliche Informatikunterricht von der ITG vor allem dadurch, dass seine Inhalte nicht (nur) als Mittel zu anderen Zwecken interessieren, sondern dass die informationsverarbeitenden Maschinen selbst zum Gegenstand und ihr Verständnis zum Ziel des Unterrichts werden, dass es also nicht mehr darum geht, etwas (für andere Fächer/Anwendungen/Lebenssituationen) Nützliches tun zu können, sondern die Dinge wegen ihrer selbst zu verstehen.

Wenn man nun mathematical literacy mit ITG identifiziert, fällt auf, dass das Analogon zum eigentlichen Informatikunterricht in der PISA-Sicht der Mathematik fehlt. Man könnte versucht sein zu schließen, dass dem Mathematikunterricht das nötige Selbstbewusstsein gegenwärtig fehlt.

Bei den inhaltlichen Analysen werden wir später auch für die Mathematik eine analoge Einteilung verwenden, also eine Klassifikation in MG (mathematische Grundbildung, literacy) und MUieS (Mathematikunterricht im engeren Sinne).

Ergänzung: Es sei angemerkt, dass die Einteilung MG/MUieS Parallelitäten zur Einteilung der Mathematik in „reine" und „angewandte" Mathematik hat, dass diese beiden Einteilungen aber verschieden sind: Erstens betrifft die Unterscheidung MG/MUieS nicht nur den Inhalt an sich, sondern auch die Intention (als Mittel oder als Zweck) mit der er unterrichtet wird. Zweitens gibt es Inhalte der reinen Mathematik, die der MG zuzuordnen sind, etwa die Gesetze der proportionalen Zuordnung, und umgekehrt gibt es Fragen der angewandten Mathematik, die dem MUieS zuzuordnen sind, etwa wie ein GPS funktioniert.

Kompetenzen als normatives Konzept

Im Zuge der Outputorientierung werden nicht mehr abzuarbeitende Inhalte benannt, sondern Kompetenzen, die die Schüler am Ende bestimmter Zeiträume erworben haben sollen. Dabei gibt es allgemeine und inhaltsbezogene Kompetenzziele. Letztere sind oft so nah an mathematische Inhalte gekoppelt, dass sie davon kaum zu trennen sind (so ist etwa die Kompetenz „lineare Gleichungssysteme graphisch [zu] interpretieren", nur mit dem Unterrichtsinhalt „Graphische Interpretation linearer Gleichungen" zu erreichen – zumindest wenn man realistische Erwartungen an die Transferleistungen der Schüler hegt.) Die allgemeinen Lernziele wie etwa „Argumentieren" werden in den Bildungsstandards für die Mathematik fachbezogen interpretiert, aber von ihrer Definition her zielen sie auf Kompetenzen, die auch in anderen Fächern vermittelt werden können. In einem schlüssigen System müssten sich die inhaltsbezogenen Kompetenzen aus den allgemeinen Kompetenzerwartungen ableiten lassen oder zumindest systematisch als verträglich erweisen lassen. In Blum et al. (2006) werden solche systematischen Entwicklungen aber mit Verweis auf ein pragmatisches Herangehen zurück gestellt.

Für die Mathematik nehmen die KMK-Bildungsstandards implizit Anleihen bei Heinrich Winter, indem sie fordern, dass Schüler die bekannten Winter'schen

Grunderfahrungen (s.u.) machen können. Diese geben zwar eine überzeugende Antwort auf die Frage nach allgemeinen Zielen des Mathematikunterrichts, sie beantworten aber nicht die Frage, warum überhaupt Mathematik unterrichtet wird. Man könnte fragen, ob Problemlösefähigkeit nicht mit anderen Inhalten als denen des traditionellen MU besser befördert werden könnte, und man könnte fragen, ob es nicht andere Gebiete gibt, die mit formalen Sprachen interessante theoretische Strukturen aufbauen und Phänomene der Welt damit beschreiben.

Eine mögliche Antwort wäre es, begründet zu behaupten, dass der Mathematikunterricht die allgemeinen Kompetenzen, die die Bildungsstandards benennt, besonders gut entwickeln kann. Dies soll jetzt geprüft werden. Allerdings ist die Frage ungünstig gestellt. Es ist schon vor dem Hintergrund traditioneller Vorstellungen zur Allgemeinbildung schwierig zu entscheiden, ob ein bestimmtes Thema – in einer bestimmten Behandlungsweise – allgemeinbildend sei oder nicht. Einfacher ist es, zwei Themen gegeneinander abzuwägen und zu fragen, welches, bei knappen Ressourcen an Zeit etc., den größeren Beitrag zur Allgemeinbildung verspricht. Wir gehen hier nach diesem Muster vor und vergleichen Mathematikunterricht und Informatikunterricht daraufhin, in welchem Fach die in den KMK-Bildungsstandards für Mathematik geforderten allgemeinen Kompetenzziele besser verfolgt werden können.

Mathematik-Bildungsstandards	**Mathematik**	**Informatik**
1 Der Beitrag des Faches Mathematik zur Bildung Mathematikunterricht trägt zur Bildung der Schülerinnen und Schüler bei, indem er ihnen insbesondere folgende Grunderfahrungen ermöglicht [...]:		
– technische, natürliche, soziale und kulturelle Erscheinungen und Vorgänge mit Hilfe der Mathematik wahrnehmen, verstehen und unter Nutzung mathematischer Gesichtspunkte beurteilen	Technik ist gegenwärtig weitgehend ausgeblendet. Durch die Modellbildungsbewegung wurde einiges erreicht.	Technikbezüge sind natürlich und treten vielfach auf. Der soziale und kulturelle Einfluss der Informatik ist augefälliger als der der Mathematik und daher besser vermittelbar
– Mathematik mit ihrer Sprache,	Mathematik als formale	Sprache als fundamen-

Geometrie im Spiegel der Standards

ihren Symbolen, Bildern und Formeln in der Bedeutung für die Beschreibung und Bearbeitung von Aufgaben und Problemen inner- und außerhalb der Mathematik kennen und begreifen,	Sprache ist derzeit kaum Gegenstand von MU	tale Idee ist allgegenwärtig. Symbolische Beschreibungen sind zentral.
– in der Bearbeitung von Fragen und Problemen mit mathematischen Mitteln allgemeine Problemlösefähigkeit erwerben.	Da weiter Transfer das Ziel ist, sind auch die Inhalte des Übungsfeldes nicht so relevant.	Kein Unterschied zur Mathematik
Die Bildungsstandards ... benennen dementsprechend **allgemeine** und inhaltsbezogene mathematische Kompetenzen, ... Dazu bearbeiten sie Probleme, Aufgaben und Projekte mit mathematischen Mitteln, lesen und schreiben mathematische Texte, kommunizieren über mathematische Inhalte u. a. m. Dies geschieht in einem Unterricht, der selbstständiges Lernen, die Entwicklung von kommunikativen Fähigkeiten und Kooperationsbereitschaft sowie eine zeitgemäße Informationsbeschaffung, Dokumentation und Präsentation von Lernergebnissen zum Ziel hat.	Dies mit den traditionellen Inhalten des MU zu vereinbaren ist eine schwierige Aufgabe, an der gegenwärtig viele Lehrer und Didaktiker arbeiten.	Die Selbstständigkeit, Kommunikation, Informationsbeschaffung etc sind Schlüsselworte, die den Informatikunterricht schon immer begleitet haben. Der IU unterstützt diese Ziele, weil er die Mittel dazu zum Thema hat.
Der Auftrag der schulischen Bildung geht über den Erwerb fachspezifischer Kompetenzen hinaus. Zusammen mit anderen Fächern zielt Mathematikunterricht auch auf Persönlichkeitsentwicklung und Wertorientierung. ... Schülerinnen und Schüler sollen auf diese Weise Mathematik als anregendes, nutzbringendes und kreatives Betätigungsfeld erleben, in dem auch Hilfsmittel, insbesondere elektronische		Die IT gibt Schülern weit mehr Möglichkeiten zu unmoralischem Handeln (Raubkopien, Verstoß gegen Datenschutz, anonyme Äußerungen,...) als die Mathematik, und eben damit im Feld der Entwicklung ihrer Persönlichkeit. Schüler erleben sich im IU als kreativer denn im MU.

Medien entsprechend sinnvoll eingesetzt werden.		Der IU hat keine Probleme, elektronische Medien einzusetzen.
Für einen solchen Mathematikunterricht ist die Beschreibung der allgemeinen mathematischen Kompetenzen im Kapitel 2 in den Vordergrund gerückt worden. ...		
(K 1) Mathematisch argumentieren Dazu gehört: – Fragen stellen, die für die Mathematik charakteristisch sind („Gibt es ...?", „Wie verändert sich...?", „Ist das immer so ...?") und Vermutungen begründet äußern, – mathematische Argumentationen entwickeln (wie Erläuterungen, Begründungen, Beweise), – Lösungswege beschreiben und begründen.	Kein Unterschied feststellbar	Begründungen, Beweise und formale Beschreibungen sind in der Informatik besonders wichtig, weil die Resultate auf den Rechner übertragen werden müssen.
(K 2) Probleme mathematisch lösen Dazu gehört: – vorgegebene ... Probleme bearbeiten, – geeignete heuristische Hilfsmittel, Strategien und Prinzipien zum Problemlösen auswählen und anwenden, – die Plausibilität der Ergebnisse überprüfen sowie ... Lösungswege reflektieren.	Kein Unterschied feststellbar	
(K 3) Mathematisch modellieren Dazu gehört:		Die Informatik benötigt oft mathematische Modelle, von einfachen (Stellenwertsystem,

Geometrie im Spiegel der Standards

– den Bereich oder die Situation, die modelliert werden soll, in mathematische Begriffe, Strukturen und Relationen übersetzen, – in dem jeweiligen mathematischen Modell arbeiten, – Ergebnisse in dem entsprechenden Bereich oder der entsprechenden Situation interpretieren und prüfen.		lineare Trafo) bis zu anspruchsvollen (Erwartungswert, geometrische Abbildung). Modellierung ist im IU schon lange ein Thema. Modrow schätzt: „Informatik ist reicher an Modellen als Physik".
(K 4) Mathematische Darstellungen verwenden Dazu gehört: – verschiedene Formen der Darstellung von mathematischen Objekten anwenden, interpretieren und unterscheiden, – Beziehungen zwischen Darstellungsformen erkennen, – unterschiedliche Darstellungsformen je nach Situation und Zweck auswählen und zwischen ihnen wechseln.	Kein Unterschied feststellbar	Die Informatik ist besonders reich an Darstellungsformen, an graphischen Modellierungsmitteln etc.
(K 5) Mit symbolischen, formalen und technischen Elementen der Mathematik umgehen. Dazu gehört: – mit Variablen, Termen, Gleichungen, Funktionen, Diagrammen, Tabellen arbeiten, – symbolische und formale Sprache in natürliche Sprache übersetzen und umgekehrt, – Lösungs- und Kontrollverfahren – mathematische Werkzeuge (wie Formelsammlungen, Ta-	Das ist mathematisches „Kerngeschäft".	„Variablen, Termen, Gleichungen, Funktionen, Diagrammen, Tabellen arbeiten" sind auch Teil der Informatik. „symbolische und formale Sprache" das ist Informatik.

schenrechner, Software) sinnvoll ... einsetzen.		
(K 6) Kommunizieren Dazu gehört: – Überlegungen,.... Ergebnisse dokumentieren, verständlich darstellen und präsentieren, auch unter Nutzung geeigneter Medien, – ... Fachsprache ... – Äußerungen von anderen und Texte zu mathematischen Inhalten verstehen und überprüfen.		Beide Fächer geben Anlass zum Kommunizieren, aber die Informatik beschäftigt sich auch explizit mit Kommunikationsmöglichkeiten

Zusammenfassend lässt sich sagen, dass Informatikunterricht die gewünschten Ziele weitaus besser umsetzen könnte als Mathematikunterricht. Dies deckt sich auch mit meinen Erfahrungen als Lehrer, mit empirischen Untersuchungen z.B. der Frage, in welchem Fach die Schüler eher kreativ sein können, und mit den Rückmeldungen der Schüler (etwa bei der Evaluation des mathematisch-naturwissenschaftliches Zweiges meiner ehemaligen Schule).

Die Lage ist klar: Wenn es einem vorrangig um Modellbildung, Problemlösen, Argumentieren, Darstellung und Kommunizieren geht, dann ist Mathematikunterricht im Vergleich zum Informatikunterricht nur schlecht zu legitimieren.

Es gibt meines Erachtens drei mögliche Antworten, wenn man am Mathematikunterricht festhalten möchte:

- Mathematikunterricht wird pragmatisch gerechtfertigt durch Tradition, die Ausbildung der vorhandenen Lehrer, KMK-Beschlüsse, etc.
- Man legitimiert den Mathematikunterricht über Inhalte (bzw. über inhaltsbezogene Kompetenzen)
- Man rekurriert auf ein Allgemeinbildungskonzept.

Ich plädiere für eine Kombination der letzen beiden Antworten: Es gibt mathematische Inhalte, die die Schule vermitteln muss, um die Schüler zukunftsfähig zu machen. Für viele technische Lehrberufe wie Studiengänge sind bestimmte mathematische inhaltliche Fähigkeiten notwendig und eine Schule, die Inhalte zugunsten von allgemeinen Kompetenzen zurückschneidet, nimmt den Schülern mögliche Wege für ihre Zukunft, statt ihnen so viele Wege wie möglich zu eröffnen. Die dritte Antwort führt z.B. zur kulturellen Bedeutung der Mathematik (Beispiele: die Ethiken von Spinoza und Mill) und kann hier nicht diskutiert werden.

Geometrie in den KMK-Bildungsstandards Mathematik für den mittleren Schulabschluss

Es ist eine schwierige Aufgabe, einen sinnvollen inhaltlichen Kern für die verschiedenen Schulformen zu definieren. Statt dieser normativen Aufgabe setzt sich dieser Aufsatz als nächstes das einfachere deskriptive Ziel, die Gewichtung verschiedener Inhalte im standardbasierten Unterricht zu analysieren.

Oben wurde die Unterscheidung von MG und MUieS postuliert. Diese wenden wir jetzt auf die geometrischen Anteile der KMK-Bildungsstandards an. Dies führt zu folgender Einteilung der Aufgabenbeispiele, die geometrischen sind kursiv gesetzt:

MG: (1) *Abkürzung*, (2) Studentenarbeit, (5) Lohnerhöhung, (7) Holzbestand, (9) Skipiste, (11) Schulzeit, (13) Handy, (14) *Wassertank*

MUieS: (3) *Pyramidenstern*, (4) *Würfel*, (6) *Trapez*, (8) *Würfeldarstellung*, (10) Fakultät, (12) Lineare Funktionen

Diese Klassifikation ist allerdings nicht ganz eindeutig, weil die Zuordnung z.B. davon abhängt, welche Hypothesen man zum Lösungsweg des Schülers hat. Hier wurde versucht, möglichst nahe liegende Vorgehensweise zu erahnen. Das Ergebnis, das also mit einiger Vorsicht zu interpretieren ist, lautet also: Mehr als die Hälfte der Aufgaben ist der MG zuzuordnen, knapp die Hälfte ist schwerpunktmäßig geometrisch. Auffällig ist, dass sich geometrische Aufgaben verstärkt im MUieS-Bereich finden. Festzuhalten ist, dass die Standards mehr abdecken als der MG zugeordnet werden kann. Dies ist m.E. sinnvoll, aber derzeit kaum beachtet, und sollte offensiv vertreten werden.

Bemerkenswert ist, dass fünf Aufgaben (14, 3, 4, 8, 9) raumgeometrische Aspekte haben. Im IQB-Buch bestätigt sich dieser Trend aber nicht.

Geometrie im IQB-Buch

Die Exegese der Bildungsstandards wird erleichtert durch das offiziell vom IQB unterstütze Cornelsen-Buch von Blum et al. (2006). Es enthält neben Überlegungen zum kompetenzorientierten Unterricht eine Vielzahl von Beispielaufgaben. Wir konzentrierten uns dabei auf die Aufgaben zu geometrischen Inhalten. Natürlich sind die Aufgaben nicht nach Inhaltsbereichen sondern nach Leitideen klassifiziert, so dass die Geometrieteilmenge von mir ad hoc definiert wurde.

Unter Auslassung einiger Aufgaben, die andere nur leicht variieren, ergaben sich 34 Geometrieaufgaben von insgesamt 81 Aufgaben (42%). Dies ist ein – je nach Standpunkt – erstaunlich und/oder erfreulich hoher Anteil. Diese Zahl kommt zustande, obwohl die geometrischen Leitideen im Gegensatz zu „Daten und Zufall" keine eigenen Kapitel bekommen haben.

Der Bestand an Geometrieaufgaben wird jetzt unter verschiedenen Gesichtspunkten analysiert.

Inhaltliche Schwerpunkte

Mathematische Sätze sind eingebunden in größere Theoriezusammenhänge und so scheint es sinnvoll, nicht zu fragen, wie oft der Satz des Thales oder wie oft seine Umkehrung thematisiert werden, sondern wie oft z.B. die Satzgruppe des Thales relevant ist.

Die Statistik zu *Anwendungen geometrischer Inhalte* liefert folgendes Ergebnis:

Inhaltsbereich	Aufgabenzahl
Kongruenz	0
Ähnlichkeit	0
Strahlensätze	1
Thales	4
Pythagoras	5

Man kann hier eine Dominanz des rechtwinkligen Dreiecks ablesen. Dies ist konsistent mit dem Verschwinden von Sinus- und Kosinussatz aus den gymnasialen Kerncurricula bzw. den Bildungsstandards der Bundesländer, mit denen die KMK-Bildungsstandards schulformspezifisch umgesetzt werden sollen.

Körpergeometrie

Wir hatten oben gesehen, dass die Raumgeometrie in den KMK-Standards relativ breiten Raum einnimmt. Hier ergibt sich folgendes Bild: Es gibt 6 Aufgaben zu Körperberechnungen, aber keine zur Darstellung von Körpern.

Wir haben oben gesehen, dass der Informatikunterricht die erwarteten allgemeinen Kompetenzen besser umsetzen könnte als der MU. Kann man am IQB-Aufgabenkatalog erkennen, dass auch die Autoren der Aufgaben diese Einsicht zumindest ahnen? Diese Frage kann deutlich bejaht werden. Indiz ist das Auftreten von vielen Fragestellungen der diskreten Mathematik, also jener Mathematik, die zentraler Teil Informatik ist.

Arten der Modellbildung

Modelle erfüllen viele verschiedene Funktionen und entsprechend gibt es viele verschiedene Typen von Modellen. Ein wichtiges Unterscheidungsmerkmal ist die Dauerhaftigkeit der Modelle, hier illustriert an geometrischen Vertretern:

- *ad hoc-Modelle* (quick&dirty, Einmal-Modelle): Das Modell wird in einer Situation erstellt, benutzt und ist nicht weiter von Interesse. Beispiele: Die Modellierung eines Heißluftballons durch eine Halbkugel und einen Kegelstumpf, die Modellierung einer Baumkrone durch eine Kugel etc.
- *Standard-Modelle* (durabel): Modelle, die bestimmte Erscheinungen vereinfacht beschreiben, wenn auch in einer zeitüberdauernd interessanten Form. Beispiele: Zentralprojektion als Modell der photographischen Abbildung, Zykloide als Modell der Bewegung eines Punktes auf einem rollenden Rad, Kettenlinie, harmonische Schwingung, Erde als Kugel etc.
- *First-Principle-Models*: Das Modell erhebt den Anspruch, die beste bekannte Beschreibung einer Situation zu sein, eine akzeptierte wissenschaftliche Theorie darzustellen. Beispiele: Die dreidimensionale euklidische Geometrie als Modell des Erfahrungsraums, die allgemeine Relativitätstheorie als geometrisches Modell der Gravitation und des Raums.

Während der dritte Typ für die Schule von untergeordneter Wichtigkeit ist, erscheint es wichtig, dass die Schüler Modelle der beiden ersten Typen kennen und unterscheiden lernen.

Im IQB-Buch sind die Anzahlen der Aufgaben zu den drei Typen: 6-1-0.

Eine Detailanalyse: Die Laternenaufgabe („Höhen")

Der Aufgabentext im Original (Blum et al. 2006):

a) Schätze zunächst die Höhe der Laterne. Entwickle dann eine rechnerische Methode, um ihre Höhe zu bestimmen. Ein auf Dezimeter genaues Ergebnis genügt.

Diese Aufgabe mag in der Sekundarstufe I überraschen. Soll hier ernsthaft Photogrammetrie betrieben werden? Dies ist nicht zu erwarten. Stattdessen handelt es sich um einen modernen Vertreter der eingekleideten Aufgaben: Es soll in die Realsituation eine Strahlensatzfigur hinein gesehen werden. Das ist in der Tat möglich, denn Laterne und Maßstab stehen vertikal, definieren also eine Ebene. Da aber die Ebene der Strahlensatzfigur in der Realität nicht parallel zur Bildebene ist, ist das Teilverhältnis keine Invariante der photographischen Abbildung. Man kann also nicht bedenkenlos Verhältnisse ansetzen. Eine ernsthafte Lösung muss diesen Aspekt berücksichtigen.

Es sind verschiedene Lösungen dieses Problems denkbar. Mit etwas projektiver Geometrie etwa folgende: Geraden, die im Raum parallel sind, schneiden sich in der als Zentralprojektion modellierten Photographie in einem Punkt. Wenn man die Straßenränder als hinreichen parallel annimmt, kann man den 2m-Maßstab, den der Junge im Bild in der Hand hält, auf die Laterne projizieren und erhält so eine Laternenhöhe von 10,0m.

Abbildung 1: Mögliche Lösung

Alternativ könnte man so argumentieren: Man misst die Höhe h des 2m Zollstocks und die Höhe der Laterne l im Bild. Die maßstäblich errechnete Höhe $2m \cdot l/h$ ist dann aber zu niedrig, weil die Laterne weiter hinten stehend ja perspektivisch verkleinert abgebildet ist. Man kompensiert, indem man die reale Breite der Straße als konstant annimmt. Das Verhältnis der Breiten im Bild auf Höhe des Maßstabs und auf Höhe der Laterne ergibt dann den Verkleinerungsfaktor. Man findet so eine Höhe von ca. 10,4m.

Beide Lösungswege führen also fast zum gleichen Ergebnis, allerdings sind auch beide recht anspruchsvoll, da die räumliche Situation bedacht werden muss.

Die IQB-Lösung ist erstaunlich flach angesichts der Problematik:

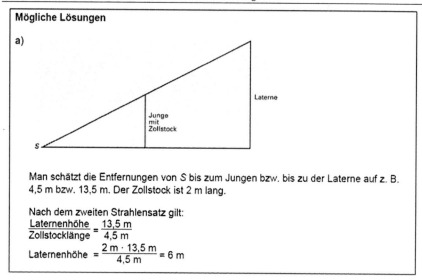

Abbildung 2: IQB-Lösung

Man bedenke, dass in der Aufgabenstellung gefordert war, das Ergebnis auf einen dm genau zu berechnen! Man erhält als Ergebnis schon 6,1m, wenn man den Abstand bis zur Laterne auf 13,75m geschätzt hätte! Gutes Augenmaß ist da gefordert!

Es ist interessant, die Situation mit dem 3D-Programm „Archimedes Geo3D" von Andreas Göbel zu untersuchen. Damit können die Schüler den Effekt der Verkürzung hautnah erleben.

Verallgemeinerndes Fazit

Die erfreuliche Beachtung des Aspekts der geometrischen Modellbildung hat in der konkreten Umsetzung in den IQB-Aufgaben (und auch in weiteren Teilen der aktuellen Didaktik) einen entscheidenen Nachteil: Trotz anderslautender Überlegungen im Zusammenhang mit dem Modellbildungskreislauf kommt der Aspekt des Validierens zu kurz.

Bedenklich ist auch, dass es zwar eine Flut von groben ad-hoc Modellierungen gibt, die ihrer Intention nach den Schülern das Gefühl geben sollen, überhaupt anfangen zu können, die aber – so befürchte ich – eine Kultur des „anything goes" (Paul Feyerabend) etablieren. Schüler gewöhnen sich dabei daran (Modellierung-)„Fehler" zu machen. Solche Näherungen zur Vereinfachung müssen sein, aber sie sollten bewusst gemacht werden. Hier zeigt sich ein Defizit in der

Betrachtung unterschiedlicher Qualitäten von Modellen. Es ist eben ein Unterschied, ob ein Endergebnis nur ungenau ist, weil eine Eingabegröße ungenau geschätzt oder bestimmt wurde, oder weil das Modell eine relevante Eigenschaft im Sinne des Verkürzungsmerkmals der allgemeinen Modellbildungstheorie nicht berücksichtigt. Vermutlich könnte eine explizite Thematisierung von Modellen unterschiedlicher Qualität (z.b. auch eine Einteilung der Modelle in Arten wie oben gegeben) hier unterstützen.

Was fehlt?

Gibt es auffallende Auslassungen in den KMK-Bildungsstandards gegenüber traditionellen Inhaltskatalogen? Natürlich.

- Konstruktionsbeschreibungen
- Sinus- und Kosinussatz (siehe oben bemerkte Dominanz des rechtwinkligen Dreiecks)
- Kongruenzgeometrie, Abbildungen, Verkettung von Abbildungen
- zentrische Streckung
- Kathetensatz, Höhensatz
- Geschichte der Geometrie
- Parabel als Ortslinie
- Traditionelle Erweiterungsthemen: Vektoren, Sehnenviereck, Umfangswinkelsatz, Ellipsen, ...

Diese Auslassungen lassen sich teilweise damit erklären, dass die KMK-Bildungsstandards ja für alle Schulformen gelten, die den mittleren Schulabschluss vergeben können. Für das Gymnasium können (könnten), die Länder über dies hinausgehen und den traditionellen Inhalten näher kommen.

Ein positiver Aspekt der Beschränkung ist sicher, dass damit Luft geschaffen wird für andere Dinge und für Unterrichtsmethoden, die mehr Zeit erfordern. Sicher ist einiges gewonnen, wenn die am Sinussatz gesparte Zeit investiert wird, um einfache Zusammenhänge, wie rund um den Satz des Thales und seiner Umkehrung, so zu unterrichten, dass mathematisches Argumentieren und Darstellen Raum findet, oder wenn substantielle Selbstlern-Phasen realisiert werden.

Zielklarheit

Blum et al. nennen als eines der Ziele der Bildungsstandards „höhere Zielklarheit" (S. 16). Es mag erstaunen, wie dieses Ziel angesichts des geringen Umfangs der Standards und der darauf basierenden Kerncurricula erreicht werden soll. Die heuristische Regel, dass eine knappe Beschreibung eine unpräzise sei, ist zwar nicht immer richtig, aber konkret hat es sich z.B. in Baden-Württemberg eingebürgert, dass viele Lehrer wie auch Lehrende an den Pädagogischen Hochschulen das Verständnis der dortigen Bildungsstandards dadurch unterstützen, dass immer noch die alten Bildungspläne verwendet werden.

In „mathematik lehren" 143 bringt Andreas Büchter das Problem der Kompetenz-Standards auf den Punkt, indem er folgende Lesarten für möglich erklärt:

> **Geometrie (Ende Klasse 10)**
>
> Die Schülerinnen und Schüler [...] berechnen geometrische Größen und verwenden dazu [...] Ähnlichkeitsbeziehungen [...]
>
> Kernlehrplan Sekundarstufe I, Realschule, Mathematik, Nordrhein-Westfalen
>
> **Lesart 1:** „Damit meine Schülerinnen und Schüler mithilfe von Ähnlichkeitsbeziehungen geometrische Größen berechnen können, müssen wir die Strahlensätze vollständig erarbeiten."
>
> **Lesart 2:** „Auf die systematische Erarbeitung der Strahlensätze kann ich verzichten, ich thematisiere nur Vergrößerungen und Verkleinerungen."

Abbildung 3: Problem der Kompetenzstandards

Wenn es tatsächlich so ist, dass nennenswert viele real existierende Lehrer die Standards so unterschiedlich lesen, stellt dies die Idee der Bildungsstandards vor große Probleme. Allerdings vermute ich, dass es den meisten Lehrern durchaus gelingt, den Komplex „Ähnlichkeit-Strahlensätze-zentrische Streckung" fachlich und didaktisch so zu strukturieren, dass die Strahlensätze nicht im Zentrum stehen müssen. Trotzdem zeigt das Beispiel: Die Kompetenzbeschreibungen sind sehr unscharf. Eigentlich sollte jede Kompetenz mit 3-4 Aufgabenbeispielen illustriert werden. Leider macht das erhebliche Mühe.

Die Frage, ob die Standards standardisieren, kann auch in Bezug auf die Schulbücher gestellt, aber noch nicht abschließend beantwortet werden, weil die

Überarbeitung erst im Gange ist. Der aktuelle Trend ist aber eindeutig: Die Streuung der Bücher in Hinblick auf verschiedene Aspekte wird eher größer als kleiner. Die Autorenteams kommen offensichtlich zu sehr unterschiedlichen Einschätzungen, wie viel Inhalte nötig sind, die geforderten Kompetenzen daran zu entwickeln. Obwohl alle Bücher sich bemühen, Anregungen für kompetenzorientiertes Lernen zu geben, tut sich hier auch eine erhebliche Bandbreite auf. Das ist m. E. rundum positiv: Evolution braucht Vielfalt. Bedenklich wird das Ganze wohl dadurch, dass das Selektionskriterium das Durchschnittsergebnis bei zentralen Prüfungen sein wird. Damit besteht die Gefahr, dass gerade ein „Mehr an Bildung" nicht belohnt wird.

Chancen

Nach diesen vielen kritischen Bemerkungen soll nicht verschwiegen werden, dass die Standardisierung in vielen Bereichen eine verbesserte Unterrichtspraxis unterstützen kann:

- Lehrer können stoffliche Auslassungen (z.B. gegenüber dem Buch) leichter rechtfertigen. Wenn sie dies tun, um den Bedürfnissen der Schüler und Schülerinnen besser zu entsprechen, ist dies ein großer Gewinn. Dass dies auch Gefahren birgt, ist offensichtlich.
- Lehrer werden gedrängt, stärker Argumentationsprozesse zu initiieren.
- Die inhaltliche Verschlankung erleichtert die Entscheidung zugunsten von (zunächst) ineffizienteren selbständigen Lernformen.

Fazit

Die Bildungsstandards haben viele wichtige Anregungen zur Veränderung des Mathematikunterrichts gegeben, sie weisen aber selbst auch eine Reihe von Defiziten auf. Gerade im Vergleich zur Informatik(auch wenn diese tatsächlich keine ernsthafte Konkurrenz darstellt) sollte sich die Mathematik auf ihre Stärken (wie etwa ihr großer Vorrat an durablen Modellen) und eigenen Inhalte besinnen.

Literatur

W. Blum et al.: Bildungsstandards konkret. Cornelsen, 2006
M. Neubrand: Die Konzepte „mathematical literacy" und „mathematische Grundbildung" in der PISA-Studie. BMU, 2001
M. Thomas: Informatische Modellbildung. Dissertation, Potsdam, 2002

Ist der Geometrieunterricht noch zu retten?
Gedanken zum Tagungsthema
Lothar Profke

Zusammenfassung. Was für eine Frage im Titel: Ist der Geometrieunterricht noch zu retten? Möchte doch niemand den Geometrieunterricht abschaffen. Andererseits wurde und wird viel geklagt über den tatsächlichen Geometrieunterricht. Die Frage meint: Kann tatsächlicher, alltäglicher Geometrieunterricht leisten, was Lehrpläne, Bildungsstandards, ... fordern? Man erwartet vom Folgenden eine klare Antwort auf die Frage:

Nein, weil ...   [überzeugende Begründung]

Ja, falls ...   [erforderliche Maßnahmen]

Und wenn Ja, dann konkrete Antworten, etwa für kommenden Dienstag, 3. Stunde, Klasse 7 R zum Thema Winkelsumme in Dreiecken. Die Suche nach einer Antwort, die in unsere Zeit und für unser Land passt, muss die Lage berücksichtigen, welche sich durch das Thema Bildung – Standards – Bildungsstandards der Tagung des Arbeitskreises Geometrie in der Gesellschaft für Didaktik der Mathematik im September 2007 in Königswinter beschreiben lässt. Die Vergangenheit lehrt: Geometrieunterricht verbessern zu wollen, ist ein mühsames und langwieriges Geschäft, wenn es überhaupt gelingt.

Gedanken zum Tagungsthema

Was mit dem Thema *Bildung – Standards – Bildungsstandards* der genannten Tagung gemeint war, erläutert eine Liste von Fragen in der Einladung. Nachstehend meine Gedanken zu einigen der Fragen.

Frage:

Eignet sich der Rahmen, welchen die Bildungsstandards dem Geometrieunterricht setzen, Bildungspotentiale der Geometrie zu entfalten?

Meine Gegenfragen:

- An welche Geometrie ist dabei gedacht? Der Rahmen der Bildungsstandards ist ja sehr weit, aber stark von traditionellen Vorstellungen zum gymnasialen Geometrieunterricht geprägt.
- Welche Bildung ist gemeint?
    - Allgemeinbildung im Sinne der Pädagogik? Auch für Hauptschulabsolventen?

o   Elitäre Auffassung des Bildungsbürgertums? Nämlich Bildung als Summe vieler Bildungspäckchen: Ein Gebildeter hat Goethes Urfaust gelesen, kennt die beiden Strahlensätze, und noch vieles mehr.

Frage:

Welchen Konsens über unverzichtbare Bestandteile des Geometrieunterrichts unterstellen oder legen die Bildungsstandards nahe?

Ich behaupte:

- Den Bildungsstandards (zunächst vorgeschlagen als Mindest-Standards, doch nun als Regel-Standards verwendet) liegen traditionelle Stoffpläne zugrunde.
- Der Konsens über unverzichtbare Bestandteile des Geometrieunterrichts wird nicht hinterfragt.
- Didaktische Rechtfertigungen hierfür sehe ich nicht.

Frage:

Sind die Vorgaben der Bildungsstandards in sich didaktisch und fachlich schlüssig?

Meine Gegenfragen:

- An welche Fächer richtet sich die Frage? „Harte" Kriterien der Mathematik (klare Begriffe, Korrektheit, ...) lassen sich nicht anwenden und „weiche" Kriterien (mathematisches Denken, ...) passen wegen der Vagheit der Bildungsstandards immer.
- Besitzt die Mathematikdidaktik passende Maßstäbe (Konstruktivismus, genetisches Prinzip, ...)? Sind diese allgemein anerkannt?

Frage:

Gleiche Ziele des Geometrieunterrichts für alle Schulformen?

Ich behaupte:

Das ist möglich nach dem Grundsatz differenzierenden Unterrichts: „Alle Schüler sollen [...] erreichen und einige Schüler außerdem noch [...]."

Frage:

Welche Ziele des Geometrieunterrichts sind im Rahmen von Outputorientierung schlecht ansteuerbar, weil sie langfristig angelegt und deshalb nicht eindeutig als Folgen von Unterricht beobachtbar sind?

Ich behaupte:

- Alle Ziele, die zu einer Allgemeinbildung gehören. Nur sehr spezielle Lehrziele kann man eindeutig einem bestimmten Unterrichtsfach zuordnen.
- Solche Ziele anzustreben, ist Aufgabe vieler Schulfächer, die hierfür vielleicht besser geeignet sind als der Geometrieunterricht.
- Folgt aus der Langfristigkeit eine schlechte Ansteuerbarkeit? Eine Hauptaufgabe der Mathematikdidaktik ist doch, Wege angeben zum Ansteuern allgemeiner, nur langfristig erreichbarer Lehrziele.
- Die angebliche Wende von der Input- zur Outputorientierung ist eine Wortspielerei:
    - Auch früher hatten Lehrer eine recht genaue Vorstellung davon, was Schüler schließlich gelernt haben sollten.
    - Forderungen der Bildungsstandards sind zunächst nur Visionen, inputgesteuert durch detaillierte Lehrpläne. (Bemerkung am 15.09.2007 von H.-J. Elschenbroich: „Ohne Input kein Output.")
    - Lehrer halten sich eher an Lehrpläne und an deren Auslegungen in Schulbüchern.
    - Konsequenterweise (?) forderte Annette Schavan (Bundesministerin für Bildung und Forschung) am 28.07.2007 für ganz Deutschland einheitliche Schulbücher, um besser die Bildungsstandards durchsetzen zu können.

Frage:

Welche Konzeptionen von Geometrieunterricht erlauben die Bildungsstandards?

Gegenfragen:

- Was meint Konzeption? Globale und lokale Stofforganisation oder Hintergrundtheorie oder Unterrichtskultur oder ...?
- Schränken Bildungsstandards die Konzeption ein? Die vorkommenden Begriffe lassen sich doch sowohl weit als auch eng auslegen, abhängend von persönlichen Vorurteilen.

Frage:

Wie sehen Unterrichtssequenzen des Geometrieunterrichts aus, die zu den in den Bildungsstandards geforderten Kompetenzen beitragen?

Ich behaupte:

- Es gibt plausible Negativbeispiele: So enthalten viele Kompetenzen der Bildungsstandards die Kompetenz: Aufgaben selbstständig planen, ausführen, kontrollieren.
  - o Ein Lehrer behindert die Ausbildung solcher Fähigkeiten, falls er Schüler dauernd in kleinen Schritten führt und alleine über Richtig / Falsch entscheidet – auch mittels Arbeitsblättern.
- In den Bildungsstandards findet man nicht die Kompetenzen: Interdisziplinär, ganzheitlich denken und handeln, Aufträge genau, zuverlässig, ausdauernd erledigen.
  - o Ein Mathematikunterricht mit „Schubladendenken", nachlässigen Tafelbilder, schlampiger Heftführung, unpräzisen Formulierungen bei Merksätzen, ... leitet nicht dazu an.

Frage:

Wie gut lassen sich geometrische Kompetenzen in zentralen oder lokalen Prüfungen erfassen?

Ich behaupte:

Zentrale (schriftliche) Prüfungen sind produktorientiert und berücksichtigen nicht lokalen Unterricht, der die Anforderungen von Aufgaben bestimmt.

Frage:

Passt der Einsatz von Geometriesoftware, die den Unterricht divergenter macht, zu zentralen Prüfungen?

Ich behaupte:

- Dynamische Geometriesoftware macht den Unterricht nicht von sich aus divergenter.
- Man kann Dynamische Geometriesoftware, ebenso wie andere Rechenhilfsmittel, in lokalen Prüfungen einsetzen, also auch in zentralen.

Frage:

Welche handfesten Erkenntnisse zum Lernen von Geometrie gibt es bisher aus PISA, Zentralabitur, Lernstandserhebungen?

Ich behaupte:

Nicht sehr ermutigende, wie etwa die Ergebnisse der Abschlussarbeiten Mathematik für die Bildungsgänge Hauptschule und Realschule in Hessen der letzten Jahre und die Klagen der Abnehmer von Schulabsolventen zeigen.

Meine Fragen an das Konzept der Bildungsstandards:

- Wie sind die Bildungsstandards zu verwenden?
    - Als Beschreibung eines Zustands im Bildungswesen: „Das ist bei uns Standard"?
    - Als Checkliste für Unterrichtseinheiten, ... beim Bildungs-TÜV?
    - Als anzustrebende Vision?
- Taugen die Bildungsstandards als Checkliste? Sondern sie bildungsunwirksamen Unterricht aus?
    - Wer darf Standards setzen und erlassen?
    - Wodurch sind die Experten legitimiert? Wer kann / sollte mitreden?
    - Muss man den Empfehlungen der Experten folgen?

Wozu dieses Frage-Gegenfrage-Behauptungen-Spiel?

(1) Es soll auf Mängel im Begrifflichen hinweisen:

Viele Begriffe der Mathematikdidaktik sind unklar. Nach mehrfachem Gebrauch glaubt man, ihre Bedeutung erfasst zu haben und diese mit anderen Fachkollegen zu teilen. So entsteht ein Gemeinschaftsgefühl ohne sichere Diskussionsgrundlage, und eine solche Grundlage wird nicht vermisst. Mit solchen Begriffen angestellte Überlegungen verlieren sich im Ungefähren, ohne dass man dies bemerkt.

(2) Warnen vor „Moden" in der Mathematikdidaktik:

Auch in der Mathematikdidaktik entwickeln „Moden" eine große Anziehungskraft (output- vs. input-Orientierung, Konstruktivismus, Handlungsorientierung, Selbsttätigkeit, ...). Neumodisches scheint besser zu sein als das Alte, was im Einzelfall bereits als eine didaktische Rechtfertigung zählt.

Bildung und Unterricht

Wie gelangt die (eine?) Allgemeinbildung in den Unterricht an allgemeinbildenden Schulen hinein?

Naiver Zugang:

- Was ist guter Geometrieunterricht? Dieser erreicht bewusst gesetzte Lehrziele und folgt nicht einem heimlichen, ungewollten Lehrplan.
- Welche Lehrziele soll man setzen? Guter (Geometrie-) Unterricht muss zur Allgemeinbildung beitragen.
- Was meint Allgemeinbildung?
    - Mehr als nur Ausbildung, deren Güte sich vorübergehend zeigt in Abschluss- oder in Eingangsprüfungen (vielleicht auch bei TIMSS, PISA, ...).
    - Erst recht mehr als Vergleiche meinen wie: „Ein Akademiker ist gebildeter als ein Handwerker."
    - Allgemeinbildung umfasst Wissen, Können, Willenskraft, Charakterfestigkeit, ..., und damit mehr, als die Bildungsstandards vorschreiben.
    - Bildend ist, was bleibt nach dem Vergessen gelernter Fakten. Diese Umschreibung erscheint recht brauchbar für den Bildungseffekt von Mathematikunterricht, vergessen doch viele Menschen fast alles daraus ziemlich schnell, und nicht selten bleiben nur schlechte Erinnerungen.

Nun versuche ich Heymann (1996) zu folgen (vgl. Abbildung 1):
Was meint allgemein bei (Allgemein-) Bildung?

- Bildung für alle Schüler, also zugänglich für alle Schüler
- Vielseitigkeit der Bildung, die gesamte Persönlichkeit eines Schülers erfassend: nicht nur Sachkompetenzen in gewissen Bereichen, sondern auch Methodenkompetenz(en), Sozialkompetenz, Selbstkompetenz, ..., somit auch moralisch-ethische, musisch-ästhetische, körperliche, ... (Aus-) Bildung.

Das ist zunächst nicht mehr als eine Idee neben anderen, oft abhängend vom Gesellschaftssystem und häufig nicht von allen Betroffenen geteilt. Eine solche Idee möchte Antwort(en) auf die Frage geben:

„Was macht den Menschen zum Menschen?"

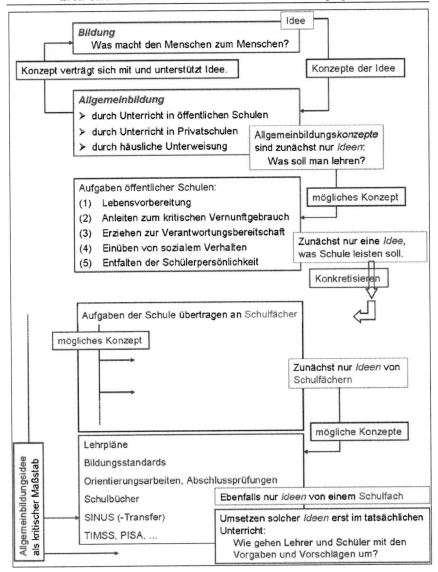

Abbildung 1: Allgemeinbildung nach Heymann (1996)

Dann ist Allgemeinbildung Aufgabe (allgemeinbildender) Schulen: Diese müssen im Unterricht eine Bildungsidee so umsetzen, dass er bei Schülern Bildung hervorbringt. Jetzt geht es um Antwort(en) auf die Frage:

„Was und wie soll an Schulen unterrichtet werden?"

Zwischen Bildung als Idee und Allgemeinbildung als Aufgabe von Schule und so weiter bis zum tatsächlichen (Mathematik-) Unterricht gibt es keine direkten Verbindungen: Aus einer Idee lassen sich keine (Handlungs-) Konzepte ableiten. Mit der Idee kann man lediglich prüfen, ob ein Konzept dazu passt.

Mehrere Konzepte können mit derselben Idee verträglich sein. Und umgekehrt kann ein bestimmtes Bildungskonzept zu ganz verschiedenen Bildungsideen passen. So hätten die Bildungsstandards auch in der DDR entstehen können, weil sie sich auf mathematische Kompetenzen beschränken (vgl. Akademie der Pädagogischen Wissenschaften der DDR, 1995, Kap. 1).

Kommen wir zurück zum Geometrieunterricht an öffentlichen Schulen:

Guter Geometrieunterricht erreicht bewusst gesetzte Lehrziele.

- Für öffentliche Schulen bestimmt die Gesellschaft die Ziele (über gewählte Volksvertreter).

- Eine (rohe) Konkretisierung der Ziele geschieht durch Lehrpläne, zugelassene Schulbücher, Bildungsstandards, Abschlussprüfungen.

- Viele (wohl die meisten) Lehrer bemühen sich, diesen Rahmen auszufüllen, wobei sie sich kaum um Fort- und Rückschritte der Mathematikdidaktik, Pädagogik, Psychologie, ... kümmern.

Dies muss die Mathematikdidaktik beachten.

Thesen

(1) Jeder Weg zum erfolgreicheren Mathematik-, also auch Geometrieunterricht (beachte: kein Positiv, sondern nur Komparativ) muss führen über

- die vorhandenen Schulformen,
- die gültigen Lehrpläne, welche als Input den Output bestimmen,
- (gut gehende) Schulbücher, die gültige und machbare Auslegungen der Lehrpläne versprechen,
- vergangene / zu erwartende zentrale Prüfungen, die allen Beteiligten drohen.

(2) Königswege müssen für mittelmäßige Lehrer begehbar sein.

Mittelmaß ist dabei und im Folgenden kein Vorwurf, sondern Beschreibung des Normalfalls.

Was kann man tun?

Vorschlag

Standardthemen des Geometrieunterrichts aller Schulformen und Klassenstufen so aufbereiten, dass sie jeder Lehrer (mittelmäßig, viel beschäftigt) für seinen Unterricht ohne große Zusatzarbeit übernehmen kann.

Und dies samt didaktisch-methodischen Überlegungen zu Alternativen, insbesondere zu Kürzungen, zu Unterrichtsmethoden (Einsatz von Schulbüchern, Unterrichtshilfen, ...; Aktionsformen von Lehrer und Schülern, Differenzierungsmaßnahmen, Lernerfolgskontrollen) und zu *Möglichkeiten* (!), stoffübergreifende Lehrziele anzustreben.

Rechtfertigung des Vorschlags

- Jeder Vorschlag zum Verbessern von Unterricht muss mittelmäßige Lehrer einbeziehen:
  - o Es gibt nur wenige gute Lehrer.
  - o Alle Lehrer müssen zuerst die staatlichen Vorgaben erfüllen, und viele tun dies auf gewohnte Weise.
  - o Neue Methoden und Inhalte nehmen sie bereitwilliger an, gibt man ihnen hierfür ausgearbeitete Materialien.
- Ungewohntes muss auch ein Lehrer erst lernen und festigen. Ausgearbeitete, gut dokumentierte Unterrichtsvorschläge zu Standardthemen helfen dabei.
- Abstrakte didaktische und methodische Überlegungen sind an Standardthemen zu konkretisieren: Denn es gibt keine direkte Verbindung von Bildungsideen zum alltäglichen Unterricht. Viele gute Ideen erreichen nicht den Schulalltag, weil sie dem Praktiker zu allgemein erschienen, oder an lehrplanfremden Inhalten erläutert waren.
- Notwendig sind auch recht detaillierte didaktisch-methodische Überlegungen:
  - o Einsatz herkömmlicher, dem Lehrer vertrauter Unterrichtsmaterialien verbessern.
  - o Was dachte sich der Konstrukteur beim Entwerfen eines Unterrichtsvorschlags? (Bezüge zu staatlichen Vorgaben, Begründen methodischer Entscheidungen)

- - o Methoden sollen im Dienste von Lehrzielen stehen, oder sind selbst Unterrichtsgegenstand. Beides ist oft nicht offensichtlich.
  - o Stoffübergreifende Lehrziele werden oft vergessen. Man muss daher zeigen, wie an speziellen Inhalten allgemeinere (stoff- und fachübergreifende) Lehrziele angestrebt werden können.
- Nicht-Standardthemen sind noch sorgfältiger als Standardthemen einzuführen: Wie lassen sie sich in den normalen Unterricht einfügen? (Zeit- und Stoff-Management genau angeben)

Einwände

- Der Vorschlag unterstützt die Konsumentenhaltung vieler Lehrer.
  - o Aber: Ungewohntes muss auch ein Lehrer erst lernen und festigen. Und Experten unterschätzen die Schwierigkeit von Anfängern.
- Wir wollen das Unterrichten nicht standardisieren.
  - o Aber:

"Teachers also need effective praxeologies. [...] Not all tasks and techniques can be new - otherwise there would be too much to reconstruct for a teacher."   Lagrange (2007)

Zudem sollten wir uns fragen, wer denn derart kritisierte Lehrer ausgebildet hat.

Beispiel: Winkelsumme in Dreiecken Realschule Jahrgangsstufe 7

Vorbemerkungen

- Das Beispiel soll die Art zeigen, ein Standardthema so aufzubereiten, dass Lehrer es für ihren Unterricht übernehmen können.
- Vielleicht überzeugt die Durchführung nicht.
- Sie belegt jedoch, dass mein Vorschlag selbst bei Standardthemen zu nicht trivialen didaktischen und methodischen Überlegungen führt, die man nur wenigen Lehrern aufbürden darf.
- Es handelt sich um ein verbindlich zu unterrichtendes Standardthema.

(1) Wie wird das Thema im Schulbuch behandelt?

In der fiktiven Klasse werde als Schulbuch benutzt:

Griesel, H.; Postel, H.; vom Hofe, R. (Hrsg.): Mathematik heute 7. Realschule Hessen. Hannover: Schroedel 2002, S. 116 - 119

Möglicher Vorbehalt: „Dieses Schulbuch ist nicht empfehlenswert."

Man beachte aber:

- Die Autoren des Buches sind erfahrene Lehrer und anerkannte Mathematikdidaktiker.
- Bei einem Schulbuch ist der Verkaufserfolg wichtiger als gute Methodik und Didaktik. Denn nur gut gehende Schulbücher haben auf den alltäglichen Mathematikunterricht breiteren Einfluss. (Manche hoch gelobte („progressive") Unterrichtswerke für den Mathematikunterricht verkaufen sich vergleichsweise schlecht.)

Im gewählten Schulbuch ist die Unterrichtseinheit Teil des Kapitels Dreiecke und Kongruenz von Figuren und kommt nach der Behandlung von Sätzen über Winkel an geschnittenen Geraden.

Zu Beginn stellen Schüler in Teamarbeit Parkette aus zueinander deckungsgleichen Dreiecken her und färben in den Gitterpunkten gleich große Winkel. Sie sollen bemerken, dass die Innenwinkel eines Dreiecks zusammen einen gestreckten Winkel bilden.

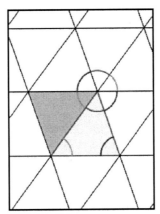

Abbildung 2: Parkettieren mit Dreiecken

Eine daran anschließende Information führt Standardbezeichnungen für Dreiecke ein, formuliert den Innenwinkelsatz für Dreiecke, veranschaulicht seine Richtigkeit durch Abreißen und geeignetes Zusammenlegen der Ecken eines Papierdreiecks und begründet schließlich den Satz mit Hilfe des Wechselwinkelsatzes.

Die Aufgaben zum Festigen und Weiterarbeiten enthalten überwiegend Berechnungsaufgaben sowie die Einteilung von Dreiecken in spitzwinklige, rechtwinklige und stumpfwinklige. Eine zweite Veranschaulichung ergibt sich aus dem Herumführen eines Stiftes längs aller Seiten eines Dreiecks.

Vermutete Lehrziele der Unterrichtseinheit:

- Fachliche Ziele

    a) Winkelsummensatz für Dreiecke kennen und für Berechnungen nutzen

    b) Beweis für den Winkelsummensatz nachvollziehen

    c) Standardbezeichnungen für Dreiecke kennen

    d) Dreiecke nach ihren Innenwinkeln einteilen

    e) Einfache Parkette herstellen und analysieren

    f) Vielleicht auch: Unterscheiden zwischen Handlungen mit realen Dingen und begrifflichen Überlegungen an idealen (nur gedachten) Objekten der Geometrie

- Methodische Ziele

    g) Handlungsorientierung des Unterrichts

    h) Winkelsummensatz für Dreiecke veranschaulichen

Kritische Einschätzungen:

- Die Unterrichtseinheit ist eine indirekte Hinführung zum Winkelsummensatz mit einer nicht anleitenden Aufgabe: Der Einstieg über Parkettierungen lässt nicht das eigentliche Ziel erkennen, und massive Anleitungen sind erforderlich.

- Es fehlt ein Anlass für die Betrachtung der Winkelsumme.

- Das Parkettieren bricht abrupt ab.

- Lehrziel (f) ist allenfalls angedeutet (und dies auch nur für Kenner).

- Zwischen den „Veranschaulichungen" und dem „strengen" Beweis fehlt ein Bezug.

- Beweisen als Tätigkeit kommt nicht vor.

- Die Lehrziele (b), (e), (f) werden nicht gefestigt.

- Stoff- und fachübergreifende Lehrziele sind kaum zu erkennen.

(2) Änderungsvorschlag mit dem Schulbuch

- Das Parkettieren mit Dreiecken zurückführen auf das Parkettieren mit Parallelogrammen, indem man aus kongruenten Dreiecken Parallelogramme herstellen lässt. Die Lückenlosigkeit und Überlappungsfreiheit ist beim Parkettieren mit kongruenten Parallelogrammen offensichtlich.

- Vom Parkettieren mit Dreiecken zum Winkelsummensatz: Die Hinführung ist weiterhin indirekt und ein zusätzlicher Auftrag des Lehrers nötig: „Färbe gleich große Winkel mit derselben Farbe ein."
- Schüler entdecken dabei vielleicht Winkelsummensatz. Der Lehrer muss das Besondere des Satzes hervorheben: Die Winkelsumme ist bei Dreiecken unabhängig von ihrer Größe und Form.

Auftrag an den Mathematikmethodiker:

- Weshalb fragt man nach der Winkelsumme in Dreiecken? Nenne einen überzeugenden Anlass für die Betrachtung der Winkelsummen in Vielecken.

(3) Änderungsvorschlag gegen das Schulbuch (Skizze)[1]

- Anlass: Wodurch ist die Form eines Dreiecks bestimmt?
- Leitaufgaben:
- Sortiere Dreiecke nach ihrer Form. Nach welchen Merkmalen kann man unterscheiden?
- Konstruiere Dreiecke: Welche Freiheiten hat man, und was ergibt sich automatisch?
- Erkenntnis: Die Größen a, b zweier Innenwinkel eines Dreiecks legen die Größe g des dritten Innenwinkels fest.
- Problem: Wie lässt sich g aus a und b berechnen?
- Das ist ebenfalls leider keine Leitaufgabe.
- Systematisches Experimentieren:
    - o Untersuche Sonderfällen: Dreiecke ABC mit

        (1) $\alpha \approx 0°, \beta \approx 0°$

        (2) $\alpha \approx 0°, \beta \approx 180°$

        (3) $\alpha \approx 90°, \beta \approx 90°$

        (4) $\alpha \to 0°, \beta$ fest

---

[1] Walsch (1972, S. 136)

(5) $\beta = 90°$, ergänze zum Rechteck
- ○ Vermutung: $\gamma = 180° - (\alpha + \beta)$
- ○ Überprüfe die Vermutung an möglichst vielen verschiedenartig geformten Dreiecken.
- Beweis der Vermutung
  - ○ Betrachte Sonderfälle:
    (1) Ergänze ein gleichseitiges Dreieck zum regulären Sechseck.
    (2) Ergänze rechtwinklige Dreiecke zu Rechtecken
  - ○ Zerlege jedes beliebige Dreiecke durch eine Höhe in zwei rechtwinklige Dreiecke.

(4) Was könnte am Thema bildend sein?
- Bemerkenswertes als solches erkennen: Hier die Aussagen:
  - ○ Für alle Dreiecke gilt [...].
  - ○ Winkelsumme genau gleich einem gestrecktem Winkel
- Mathematisches Denken:
  - ○ Wir müssen unterscheiden zwischen Realität und Geometrie.
  - ○ Geometrische Aussagen sind streng zu prüfen.
  - ○ Erkenntnisse spezialisieren und verallgemeinern:
    - Innenwinkel in gleichschenkligen und in gleichseitigen Dreiecken
    - Winkelsumme in beliebigen Vielecken
  - ○ Erkenntnisse anwenden
- Fachübergreifendes:
  - ○ Unterscheiden zwischen Realität und Mathematik
  - ○ Schlüssig argumentieren

(5) Kommentierter Unterrichtsvorschlag mit dem Schulbuch gemäß der Lehrstrategie Analysieren einer geometrischen Konfiguration[2]

Erste Stunde

Kontrollieren der Hausaufgaben der vorangegangenen Stunde

Übergang zur Unterrichtseinheit Winkelsätze am Dreieck

- Lehrer: „Wir trainieren heute sorgfältiges Zeichnen und das Anwenden der Sätze über Winkel an geschnittenen Geraden."

  Methodischer Kommentar: Sage dem Schüler, was er lernen soll.

- Aufgabe (Tafelanschrieb und Hefteintrag):
  - Konstruiere mit Lineal und Geo-Dreieck ein Gitter aus zueinander deckungsgleichen Parallelogrammen. Vorgabe für ein Parallelogramm $ABCD$: $|AB| = 4$ cm, $|BC| = 3$ cm, $|\angle A| = 50°$.

  Methodischer Kommentar: Möglichst auf unliniertes Papier zeichnen. Einzel-, Partnerarbeit. Lehrer stellt an der Tafel eine Zeichnung für die weitere Arbeit her.

  Allgemeineres Lehrziel: Zeichenfertigkeiten trainieren (keine Kompetenz aus den Bildungsstandards)

- Lehrer: „Wir prüfen, ob wir sorgfältig konstruiert haben: Zeichne in jedes der kleinen Parallelogramme die lange Diagonale ein."

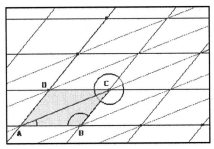

Abbildung 3: "Lange" Diagonale einzeichnen

Allgemeineres Lehrziel: Arbeiten kontrollieren (vgl. Kompetenz (K5) aus den Bildungsstandards)

- Lehrer: „Was ergibt sich bei sorgfältigem Zeichnen?"

---

[2] Vgl. Holland (2007), Abschnitt 7.2.2

- Schüler: [...]
- Lehrer: „Weshalb? Warum tritt bei C kein Knick auf?"
- Schüler: [...]

Methodischer Kommentar: Möglichkeiten zum Differenzieren: Begründen mit Hilfe von Winkelsätzen an geschnittenen Geraden

Allgemeines Lehrziel: Argumentieren einüben (vgl. Kompetenz (K1) aus den Bildungsstandards)

- Lehrer: „Untersuche nun die Winkel in der Figur: Markiere in der Figur gleich große Winkel. Notiere, weshalb Winkel groß sind."

Methodischer Kommentar: Ergebnisse im Klassenunterricht sammeln und aufschreiben

Entdecken und Beweisen des Winkelsummensatzes für Dreieck ABC ... als Hausaufgabe: „Betrachte die Winkel bei C und beschreibe die Beobachtung durch eine Gleichung. Was folgt daraus für das Dreieck ABC?"

Zweite Stunde

Schüler stellen ihre Bearbeitungen der Hausaufgabe vor.

- Lehrer notiert an der Tafel:

Je zwei der Winkel am Punkt C sind gleich groß. Also gilt:

$2|\spadesuit| + 2|\clubsuit| + 2|\blacklozenge| = 2 \cdot (|\spadesuit| + |\clubsuit| + |\blacklozenge|) = 360°$

Dies bedeutet für das Dreieck ABC: $|\angle A| + |\angle B| + |\angle C| = 180°$

Die Innenwinkel von Dreieck ABC ergänzen einander genau zu einem gestreckten Winkel.

Methodischer Kommentar: Ausführliche Tafelanschriebe und Hefteinträge

Allgemeines Lehrziel: Arbeiten dokumentieren (vgl. Kompetenz (K5) aus den Bildungsstandards)

Entdecken und Beweisen des Winkelsummensatzes für alle Dreiecke

- Lehrer, Tafelanschrieb, Hefteintrag

Das spezielle Dreieck ABC mit den Maßen ... hat die besondere Eigenschaft, dass ...

Ein Mathematiker, der so etwas für ein Dreieck entdeckt, untersucht, ob Dasselbe oder Ähnliches auch für andere Dreiecke gilt.

Auch wir bestimmen bei 4 anderen Dreiecken die „Winkelsumme".

Methodischer Kommentar: Einzel- und Partnerarbeit. Lehrer hilft bei der Wahl von Dreiecken.

Allgemeineres Lehrziel: Lernen zu verallgemeinern (vgl. Kompetenz (K1) aus den Bildungsstandards)

- Sammeln der Ergebnisse. Lehrer notiert an der Tafel:

  Für jedes Dreieck ABC gilt: $|\angle A| + |\angle B| + |\angle C| = 180°$

  Bei jedem Dreieck ergänzen die Innenwinkel einander genau zu einem gestreckten Winkel.

- Festigungen zum Winkelsummensatz mit (Haus-) Aufgaben aus dem Schulbuch für den Rest dieser und der nächsten Stunde

Sonderstunde

Beweisen des Winkelsummensatzes für Dreiecke

- Lehrer: „Weshalb ist diese Aussage richtig?"

  Methodischer Kommentar: Schüler bezweifeln dies nicht. Daher diese „Sonderstunde" eventuell weglassen. Andernfalls fragend-entwickelnd im Klassengespräch wegen der auftretenden logischen Feinheiten.

- Lehrer: „Betrachtet noch einmal die Konstruktionsaufgabe [...]. Was war gegeben?"

  Methodischer Kommentar: Schüler sollen ihre Aufschriebe nutzen.

- Schüler: „Parallelogramm $ABCD$"

- Lehrer: „Und dieses legte das Dreieck ABC fest."

- Lehrer: „Wir stellen uns eine neue (?) Aufgabe:

  Gegeben ist ein Dreieck PQR durch die Größen: $|PQ| = 4$ cm, $|QR| = 3$ cm, $|\angle P| = 50°$.

  Ergänze PQR zu einem Parallelogramm und konstruiere aus dazu deckungsgleichen Parallelogrammen ein Gitter. Übertrage alle Überlegungen von früher.

  Was ist das Neue an dieser Aufgabe, verglichen mit der ursprünglichen Aufgabe?

- [...]

Abschließende Bemerkungen

- Die Winkelsumme im Dreieck ist schon immer ein Standardthema des Geometrieunterrichts aller allgemeinbildenden Schulen (gewesen). Dennoch gibt es dazu keinen allseits zufriedenstellenden Unterrichtsvorschlag und somit noch zu tun für Mathematikdidaktiker.
- Problem: Wie erreicht man allgemeinere Lehrziele?
    - Genügt es, wenn der Lehrer daran denkt? Woher weiß dann der Schüler, was der Lehrer will? Sollte der Schüler die Lehrziele kennen?
    - Konstruktivistisch (und leicht ironisch) gewendet: Muss nicht der Schüler die Lehrziele selbst wollen und diese zuvor als solche entdecken?
    - Tipp: Man sage dem Schüler, was er lernen soll.
- Bei der Unterrichtsvorbereitung muss man Verzweigungen des Unterrichtes mit bedenken, erst recht im Unterricht zulassen. Unterricht wird oft linear geplant wie im Vorschlag (5). Wirklicher Unterricht möchte / sollte immer wieder vom Plan abweichen dürfen. Viele Lehrer tun sich damit schwer, auch wegen mangelnder fachlicher Sicherheit.
- Für solche Lehrer müssen allgemeine Ratschläge konkret gemacht werden anhand von Standardthemen, so ausführlich wie im Beispiel.

Eine Alternative?

Welche Antworten haben wir auf die Eingangsfrage?

Kann tatsächlicher, alltäglicher Geometrieunterricht leisten, was Lehrpläne, Bildungsstandards, ... fordern?

Billige Antwort:

Studium und Vorbereitungsdienst, Fort- und Weiterbildungen rüsten (angehende) Lehrer für ordentlichen Unterricht aus. Andernfalls haben wir uns noch nicht genügend angestrengt.

Beobachtung:

Mathematiklehrer „ackern" seit Langem, nicht wenige mit viel pädagogischem Eros, doch auch sie mit nur mäßigem Erfolg.

Daher der Verdacht:

Der „Boden" ist doch zu steinig, so dass selbst bestes Ackergerät nicht nützt. Und nicht jeder Mathematiklehrer eignet sich als „Landwirt".

Alternative?

Lieber gar keinen (oder weniger) Mathematikunterricht als schlechten (vgl. Profke 1995 und Profke 1996).

Literatur

Akademie der Pädagogischen Wissenschaften der DDR (Hrsg.) (1975). Methodik Mathematikunterricht. Berlin: Volk und Wissen

Griesel, H.; Postel, H.; vom Hofe, R. (Hrsg.) (2002). Mathematik heute 7. Realschule Hessen. Hannover: Schroedel

Hessisches Kultusministerium (2002). Lehrplan Mathematik Bildungsgang Realschule. Wiesbaden

Heymann, H. W. (1996). Allgemeinbildung und Mathematik. Reihe: Studien zur Schulpädagogik und Didaktik, Band 13. Weinheim/Basel: Beltz

Holland, G. (2007). Geometrie in der Sekundarstufe. Entdecken – Konstruieren – Deduzieren. Didaktische und methodische Fragen. Hildesheim/Berlin: Franzbecker

KMK (2004). Bildungsstandards im Fach Mathematik für den Mittleren Schulabschluss. München: Wolters Kluwer Deutschland

KMK (2005). Bildungsstandards im Fach Mathematik für den Hauptschulabschluss (Jahrgangsstufe 9). München/Neuwied: Wolters Kluwer Deutschland

Lagrange, J.-B. (2007). Didactic Time, Epistemic Gain and Consistent Tool: Taking Care of Teachers' Need for Classroom Use of CAS: A Reaction to Barzel's "New Technology? New Ways of Teaching - No Time Left for That!". In: International Journal for Technology in Mathematics Education, 14(2007), p. 87-94

Profke, L. (1995). Brauchen wir einen Mathematikunterricht? In: Mathematik in der Schule 33(1995), S. 129-136

Profke, L. (1996). Reichen sieben Schuljahre Mathematik? Einige vernachlässigte Gesichtspunkte. In: Praxis der Mathematik 38(1996), S. 227-230

Walsch, W. (1972). Zum Beweisen im Mathematikunterricht. Berlin: Volk und Wissen

Der Virtuelle Raum als Handlungs- und Erfahrungsraum für den Geometrie-Unterricht

Heinz Schumann

Zusammenfassung. Dank der Methoden der interaktiven 3D-Computergrafik, der Software-Ergonomie und leistungsfähiger Hardware verfügen wir in den für den Raumgeometrie-Unterricht entwickelten prototypischen interaktiven Computerwerk-zeugen, die uns die Anwendung der Methoden der Darstellenden Geometrie abnehmen, über einen relativ offenen geometrisierten virtuellen Raum als interaktivem Sichtraum, der als Handlungs- und Erfahrungsraum für das Geometrielernen nutzbar gemacht werden kann.

"Like all science, the science of space must still be classed as unfinished business." (M. Jammer)

Einleitung

Obwohl der Raum ein wesentliches Medium des Menschen ist, wird im Geometrie-Unterricht der Raum als Handlungsraum mit vielfältigen Bezügen zum Lebensraum der Schüler und Schülerinnen vernachlässigt.

Handlungsräume im Geometrieunterricht für ganzheitliches geometrisches Lernen (Kennzeichen: „geometrische Primärerfahrung") sind:

- *der lokale Raum* (z. B. für die Anfertigung physischer geometrischer Modelle)

- *der Umgebungsraum* (z. B. für das Vermessen im Gelände, den geometrischen Lerngang).

Handlungsräume im Geometrieunterricht mit eingeschränktem ganzheitlichem Lernen (Kennzeichen: vorwiegend „geometrische Sekundärerfahrung") sind:

- *der globale Raum* (z. B. für die „Erdmessung" und mathematische Geografie)

- *der Weltraum* (z. B. Entfernungsberechnung von Himmelskörpern).

Hinzu tritt heute ergänzend zu diesen Handlungsräumen der computergrafische virtuelle Raum als geometrischer Handlungsraum. Dieser virtuelle Handlungsraum, den man schon als klassisch bezeichnen kann, gehört in anderen Bezügen bereits zur Lebenswirklichkeit der Schüler und Schülerinnen (z.B. in 3D-Computerspielen) und der Erwachsenen (z. B. in Planungssoftware für die Wohnraumeinrichtung), – ganz abgesehen von den virtuellen Handlungsräumen in professionellen 3D-CAD-Sytemen.

Unter dem geometrisierten virtuellen Raum verstehen wir hier den „interaktiven Sichtraum" des Computerbildschirms als eine Zentral- oder Parallelprojektion eines dreidimensionalen Koordinatenmodells des reell-euklidischen Raumes in synthetischer Interpretation auf dem Bildschirm. In den für den Unterrichtsgebrauch entwickelten interaktiven 3D-Werkzeugen ist, wie in den 3D-CAD-Systemen, dieser Raum beschränkt auf einen Sichtwürfel, an dessen Rand die im Äußeren des würfelförmigen Ausschnitts, liegenden Objektteile geklippt, d. h. abgeschnitten werden. In dem so definierten virtuellen Raum kann man nur beschränkt physische Handlungen simulieren, das gilt aber auch umgekehrt für virtuelle Handlungen. Außer der taktilen Benutzung von Eingabegeräten ist die Wahrnehmung auf den visuellen Kanal eingeschränkt.

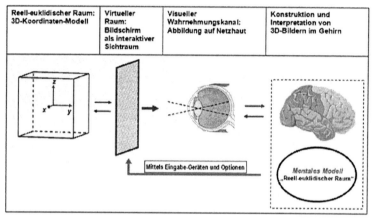

Abbildung 1: Interaktion „Lerner – virtueller Raum"

Abbildung 1 zeigt das grobe Schema der Interaktion eines Nutzers mit dem virtuellen geometrischen Handlungsraum als reell-euklidischen Raum im Kontext des Raumgeometrie-Lernens, durch das sich der Lerner ein eigenes mentales Modell des reell euklidischen Raumes aneignen soll. Die Eigenschaften des betreffenden virtuellen geometrischen Handlungsraumes sollen die individuelle Aneignung eines solchen Modells unterstützen.

Vom Virtuellen Raum als interaktivem Sichtraum ist der großräumigere „Cyberspace" zu unterscheiden. Dieser hebt die Grenzen zwischen den Systemen Mensch und Computer mittels geeigneten Schnittstellen partiell auf: Mit einer Datenbrille für die Ausgabe, ausgerüstet mit stereografisch arbeitendem Bildschirmen; dem Datenhandschuh oder -stift für die Eingabe, ist es möglich, dass der Nutzer die (illusionäre) Wahrnehmung hat, sich in einer simulierten dreidimensionalen Welt (Cyberspace) ganzkörperlich zu bewegen und zu betätigen. Die Nutzung des Cyberspace für das raumgeometrische Lernen ist heute in einem ersten Entwicklungsschritt bereits Wirklichkeit geworden: die Nutzung des Cyberspace als Handlungsraum für den Raumgeometrie-Unterricht in Gestalt der *Augmented Reality* („Erweiterten Realität") hat begonnen. Es handelt sich dabei um das zur Marktreife entwickelte anwendungsspezifische Konzept der Augmented Reality, welches an die Anforderungen des Lernens von Raumgeometrie adaptiert wird, dem aber bei der gegenwärtigen defizitären Computernutzung im Schulalltag eher Zukunftsbedeutung beizumessen ist.

Im Hinblick auf real existierende virtuelle geometrische Handlungsräume als Modelle des reell-euklidischen Raumes, die im Rahmen von Unterrichtssoftware entwickelt worden sind, erheben sich zwei generelle duale didaktische Forschungsfragen:

- Welche Eigenschaften konstituieren den Virtuellen Raum als interaktiven Handlungsraum für den Raumgeometrie-Unterricht?

- Von welcher Art sind Mentale Modelle des geometrischen Raumes, die durch den Virtuellen Raum vermittelt werden?

Wir müssen uns hier auf die Skizzierung einer unvollständigen und vorläufigen Beantwortung der ersten Frage beschränken, wohl wissend, dass beide Fragen u. a. grundlegend für eine formative Software-Entwicklung sind. Informationen zu einer solchen Beantwortung liefert u. a. eine Rekonstruktion der bereits im prototypischen dynamischen Raumgeometrie-Systems (DRGS) wie Cabri 3D implementierten Eigenschaften des virtuellen Handlungsraumes (Welches mentale Modell des virtuellen Raumes haben die Autoren dieses Werkzeugs?). – Wir unterscheiden hier folgende wesentlichen und interdependenten Eigenschaften des virtuellen geometrischen Handlungsraumes:

- Fachgeometrische Eigenschaften

- Schulgeometrische Eigenschaften

- Wahrnehmungseigenschaften

- Software-ergonomisch Eigenschaften

Die Definition eines idealen Werkzeugs für das schulgeometrische Arbeiten im virtuellen Raum ist und bleibt eine Fiktion, da die Dynamik von Hardware- und Software-Entwicklung keine Setzung endgültiger Maßstäbe, außer der der fachgeometrischen Grundlagen, zulässt.

Eigenschaften des virtuellen geometrischen Handlungsraumes

Fachgeometrische Eigenschaften

Die fachgeometrischen Eigenschaften beziehen sich auf den virtuellen geometrischen Handlungsraum als ein Modell des reell-euklidischen Raumes. Dieser muss deshalb u. a. folgenden Basiseigenschaften besitzen: Inzidenz-, Metrik-, Konstruktionseigenschaften usw.

Die (absolute) synthetische Raumgeometrie kann nach David Hilbert (1899) durch folgende Inzidenzaxiome, die das Zusammenspiel von Punkten, Geraden und Ebenen regeln, definiert werden. Dabei hat der implizite Relationsbegriff „inzidieren" zwei Spezifikationen: „Punkt liegt auf Gerade" und „Punkt liegt in Ebene".

(I1) Zu zwei Punkten gibt es stets eine Gerade, auf der diese beiden Punkte liegen.

(I2) Zu zwei Punkten gibt es nicht mehr als eine Gerade, auf der diese beiden Punkte liegen.

(I3) Zu einer Geraden gibt es stets wenigstens zwei Punkte, die auf ihr liegen.

(I4) Es gibt wenigstens drei Punkte, die nicht auf einer Geraden liegen. („Ebenes Dimensionsaxiom")

(I5) Zu irgend drei nicht auf ein und derselben Geraden liegenden Punkten gibt es stets eine Ebene, auf der diese drei Punkte liegen. Zu jeder Ebene gibt es stets einen Punkt, der auf ihr liegt.

(I6) Zu irgend drei nicht auf ein und derselben Geraden liegenden Punkten gibt es nicht mehr als eine Ebene, in der diese drei Punkte liegen.

(I7) Wenn zwei Punkte einer Geraden in einer Ebene liegen, so liegt jeder Punkt der Geraden in dieser Ebene.

(I8) Wenn zwei Ebenen einen Punkt gemein haben, so haben sie wenigstens noch einen weiteren Punkt gemein.

(I9) Es gibt wenigstens vier nicht in einer Ebene liegende Punkte. („Räumliches Dimensionsaxiom")

Die Axiome (I1) bis (I4) kennzeichnen die Inzidenz in der (absoluten) ebenen Geometrie, die von (I5) bis (I9) die in der (absoluten) Geometrie des Raumes.

Aus didaktischer Sicht eignen sich gegenüber der Hilbertschen Axiomatik die folgenden Axiome (R1) bis (R4) als eine lokal deduktive Basis für den reelleuklidischen Raum im Raumgeometrie-Unterricht:

(R1) Auf jede beliebige Ebene des Raumes können die Axiome der ebenen Geometrie angewendet werden.

(R2) Für eine beliebige Ebene im Raum gibt es Punkte im Raum, die in dieser Ebene liegen, und solche, die nicht in ihr liegen.

(R3) Wenn zwei beliebige Ebenen einen gemeinsamen Punkt haben, haben sie eine gemeinsame Gerade, die durch diesen Punkt geht.

(R4) Haben zwei verschiedene Geraden einen gemeinsamen Punkt, so geht genau eine Ebene durch sie.

Zu den Inzidenzaxiomen kommen noch die Axiome der Anordnung, Axiome der Kongruenz, das Parallelenaxiom und die Axiome der Stetigkeit. Das Messen kann man auch mittels Metrik-Axiomen, die die reellen Zahlen verwenden, begründen. So gelten beispielsweise für die elementare Volumenmessung folgende Axiome:

(V1) Das Volumen eines (messbaren) Körpers ist stets eine nichtnegative reelle Zahl.

(V2) Der Würfel der Kantenlänge 1 (LE) hat das Volumen 1 (VE).

(V3) Wenn zwei volumenmessbare Körper kongruent sind, so haben sie gleiches Volumen.

(V4) Die Summe der Volumina zweier Körper ist gleich dem Volumen des aus diesen zusammengesetzten Körpers.

Der reell-euklidische Raum hat Trägerfunktion für andere geometrische Räume, z. B. den Elliptischen oder den Hyperbolischen Raummodelle. Der virtuelle geometrische Handlungsraum kann aber von vornherein als Elliptischer oder Hyperbolischer Handlungsraum entworfen und programmiert werden.

Zu den Axiomen der Geometrie des dreidimensionalen reell-euklidischen Raumes müssen in diesem als „Konstruktionsraum" die *räumlichen Postulatkonstruktionen* ausgeführt werden können, die den Charakter von Axiomen für das raum-geometrische Konstruieren haben:

In diesem Raum können wir endlich viele Punkte auswählen bzw. erzeugen, mit denen die folgenden räumlichen Postulatkonstruktionen als eine natürliche Erweiterung der Postulatkonstruktionen für die Lineal- und Zirkelkonstruktionen der Ebene ausführbar sind:

(K1) Die Konstruktion einer Geraden durch zwei verschiedene Punkte. (*Konstruktion einer Verbindungsgeraden mittels Geraden-Lineal*)

(K2) Die Konstruktion einer Ebene durch drei nicht auf einer Geraden liegender Punkte. (*Konstruktion einer Verbindungsebene mittels Planeal*)

(K3) Die Konstruktion einer Kugel um einen Punkt als Mittelpunkt durch einen von diesem verschiedenen Punkt als Kugelpunkt. (*Konstruktion einer Kugel mittels Kugel-Zirkel*)

Mit den folgenden Konstruktionen werden neue Punkte als Schnittobjekte im Konstruktionsraum erzeugt:

(K4) Die Konstruktion des Schnittpunkts einer Geraden mit einer Ebene, zu der die Gerade nicht parallel ist. (*Konstruktion Durchstoßpunkt Gerade mit Ebene*)

(K5) Die Konstruktion der Schnittpunkte von einer Gerade mit einer Kugel. (*Konstruktion Durchstoßpunkte Gerade mit Kugel*)

(K6) Die Konstruktionen der Schnittgeraden zweier nichtparalleler Ebenen. (*Konstruktion Schnittgerade Ebene mit Ebene*)

(K7) Die Konstruktion des Schnittkreises von einer Ebene mit einer Kugel. (*Konstruktion Schnittkreis Ebene mit Kugel*)

(K8) Die Konstruktion des Schnittkreises von einer Kugel mit einer Kugel. (*Konstruktion Schnittkreis Kugel mit Kugel*)

Auf den konstruierten Objekten können endlich viele Punkte als Hilfspunkte für weitere Konstruktionen ausgewählt bzw. erzeugt werden.

Die Anwendung der so definierten Planeal-Kugelzirkel-Konstruktionen sind Bestandteil der „Methode der raumgeometrischen Örter":

> *Das Lösen einer mit Zirkel (Kreis- bzw. Kugel-Zirkel) und Lineal (Geraden- bzw. Ebenen-Lineal) ausführbaren Konstruktionsaufgabe besteht in der Anwendung endlich vieler der räumlichen und ebenen Postulatkonstruktionen auf die in der Aufgabe gegebenen Objekte, um gesuchte Punkte als Schnittpunkte geometrischer Örter (Geraden, Ebenen, Kugeln) zu konstruieren. Diese Lösungsmethode kann deshalb als „Methode der raumgeometrischen Örter"* bezeichnet werden.

Anmerkung 1: Neben dem vor allem heuristischen Problem, wie eine bestimmte Konstruktionsaufgabe mit den Postulatkonstruktionen gelöst werden kann, stellt sich die Frage nach der Charakterisierung solcher Aufgaben, die sich mit den betreffenden Konstruktionsinstrumenten (theoretisch) lösen lassen. Durch analytisch-geometrische Beschreibung der Lösung einer Konstruktionsaufgabe mittels der zugelassenen Werkzeuge in einem dreidimensionalen kartesischen Koordinatensystem gewinnt man die analytische Abhängigkeit der Koordinaten der gesuchten von den Koordinaten der gegebenen Punkte, durch die auch andere gegebene Objekte analytisch beschrieben werden können. Die Terme für die Koordinaten der gesuchten Punkte bestehen, wegen des Schneidens von Objekten mit Kreisen bzw. Kugeln, höchstens aus Quadratwurzeltermen der Koordinaten der gegebenen Punkte. Man versteht darunter Terme, die aus den Koordinaten der gegebenen Punkte durch die vier Grundrechenarten und das Quadratwurzelziehen gebildet werden. Nur für solche raum-geometrischen Aufgabenstellungen, bei denen diese Art der Koordinatendarstellung nachweisbar ist, existiert eine Lösung mit dem zulässigen Werkzeugsatz.

Diese Postulate sind als Existenz- und Eindeutigkeitsaussagen auf die o. g. Axiome der Geometrie rückführbar. Die raumgeometrischen Konstruktionen wurden als „imaginär" bezeichnet, da für sie keine adäquate physische Modellierung wie für die ebenen Konstruktionen existiert und sie nur mental ausführbar waren.

Anmerkung 2: Da eine digitale Modellierung von der Rechnerarithmetik abhängt und sich bei komplexeren Konstruktionen dementsprechend Rundungsfehler einstellen, ist die Konsistenz des Modells nicht immer gewährleistet. So ist es durchaus möglich, eine Konstruktion zu finden, bei der durch einen Punkt zu einer Ebene zwei verschiedene parallele Ebenen gehen. Solche „pathologischen" Fälle spielen aber bei der unterrichtspraktischen Nutzung des Modells eigentlich keine Rolle.

Schulgeometrische Eigenschaften

Generell ist Kompatibilität zu den Inhalten der klassischen Schulgeometrie zu fordern Das betrifft das Objekt-, Relations-, Abbildungs- und Operationsrepertoire. Die Grenzen der Kompatibilität liegen bei physischen Handlungen, die für eine Simulation im virtuellen Raum weniger oder nicht geeignet sind, also z. B. das Flechten von Polyedern, das Herstellen komplizierter Faltfiguren (Origami), das Reißen von Papier. Die im virtuellen Raum simulierbaren physischen Handlungen sollten aber weitgehend die visuelle Wahrnehmungsqualität von diesen Handlungen besitzen.

- Die Vielfalt der geometrischen Begriffe (Figurenbegriffe, Relations- und Eigenschaftsbegriffe, Abbildungsbegriffe, Maßbegriffe) ist repräsentiert.

- Je nach Handlung dient der virtuelle geometrische Raum als Konstruktions-, Abbildungs-, Mess-, Manipulationsraum etc.

- Zu den ebenen geometrischen Konstruktionsverfahren treten die räumlichen hinzu. Damit überwindet man die Zurückführung der Lösung raumgeometrischer Konstruktionsaufgaben auf ebene mit den Mitteln der Darstellenden Geometrie zu lösenden Konstruktionsaufgaben (vgl. Abbildung 2).

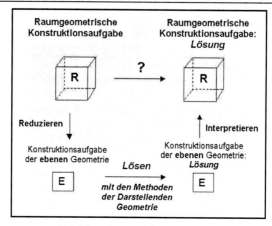

Abbildung 2: Traditionelle Lösung
raumgeometrischer Konstruktionsaufgaben

Durch die Nutzung der so genannten *Planeal-Kugelzirkel-Konstruktionen* wird der traditionelle Umweg vermieden.

- Um neben der phänomenologischen Darstellung der raumgeometrischen Figuren auch über deren geometriesprachliche Darstellung zu verfügen, gibt es eine verbale Beschreibung der Konstruktionen, Messungen und Berechnungen, wobei die Handlungsschritte ihren Beschreibungen in umkehrbar eindeutiger Weise zugeordnet sind.

- Die Möglichkeiten der direkt-manipulativen Variation nach Lage, Form und Größe, wie man sie von den Dynamischen 2D-Geometrie-Systemen mit den entsprechenden Anwendungen kennt, sind auch im virtuellen Handlungsraum verfügbar. Das freiverziehende Variieren ist aber durch das Fehlen eines dreidimensionalen Eingabegerätes behindert.

- Dynamische Visualisierungsmöglichkeiten unterstützen die Raumvorstellung der räumlichen Objekte.

- Relatives Zurückführen der Werkzeugmodule auf einfachere dient ihrer Transparenz und ihrem Verständnis.

- Eine Schnittstelle zur Darstellenden Geometrie ermöglicht die Analyse der standardisierten Projektionsverfahren vom Ergebnis her, um anschließend diese Verfahren im virtuellen Handlungsraum konstruktiv anzuwenden.

- Es besteht eine Schnittstelle zur analytischen Geometrie durch Ein- und Ausgabe ihrer schulüblichen Objekte und die Möglichkeit der veranschaulichenden Simulation des algebraischen Lösungsweges.

- Die Raumgeometrie im virtuellen Handlungsraum steht durch geeignete Schnittstellen in flexibler Beziehung zu den traditionellen gegenständlichen Repräsentationsformen des Raumgeometrie-Unterrichts (vgl. Abbildung 3), die der Lehrkraft die Integration der verschiedenen Repräsentationsformen ermöglicht.

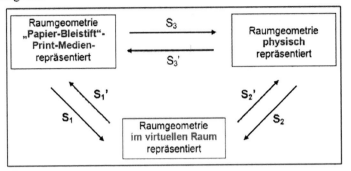

Abbildung 3: Repräsentationsformen der figuralen Raumgeometrie

Anmerkungen zu den relevanten Schnittstellen:

S_1 / S_2: Falls der in einer Zeichnung dargestellte oder als materiales Modell vorgegebene Körper nicht bereits als digitales Modell im Computerwerkzeug verfügbar ist, wie ist er dann zu implementieren, wenn Body-Scannen eine in der Schulgeometrie noch nicht realisierbare Methode ist?

Dazu müssen i. a. die Ecken des betreffenden Körpers in einem dreidimensionalen Koordinatensystem ausgedrückt und gegebenen-falls berechnet werden. Dafür ist das kartesische 3D-Koordinaten-system in der Sekundarstufe I einzuführen.

S_1': Raumgeometrische Bildschirm-Darstellungen lassen sich auf einfache Weise als Screen-Shot ausdrucken.

S_2': Wie bekommt man von einem nur der visuellen Wahrnehmung zugänglichen räumlichen Objekt auf dem Bildschirm ein physisches Objekt, das taktil wahrgenommen werden kann?

Die CNC-Verfahren sind auch auf Sicht keine in der Schule realisierbaren Möglichkeiten, eher noch die 3D-Ausdruckverfahren. Die derzeit in der Schule praktikable Lösung besteht in der Generierung von Körpernetzen auf dem Bildschirm, die ausgedruckt und dann zu Flächenmodellen aufgefaltet werden können; diese Lösung des

Schnittstellenproblems bleibt aber auf konvexe Körper, auch auf solche, die eine polyedrische Approximation nicht abwickelbarer Körper sind, beschränkt.

Wahrnehmungseigenschaften

Den räumlichen Wahrnehmungseigenschaften kommt eine zentrale Bedeutung zu, denn die Qualität der Raumwahrnehmung entscheidet wesentlich über Erfolg oder Misserfolg des interaktiven Arbeitens im virtuellen geometrischen Handlungsraum. Wir beschränken uns hier auf die Skizzierung folgender Eigenschaften:

- *Raumtiefe*: Die Tiefenwahrnehmung wird durch Hintergrund-/Vordergrundunterscheidung mittels Farbverblassung/-intensivierung, Konturabschwächung/-verstärkung und Objektverkleinerung/-vergrößerung hervorgerufen. Diese Raumtiefe erzeugenden Eigenschaften wirken sowohl statisch als auch dynamisch. Die Abbildung 4 zeigt die tiefenwirkende Darstellungsveränderung ein regelmäßigen Tetraeders, welches aus der Raummitte in den Hintergrund dynamisch verschoben wird; in der Abbildung 5 ist eine Hausreihe in tiefenwirkender statischer Darstellung zu sehen.

- *Sichtbarkeit*: Die natürliche Sichtbarkeit von verdeckten Objekten (vgl. Abbildung 5, teilweise verdeckte Häuser) als auch die Sichtbarmachung von im physischen Raum nicht existierender Konstruktionslinien (vgl. Abbildung 5) ist gegeben.

- *Orientierung*: Es kann bezüglich existierender Objekte zwischen unten, oben, links, rechts usw. unterschieden werden.

- *Offenheit*: Eine Offenheit des virtuellen Raumes nach allen Seiten kann es schon aus softwaretechnischen Gründen nicht geben. Der virtuelle Handlungsraum wird durch objektspezifische Sichtwürfel begrenzt.

- *Beweglichkeit*: Die freie Beweglichkeit der Objekte in drei Freiheitsgraden ist wünschenswert, aber schon wegen fehlendem 3D-Device nicht realisiert.

- *Realitätsbezug*: Die Simulation physischer bzw. physisch vorstellbarer Handlungen ist nur beschränkt möglich, auch wegen der fehlenden Schwerkraft.

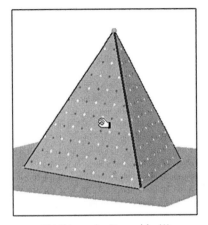
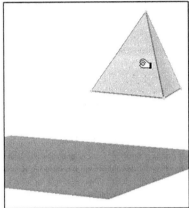

Abbildung 4a: Pyramide (1)   Abbildung 4b: Pyramide (2)

Die Darstellung der Raumszene wird vom Betrachter als realistisch empfunden, wenn sie mit einer schwachen Zentralprojektion vom Mittelpunkt dieses Würfels aus auf die Sichtebene projiziert wird. Der Betrachter sieht das zentralprojektive, also einäugige Bild der Raumszene binokular. Eine Verbesserung der räumlichen Wahrnehmungsqualität wäre z. B. durch eine anaglyphische Darstellung der Raumszene, die mittels einer Rot-Grün-Brille betrachtet wird, zu erzielen.

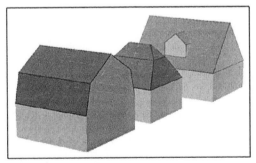

Abbildung 5: Hausreihe   Abbildung 6: Gerade

Verfremdungen durch Klippung sind nicht zu vermeiden: in Abbildung 3 sieht man eine geklippte Gerade mit einem Punkt auf ihr, der außerhalb des für Geraden implementierten Sichtwürfels im Vordergrund kugelförmig dargestellt ist; eine geklippte Ebene kann als besonderes Sechseck, Fünfeck, Trapez, Parallelogramm, Rechteck, Quadrat oder Dreieck erscheinen. Andere Verfremdungseffekte ergeben sich durch virtuelle Handlungen, wie z. B. die dynamische Durchdringung zweier Körper, die im physischen Raum nicht möglich sind (Abbildung 7).

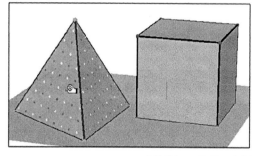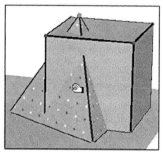

Abbildung 7: Durchdringung

Software-ergonomische Eigenschaften

Die software-ergonomischen Prinzipien und Standards für Dialogsysteme sind weitgehend erfüllt. Die Eigenschaften von 3D-CAD-Systemen sind, soweit sie mit der „Dynamischen Raumgeometrie" und der Schulgeometrie vereinbar sind, berücksichtigt. Im Folgenden heben wir nur einige wichtige Eigenschaften hervor:

- Eine dynamische Visualisierung durch Einbettung der Raumszene in eine referenzierbare „gläserne" Kugel (virtual sphere device) gestattet deren individuelle Betrachtung von allen Seiten.

- Polymorphe Optionen, bei denen eine kontextuelle Auswahl von Objekten zur Erzeugung neuer Objekte erfolgt, gestalten die Menüstruktur übersichtlich, indem sie die Anzahl der Optionen und Tiefe der Menüs begrenzt halten.

- Angemessenes Objekt-Rendern lässt eine „geometrienahe" Darstellung grafischer Objekte zu.

- Antizipation von Handlungen vor der Fixierung des Handlungsergebnisses.

- Reichhaltige Objekt-Attribute dienen der Unterstützung der räumlichen Wahrnehmung und sonstiger geometrischer Informationen.

- Eine „intelligente" Verwaltung der Objektsichtbarkeit und die Nutzung verschiedener, simultan verknüpfter Darstellungsfenster erhöht das flexible Arbeiten.

- Die implementierte Plug-In-Technik dient der Einbindung von Raumszenen mit ihrer dynamischen Funktionalität für Visualisierung und Variation in Standarddokumenten, auch solchen, die im Internet lauffähig sind.
- Das interaktive Werkzeug verfügt über verschiedene Arten der Selbsterklärung.

Intentionen, Methoden, Themen für den Raumgeometrie-Unterricht im virtuellen Handlungsraum

Wir gehen von folgender auf eine curriculare Innovation zielende Fragestellung aus (vgl. Abbildung 1): Welchen Einfluss nehmen die Neuen bzw. die Digitalen Medien auf den Mathematikunterricht, insbesondere auf seine Themen, Methoden und Intentionen?

In unserem Fall muss gefragt werden: Welchen Einfluss kann das Arbeiten in einem virtuellen Handlungsraum, hier des Handlungsraums eines DRGS wie Cabri 3D, auf den Raumgeometrie-Unterricht nehmen? – Wir können nur eine erste Antwort in der Art von Thesen geben. Erst einmal unterstützt ein DRGS wie auch andere interaktive Computerwerkzeuge,

- die *Anreicherung* ("Enrichment")
- die *Verstärkung* ("Reinforcement")

von Intentionen, Themen und Methoden des traditionellen Raumgeometrie-Unterrichts; es macht darüber hinaus Intentionen, Themen und Methoden der Raumgeometrie möglich, die bisher im Rahmen der Schulgeometrie nicht oder nur schwerlich zugänglich waren.

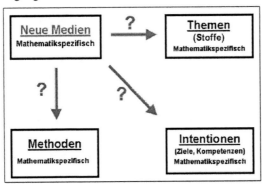

Abbildung 8: Neue Medien – Themen – Intentionen – Methoden

Als *kognitives Werkzeug* dient es der *„Auslagerung"* (z. B. der Methoden der Darstellenden Geometrie) und der *Ökonomie* intellektueller Arbeit.

Beim Einsatz von Cabri 3D für das interaktiven Arbeiten im virtuellen Raum sind u. a. folgende allgemeine geometrische Lernziele anzustreben:

- Geometrisches Sehen bzw. das „geometrische Auge" schulen und den virtuellen Raum als geometrischen Handlungsraum erfahren. (*Wahrnehmungsphänomenologische Lernziele*).

- Die Nützlichkeit der Raumgeometrie schätzen (*Affektives Lernziel*).

- Raumgeometrisches Wissen (Begriffe, Aussagen und Verfahren) erwerben, anwenden und erweitern; die Raumvorstellung üben (*Kognitive Lernziele*).

- Geometrisierbare räumliche Phänomene experimentell explorieren und mittels heuristischer Strategien analysieren (*Metakognitive Lernziele*).

- Geläufigkeit in der Nutzung eines 3D-Grafikwerkzeugs erlangen: Raumgeometrisches Konstruieren, Abbilden, Erzeugen, Messen und Berechnen als Handwerkskunst (*Technische Lernziele*).

Das Arbeiten im virtuellen Handlungsraum unterstützt die allgemeinen Methoden bzw. Arbeitsformen, wie sie schon bei der Nutzung von Dynamischen 2D-Geometrie-Systemen zur Anwendung kommen. Insbesondere können folgende allgemeine Methoden der Erkenntnisfindung eine Verstärkung erfahren:

- die Visualisierung statischer und dynamischer raumgeometrischer Informationen (z. B. zur Erfassung raumgeometrischer Phänomene)

- die induktive Methode (etwa durch Erzeugung einer Vielzahl von Beispielen durch Variation einer Figur)

- die Analogiemethode (z. B. zur Analogisierung zwischen ebener und räumlicher Geometrie)

- die Vernetzung bzw. Fusionierung ebener und räumlicher Geometrie (z. B. bei Beweisen)

- die operative Methode (z. B. durch Invarianzuntersuchungen)

- das experimentelle Arbeiten (als eine propädeutische Arbeitsweise in der Geometrie – Vive le bricoleur!)

- die Komplexitätsreduktion (z. B. durch Ausblenden von Objekten)

- das modulare Arbeiten (etwa durch Verwenden von Formmodulen)

- das Rückwärtsarbeiten (z. B. durch Benutzung der Undo- und Redo-Funktion oder dem „Blättern" in aufgezeichneten Handlungsabläufen).

Die Verwendung interaktiver 3D-Tools führt zu neuen Methoden, räumliche Elementargeometrie zu lehren und zu lernen bei folgenden Themen:

- Aneignung raumgeometrischer Begriffe und Sätze
- Lösung raumgeometrischer Konstruktionsaufgaben
- Lösung raumgeometrischer Berechnungsaufgaben
- Behandlung und Anwendung der räumlichen Abbildungsgeometrie
- Untersuchung und Anwendung von Relationen an raumgeometrischen Figuren
- Verbindung von synthetischer und analytischer Raumgeometrie
- Verbindung („Fusion") von ebener und räumlicher Geometrie
- raumgeometrische Modellierung und Simulation von Ausschnitten der physischen Welt
- ästhetischen Gestaltung von und mit raumgeometrischen Figuren.

Das Beherrschen der mit den entsprechenden interaktiven Computerwerkzeugen in der virtuellen Ebene ausführbaren geometrischen Aktivitäten sollte auf den virtuellen Raum ausgedehnt werden, um eine zeitgemäße „Methodenkompetenz" im Rahmen des allgemeinbildenden Geometrie-Unterrichts zu sichern.

Durch das geometrische Arbeiten im virtuellen Raum erfahren folgende traditionellen raumgeometrischen Themen eine neue Bewertung und Behand-lung im Geometrie-Unterricht:

- Begriffsbildung und Lagebeziehungen geometrischer Objekte (z. B. von Punkten, Geraden, Ebenen)
- Räumliche Analogisierung von Begriffen, Sätzen und Verfahren der ebenen Geometrie (z. B. die Analogisierung der Dreiecks- zur Tetraedergeometrie)
- Kegelschnitte (z. B. ihrem Namen entsprechend oder als zentralprojektive Kreisbilder)
- Körpergeometrie, insbesondere die Geometrie der Polyeder (z. B. der Platonischen Körper und ihrer Derivate und Agglomerate)
- Darstellende Geometrie (z. B. bei der Erarbeitung der üblichen Abbildungsverfahren)
- Kugelgeometrie (z. B. bei der Kugelvieleck-Lehre)
- Anwendungsorientiertes Modellieren (z. B. von Bau- und Kunstwerken).

Außerdem kann die interaktive Nutzung der Raumgeometrie im virtuellen Raum als „dienende Magd" die Darstellung innermathematischer Sachverhalte bereichern. – Die Schulgeometrie im virtuellen Handlungsraum hat zudem Brückenfunktion zwischen der Geometrie in 3D-CAD-Systemen und der traditionellen Schulgeometrie.

Das interaktive raumgeometrische Arbeiten im virtuellen Raum kann helfen, die allgemeinen Kompetenzen „Mathematisch argumentieren", „Probleme mathematisch lösen", „Mathematisch modellieren", „Mathematische Darstellungen verwenden", „Mit symbolischen, formalen und technischen Elementen der Mathematik umgehen", „Kommunizieren" und die Leitideen „Raum und Form" und „Messen" (vgl. KMK 2003, unter: http://www.kmk.org/schul/ Bildungsstandards/bildungsstandards.htm) auf attraktive Weise zu konkretisieren und die unter diesen Kompetenzen und Ideen nicht explizit formulierte Raumvorstellungsfähigkeit zu entwickeln und zu üben. – Wir gehen hier nicht weiter auf die modische Etikettierung der Inhalte des Mathematik-/Geometrie-Unterrichts ein, die von einer besonderen erziehungswissenschaftlichen Bildungstheorie stammend, der Fachdidaktik und -methodik aufgezwungen wird.

Wir schließen diesen Abschnitt mit den drei wesentlichen kognitiven Fähigkeitsbereichen, die beim Arbeiten im virtuellen Raum eines DRGS in Wechselbeziehung stehen (vgl. Abbildung 9).

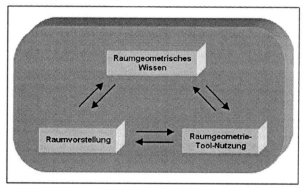

Abbildung 9: Wesentliche kognitive Fähigkeitsbereiche („→" bedeutet: „unterstützt")

Raumvorstellungsfähigkeit unterstützt raumgeometrisches Wissen und interaktive 3D-Werkzeugnutzung: Notwendige Voraussetzung für raumgeometrisches Wissen und das Arbeiten mit einem interaktiven Raumgeometrie-Tool ist die Raumvorstellungsfähigkeit bezogen auf die Faktoren Visualisierung und Rotation, welche die individuelle räumliche Interpretation der mit dem Tool oder auf andere Weise dargestellten statischen und dynamischen raumgeometrischen Informationen sicherstellt.

Raumgeometrisches Wissen unterstützt Raumvorstellungsfähigkeit und 3D-Computerwerkzeugnutzung: An raumgeometrischem Wissen und der mittels diesem modellierten Welt wird Raumvorstellung entwickelt und geübt. Für die adäquate Nutzung eines interaktiven 3D-Tools ist elementares raumgeometrisches Vorwissen, d. h. Kenntnis und Verständnis elementarer raumgeometrischen Begriffe und Verfahren, vorauszusetzen.

Interaktive 3D-Computerwerkzeugnutzung unterstützt Raumgeometrisches Wissen und Raumvorstellungsfähigkeit: Die Nutzung eines solchen Werkzeugs fördert einerseits die Aneignung, das Verstehen und Anwenden raumgeometrischen Wissens und andererseits die Raumvorstellungsfähigkeit durch das Agieren im virtuellen Anschauungsraum.

Es ergeben sich folgende *allgemeinen Forschungsfragen* für einen betreffenden qualitativen und quantitativen empirischen Forschungsansatz:

(1) Welchen Einfluss hat die Nutzung eines DRGS auf die Raumvorstellungsfähigkeit?

(2) Welchen Einfluss hat die Nutzung eines DRGS auf das raumgeometrische Wissen und Verstehen?

(3) Welchen Einfluss hat die Raumvorstellungsfähigkeit auf die Nutzung eines DRGS?

(4) Welchen Einfluss haben raumgeometrisches Wissen und Verstehen auf die Nutzung eines DRGS?

(5) Wie ist eine Lernumgebung mit einem DRGS zu gestalten, die relativ optimal hinsichtlich des Erwerbs raumgeometrischen Wissens und der Übung der Raumvorstellung ist?

Lehrplaninhalte Kl. 5-12 für die Raumgeometrie im virtuellen Handlungsraum

Generelle Intention des Lehrplans: Der virtuelle Raum ist als Handlungs- und Erfahrungsraum für das Lehren und Lernen von Geometrie zu nutzen. Im Vordergrund stehen dabei die phänomenologische Aneignung raum-geometrischen Wissens und die stärkere Vernetzung ebener mit räumlicher synthetischer Geometrie. Die Fähigkeit zum geometrischen Arbeiten im virtuellen Raum ist dabei als Bestandteil der im Geometrieunterricht zu erwerbenden visuellen Kompetenz anzusehen.

Die nachstehenden maximalen Inhalte, die sich als zu diskutierender Vorschlag verstehen, bieten Themen für individuelle mathematische Schulcurricula, für

Projekt-, Facharbeiten und für fächerverbindenden Unterricht, da nicht zu erwarten ist, dass der Behandlung der Geometrie im virtuellen Raum ein Platz im deutschen Kerncurriculum eingeräumt werden wird, – zumal leider gravierende mathematische Substanzverluste in aktuellen Bildungsplänen festzustellen sind. – Eine punktuelle Nutzung des virtuellen Handlungsraumes im Geometrieunterricht wirft natürlich das Problem der medienbezogenen systematischen Wissensentwicklung auf.

Lehrplan Klasse 5/6

- Raumgeometrische Grundbegriffe
- Erste Formenkunde der Quader, Prismen, Pyramiden und der Platonischen Körper
- Geometrische Körper visualisieren und manipulieren; nach Form, Größe und Lage variieren; vermessen, auf- und abfalten, zusammensetzen, zerlegen und puzzlen
- Dreitafelbild (Vorderansicht, Draufsicht und Seitenansichten von Körpern).

Lehrplan Klassen 7/8

- Analogisieren ebener zu räumlichen geometrischen Konstruktionen (Kreiszirkel- und Geradenlineal-Konstruktionen zu Kugelzirkel- und Planeal-Konstruktionen; Analogisierung der Postulat- und Grundkonstruktionen)
- Analogisieren der ebenen zu den räumlichen Kongruenzabbildungen
- Konstruktionen mit Verwendung räumlicher Kongruenzabbildungen
- Zurückführung räumlicher auf ebene Konstruktionen
- Konstruierende Formenkunde der Parallelepipede („Parallelogramm-Hexaeder"), Prismen und Antiprismen;
- Polyedererzeugung mittels konvexer Hülle von Punkten, Strecken und Polygonen („Von der Konstruktion zum referenzierbaren Objekt")
- Erste Konstruktion parallel- und zentralprojektiver Bilder einfacher Körper.

Lehrplan Klasse 9/10

- Konstruierende Formenkunde für die Berechnungen an geometrischen Körpern, auch für Pyramiden, Pyramidenstümpfe und Prismatoide
- Polyedrische Approximation von Zylinder, Kegel und Kugel
- Interaktive Messungen und Berechnungen an Körpern

- Analogisierung der Dreiecksgeometrie zur Tetraedergeometrie
- Analogisierung der ebenen zur räumlichen zentrischen Streckung
- Modellieren von realen Objekten und einfachen beweglichen Vorrichtungen.
- Polyedergenerierung als konvexe Hüllen.

Lehrplan Klasse 11/12

- Veranschaulichung analytischer Raumgeometrie (auch konstruierendes und messendes Lösen von Aufgaben);
- Konstruierende Behandlung der Parallel- und Zentralprojektion
- Anwendungen der Parallel- und Zentralprojektion (Schattenbilder, Malerperspektive, Computergrafik etc.)
- Konstruierende Behandlung und Anwendung der stereografischen Projektion und Kugelspiegelung
- Konstruierende und namensgemäße Behandlung der Kegelschnitte
- Durchdringungskörper und Durchdringungskurven
- Einführende Behandlung von Raumkurven und Regelflächen
- Systematische Behandlung der Platonischen, der Archimedischen, der konvexen Polyeder aus gleichseitigen Dreiecke (Deltaeder), der Johnsonschen Polyeder (konvexe Polyeder aus regelmäßigen Polygonen) und der uniformen Polyeder
- Systematisierung der Körpergenerierung
- Entwicklung lokal deduktiver raumgeometrischer Theorie-Elemente
- Raumgeometrische Beweise und räumliche Dokumentation solcher Beweise (auch von Aussagen der ebenen Geometrie).

Abschließende Bemerkungen

Wir wollen unter einer *pragmatischen Grundlegung der Schulgeometrie im virtuellen Handlungsraum* folgendes verstehen:

Die raumgeometrischen Phänomene, die durch interaktive, im virtuellen Handlungsraum ausführbare Konstruktionen, Abbildungen, Erzeugungen, Messungen, Berechnungen, Manipulationen und Visualisierungen generiert werden und die wir kraft unseres räumlichen Anschauungsvermögens wahrnehmen und internalisieren, bilden eine wesentliche Grundlage für raumgeometrische Erkenntnis- und Theoriebildung.

Die Bedeutung der räumlichen Anschauung für die Geometrie im Zusammenhang mit der Bedeutung geometrischer Modelle hat kein Geringerer als Felix Klein (1849-1925) in seiner Inauguraldissertation von 1871 über die Entwicklung der Geometrie als Invariantentheorie von Abbildungsgruppen („Erlanger Programm"), gewürdigt:

„Ueber den Werth räumlicher Anschauung.

[...] Ganz anders stellt sich [...] die Frage nach dem Werthe der räumlichen Anschauung überhaupt. Ich stelle denselben als etwas selbständiges hin. Es gibt eine eigentliche Geometrie, die nicht ... nur eine veranschaulichte Form abstracterer Untersuchungen sein will. In ihr gilt es, die räumlichen Figuren nach ihrer vollen gestaltlichen Wirklichkeit aufzufassen und (was die mathematische Seite ist) die für sie geltenden Beziehungen als evidente Folgen der Grundsätze räumlicher Anschauung zu verstehen. Ein Modell – mag es nun ausgeführt und angeschaut oder nur lebhaft vorgestellt sein – ist für diese Geometrie nicht ein Mittel zum Zwecke sondern die Sache selbst." (Klein, 1872, S. 41f)

Wir sind der Überzeugung, dass die geometrischen Aktivitäten im virtuellen Handlungsraum einen substantiellen und attraktiven Beitrag zum Lehren und Lernen von Geometrie zu der folgenden Art des Anschauungsraums leisten können:

„Der allgemeinbildenden, nicht-wissenschaftspropädeutischen Schule fehlt eine entsprechende Geometrie, die den Raum von Objekten und Operationen, Koordinations- und Bewegungserfahrungen her konstruktiv aufbaut. ‚Den' Anschauungsraum als (wohl subjektiv, aber intersubjektiv parallel) konstruierten, gemeinsamen, homogenen, unparteiischen Ort aller Phänomene und Geschehnisse zu begreifen, dürfte der Lehre wert sein." (Führer, 2002, S. 64)

Literatur

Führer, L. (2002). Über einige Grundfragen künftiger Geometriedidaktik. In: math.did. Jg. 25, 2002, Bd. 1, S. 55-77

Klein, F. (1872). Vergleichende Betrachtungen über neuere geometrische Forschungen (Erlanger Programm). Erlangen: A. Deichert

Schumann, H. (2007). Schulgeometrie im virtuellen Handlungsraum. Ein Lehr- und Lernbuch der interaktiven Raumgeometrie mit Cabri 3D. Hildesheim und Berlin: Franzbecker – und die dort angegebene Literatur.

Hauptschülerinnen und Hauptschüler lösen Geometrieaufgaben der PISA-Studie 2003
Verbindung qualitativer und quantitativer Analysen

Frauke Ulfig

Zusammenfassung. Eine dringende Schlussfolgerung aus den Ergebnissen der PISA-Studie 2000 ist der besondere Förderbedarf von Schülerinnen und Schülern im unteren Leistungsbereich und zwar besonders in der Geometrie. Dennoch sind bis jetzt kaum Veränderungen zu erkennen. Der Anteil der Schülerinnen und Schüler in der so genannten Risikogruppe ist in Deutschland nach wie vor höher als in den meisten anderen Ländern. Will man Schlussfolgerungen hinsichtlich einer Weiterentwicklung des Geometrieunterrichts ableiten, ist es notwendig, mehr über die besonderen Schwierigkeiten von Schülerinnen und Schülern beim Lösen von PISA-Aufgaben zu erfahren und zu analysieren, welche geometrischen Denkweisen dabei zum Ausdruck kommen.

In einer qualitativen Erhebung wurden Hauptschülerinnen und Hauptschüler beim Lösen ausgewählter Geometrieaufgaben der PISA-Studie 2003 beobachtet. Darauf folgten ein nachträgliches lautes Denken, ein Interview und eine Nachbearbeitung der Aufgaben. Neben den qualitativen Daten wurden die Ergebnisse der PISA-Studie 2003 im Sinne einer Verbindung qualitativer und quantitativer Ansätze ausgewertet. Aus den Ergebnissen dieser Untersuchung sollen Leitlinien für den Geometrieunterricht in der Hauptschule abgeleitet werden, insbesondere konkrete Hinweise zum Verstehen der Begriffe „Umfang" und „Flächeninhalt".

In diesem Artikel werden zunächst die Forschungsfrage sowie die methodischen Überlegungen zur Untersuchung dargelegt. Anschließend wird das Vorgehen anhand der PISA-Aufgabe Zimmermann erläutert und erste Ergebnisse werden vorgestellt. Die Untersuchung erfolgte im Rahmen einer Promotion und die Auswertung ist derzeit noch nicht abgeschlossen.

Einleitung: Was PISA nicht zeigt – besondere Schwierigkeiten von Hauptschülerinnen und Hauptschülern

Eine bekannte und vielfach diskutierte Konsequenz aus PISA, dem „Programme for International Student Assessment", ist der besondere Förderbedarf im unteren Leistungsbereich. Mehr als ein Fünftel der deutschen Schülerinnen und Schüler werden zur so genannten Risikogruppe gezählt, mehr als in den meisten anderen Staaten. Die Reduzierung des hohen Anteils von Risikoschülerinnen und -schülern ist ein dringendes Anliegen, besonders in den Hauptschulen. Obwohl dies bereits eine zentrale Schlussfolgerung aus PISA 2000 war, sind gerade in diesem Bereich bis jetzt kaum Veränderungen zu erkennen (Blum u.a. 2004, S. 90).

- Wo genau liegen die besonderen Schwierigkeiten dieser Schülerinnen und Schüler?
- Wie gehen sie beim Lösen der Aufgaben vor?
- Welche Vorstellungen haben sie von den vorkommenden Begriffen?

Diese Fragen lassen sich allein anhand der PISA-Ergebnisse nicht ausreichend beantworten, denn PISA liefert globale Daten über Bildungssysteme, und diese Ergebnisse darf man nicht ohne weiteres auf einzelne Schülerinnen und Schüler beziehen. Die Beantwortung von Fragen nach besonderen Schwierigkeiten und individuellen Vorstellungen und Denkweisen ist allerdings unverzichtbar, wenn man aus PISA Konsequenzen hinsichtlich einer inhaltlichen Weiterentwicklung des Mathematikunterrichts ableiten will. An dieser Stelle setzt mein Forschungsvorhaben an. Während bei PISA meist nur die Ergebnisse der Aufgaben betrachtet werden können, stehen in meiner ergänzenden, qualitativen Studie die Lösungsprozesse im Vordergrund. Ich habe Hauptschülerinnen und -schüler ausgewählte Geometrieaufgaben der PISA-Studie bearbeiten lassen und sie anschließend zu ihrem Vorgehen und zu den vorkommenden Begriffen „Umfang" und „Flächeninhalt" befragt.

Orientierungsrahmen: Das Modell der Didaktischen Rekonstruktion

Als Teilnehmerin des Promotionsstudiengangs Didaktische Rekonstruktion an der Universität Oldenburg bietet mir das Modell der Didaktischen Rekonstruktion einen Orientierungsrahmen. Mit diesem Modell wird ein Forschungsparadigma verfolgt, das fachliche Vorstellungen mit Schülerperspektiven so in Verbindung setzt, dass daraus ein Lerngegenstand entwickelt werden kann. Ullrich Kattmann (Kattmann 1997) spricht in diesem Zusammenhang von einer „Wechselwirkung von fachlicher Klärung und Untersuchung der Schülerperspektiven" und veranschaulicht das Modell in einem fachdidaktischen Triplett:

Abbildung 1: Modell der Didaktischen Rekonstruktion

Für meinen Themenbereich sehe ich die drei Untersuchungsaufgaben der Didaktischen Rekonstruktion wie folgt: In der *fachlichen Klärung* erfolgt die Beschreibung geometrischer Denkweisen im Hinblick auf die Begriffe „Umfang" und „Flächeninhalt" auf theoretischer Ebene. Mit dem *Erfassen der Lernerperspektiven* anhand der PISA-Daten und anhand der Daten meiner ergänzenden qualitativen Erhebung soll analysiert werden, welche geometrischen Denkweisen bei den Schülerinnen und Schülern vorkommen. Umgekehrt werde ich in Bezug auf die ermittelten Schülervorstellungen prüfen, inwieweit der theoretisch hergeleitete Ansatz zur Beschreibung geometrischer Denkweisen ergänzt und verändert werden muss. Zu erwarten ist, dass jede Seite zur Bereicherung der jeweils anderen beiträgt. Aus diesem iterativen Vorgehen erwächst die *Didaktische Strukturierung* im Sinne einer Entwicklung von Leitlinien für den Geometrieunterricht an Hauptschulen hinsichtlich der Vermittlung geometrischer Begriffe und mit Rücksicht auf die besonderen Bedürfnisse von Hauptschülerinnen und Hauptschülern. Auf konkreter Ebene werde ich Hinweise zum Verstehen der geometrischen Begriffe „Umfang" und „Flächeninhalt" geben.

Verbindung qualitativer und quantitativer Daten

Die Daten meiner qualitativen Erhebung werden in enger Verbindung mit den PISA-Ergebnissen ausgewertet. Diese Verbindung qualitativer und quantitativer Ansätze ist vor allem durch einen wechselseitigen Nutzen gekennzeichnet (Flick 2004). Einerseits können die Ergebnisse der qualitativen Erhebung in den PISA-Daten wieder gefunden werden, wodurch sie den Charakter des Exemplarischen bekommen und an Aussagekraft gewinnen. Andererseits können die PISA-Ergebnisse in Verbindung mit den qualitativen Daten besser interpretiert werden.

Ein vierstufiges Design zur Erfassung geometrischer Denkweisen

Für die Erhebung wurde ein mehrstufiges Design angewendet, welches die Rekonstruktion geometrischer Denkweisen durch verschiedene Erhebungsmethoden ermöglichen soll. Aus der Literatur bekannt und in der mathematikdidaktischen Forschung bereits mehrfach erprobt ist das so genannte Dreistufendesign von Busse und Borromeo Ferri 2003. Auf eine Aufgabenbearbeitung folgt ein nachträgliches lautes Denken (NLD). Abschließend wird ein Interview durchgeführt. Dieses dreistufige Design habe ich für meine Erhebung weiter modifiziert und um eine Phase der Nachbearbeitung ergänzt:

I Aufgabenbearbeitung	II Nachträgliches Lautes Denken	III Interview	IV Nachbearbeitung einer Aufgabe
Agieren	Kommentieren	Reflektieren	Reflektieren
Bearbeiten der vier Untersuchungsaufgaben	Äußerungen zur Videoaufnahme des Bearbeitungsprozesses	Individuelles Interview mit vertiefenden Fragen	Nachbearbeitung einer Untersuchungsaufgabe mit Hilfestellungen

Abbildung 2: Vierphasiges Design zur Erfassung geometrischer Denkweisen

Daten, Datenerhebung und Auswertung

Die Erhebungen an drei Schulen fanden jeweils an zwei aufeinander folgenden Tagen statt. Am ersten Tag erfolgte die Aufgabenbearbeitung, am darauf folgenden Tag erfolgten hintereinander das NLD, das Interview und die Nachbearbeitung. Die Aufgabenbearbeitung sowie das NLD erfolgten paarweise. Das Interview und die Nachbearbeitung einer Aufgabe wurden jeweils mit nur einer Schülerin oder einem Schüler durchgeführt. Insgesamt 12 Schülerinnen und Schüler bearbeiteten in gleichgeschlechtlichen Paaren insgesamt vier Geometrieaufgaben zum Thema Umfang und Fläche, darunter drei PISA-Aufgaben.

Die Auswertung der eingescannten Schülerbearbeitungen und der Videotranskripte soll in Anlehnung an die Grounded Theory nach Glaser/Strauss erfolgen, ergänzt durch ein typenbildendes Verfahren und computergestützt mit der Software Atlas.ti.

Der Zimmermann und die Gartenbeete – oder „Was sind das eigentlich für Dinger?"

Die Untersuchungsaufgabe „Zimmermann" ist eine internationale Aufgabe der PISA-Studie 2003. Ein Zimmermann hat 32 laufende Meter Holz und will damit ein Gartenbeet umranden. Er überlegt sich verschiedene Entwürfe für das Gartenbeet. Die Entwürfe sind unter dem Aufgabentext als geometrische Figuren dargestellt: Ein Rechteck, ein Parallelogramm und zwei Figuren, bei denen die Seitenlinien wie Treppenstufen verlaufen. Die Schülerinnen und Schüler sollen für jeden Entwurf ankreuzen, ob die 32 Meter Holz reichen.

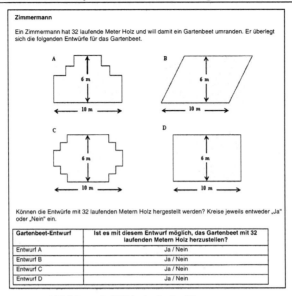

Abbildung 3: PISA-Aufgabe Zimmermann

Häufig wird an dieser Aufgabe kritisiert, dass es sich um kein realistisches Problem handle. Das Vorgehen des Zimmermannes sei wirklichkeitsfremd, ein solches Anlegen von Gartenbeeten sei deshalb Unsinn und damit für die Schülerinnen und Schüler schwer zugänglich und nicht für eine mathematische Aufgabenstellung geeignet. Dem ersten Teil dieser Kritik soll nicht widersprochen werden. Es handelt sich, wie so oft im Mathematikunterricht, nicht um ein realistisches Problem. Dieser Anspruch wird nicht erhoben. Wie in vielen anderen PISA-Aufgaben hat die „Realität" des Kontexts eine unterstützende, zuarbeitende Funktion. Den Schülerinnen und Schülern soll auf diese Weise verdeutlicht werden, dass das Wort „umranden" auf den Umfang abzielt und dass die „Entwürfe" verschiedene Figuren darstellen. Der Kontext soll in der kurzen zur Verfügung stehenden Zeit helfen, genau die Vorstellungen der Schülerinnen und Schüler abzurufen, die zum Verständnis der Aufgabe erforderlich sind. Zudem wird es als vorteilhaft angesehen, dass den Schülerinnen und Schülern die Art der Aufgabenstellung aus dem Unterricht bekannt ist. Auch wenn ich diesbezüglich keine repräsentative Stichprobe liefern kann, möchte ich für meine Erfahrungen mit dieser Aufgabe bestätigen, dass es seitens der Schülerinnen und Schüler keine Schwierigkeiten beim Verständnis des Aufgabentextes gab. Solche Aufgabenstellungen scheinen auch (oder gerade?) den Hauptschülerinnen und Hauptschülern geläufig zu sein. Allererste Äußerungen nach dem Lesen des

Aufgabentextes waren meist: „Ach ja, also Umfang." Der zuarbeitende Kontext erfüllt seine Funktion.

Durch die vorgegebene Schematisierung, nämlich die Zeichnungen mit Maßzahlen und Einheiten, wird ein Teil der erforderlichen mathematischen Modellierung bereits vorweggenommen. Dennoch sind Fähigkeiten zum Anwenden eines eigenen Konzeptes zu den geometrischen Begriffen „Umfang" und „Figur" gefordert, die als bedeutsam für die mathematische Grundbildung einzustufen sind.

- Was müssen die Schülerinnen und Schüler können, um diese Aufgabe richtig zu beantworten?

Schematisches Formelwissen allein reicht zur Lösung der Aufgabe nicht aus. Vielmehr zielt die Aufgabe auf inhaltliche Vorstellungen zu den Begriffen, beispielsweise auf Vorstellungen darüber, dass und wie man eine Figur bei gleich bleibendem Umfang verändern kann. Die Schülerinnen und Schüler müssen fähig sein, Ähnlichkeiten und Unterschiede zwischen den Figuren festzustellen, also Zusammenhänge herzustellen. Sie müssen erkennen, dass die zweidimensionalen Entwürfe A, C und D aufgrund der rechteckigen Form, denselben Umfang haben und dass Figur B einen größeren Umfang hat, weil zwei Seiten genauso lang wie die Seiten des Rechtecks D sind, die anderen beiden Seiten aber länger sind, als die Seiten des Rechtecks D.

Bei den PISA-Ergebnissen fällt auf, dass die Mehrheit der Hauptschülerinnen und Hauptschüler bei den Treppenfiguren annimmt, dass 32 Meter Holz für diese Figuren nicht ausreichen, während sie beim Parallelogramm vermutet, dass 32 Meter Holz für eine Umrandung genug sind. Der Rechteck-Entwurf wurde von 75% der Hauptschülerinnen und Hauptschüler richtig bewertet. Die Ergebnisse meiner Erhebung spiegeln das PISA-Ergebnis wider. Bei dem Rechteck waren sich alle sechs Schülerpaare sicher. Fünf von sechs Schülerpaaren waren der Meinung, dass die 32 Meter Holz für den Parallelogramm-Entwurf ausreichen. Bei den beiden Treppenfiguren kreuzten jeweils vier Schülerpaare an, die 32 Meter Holz reichen nicht. Viel aufschlussreicher für die Interpretation ist nun die Frage, was die Hauptschülerinnen und Hauptschüler während des Bearbeitungsprozesses und im nachträglichen lauten Denken über die verschiedenen Figuren sagen:

Während der Bearbeitung sagt Timo zu seinem Partner: „Das ist einfach. Das ist ein Parallelogramm. Ich glaube es geht so: Wenn man diese Seite da abtrennt und auf der anderen Seite wieder ransetzt, hat man ein Rechteck." Timo weist darauf hin, dass man ein Parallelogramm in ein flächengleiches Rechteck verwandeln kann. Er greift damit auf Kenntnisse aus seinem Mathematikunterricht zum Begriff Flächeninhalt zurück und wendet dieses Wissen an. In der Nachbearbeitung ließ ich mir den Ansatz des Abschneidens und Anlegens zeigen: Der Umfang eines ausgeschnittenen Parallelogramms sollte rot eingefärbt werden. Anschließend sollten die Seiten entsprechend der Idee abgeschnitten und das zerschnittene Parallelogramm zu einem Rechteck gelegt werden. Danach forderte ich dazu auf, den Umfang des nun entstandenen Rechtecks zu zeigen und mit dem des Parallelogramms zu vergleichen.

Neben dem Ansatz des Abschneidens und Anlegens kommt eine weitere Idee des Umwandelns zu einem Rechteck in meiner Untersuchung vor, nämlich die des Gelenkvierecks: „Man könnte das da so gerade klappen." Was beim „gerade klappen" mit dem Parallelogramm passiert, verfolge ich in der Nachbearbeitung anhand eines realen Modells.

Es liegt nahe, dass diese beiden Arten des Vorgehens der untersuchten Schülerinnen und Schüler exemplarisch für viele der PISA-Schülerinnen und -Schüler steht, die ebenfalls bei Figur B ein „ja" ankreuzten.

„Was sind das denn für Dinger? Irgendwelche? Ist das egal welche das sind?" fragt ein Schüler und meint die beiden Treppenfiguren. „Ja, das hier sind ja Rechteck und Parallelogramm und die gibt es ja eigentlich gar nicht." Dieses Zitat drückt das Verlangen der Schülerinnen und Schüler aus, Figuren zu benennen. Alle Schülerinnen und Schüler unterschieden deutlich und unaufgefordert zwischen bekannten und unbekannten Figuren. Bei unbekannten Figuren hieß es dann beispielsweise: „Das Problem sind die Ecken. Ich kenne diese Form nicht. Wir haben das noch nicht im Unterricht gehabt. Deshalb können wir es nicht." In diesen Äußerungen steckt also eine Vorstellung des Begriffs Umfang, die an bekannte Figuren gebunden ist. Dies untermauert den Denkansatz, dass der Begriff „Umfang einer Figur" bei den Schülerinnen und Schülern nicht so repräsentiert ist, dass er sich auf die Treppenfiguren anwenden lässt. „An bekannte Figuren gebunden" könnte dabei als erster Begründungsansatz gelten. Der Begriff „Umfang" lässt sich nicht auf fremde Figuren anwenden.

Besondere Schwierigkeiten bereitete es einigen Schülerinnen und Schülern, dass man den Umfang der Treppenfiguren nicht so einfach mit den angegebenen Längen berechnen konnte. Sie griffen zum Lineal, maßen die einzelnen Stufen oder versuchten die Länge der Stufen zu schätzen: „Ich weiß ja nicht, wie viel das sind (zeigt auf die Länge und Höhe der Treppenstufen). Dann kann ich das auch nicht ausrechnen."

Die Schülerinnen und Schüler fanden unterschiedliche, teils gegensätzliche, Erklärungen dafür, dass die Treppenfiguren sich nicht mit 32 Metern Holz herstellen lassen: „Wir müssen noch die Ecken abziehen. Da fehlt dann also was. Es ist weniger." Oder aber: „Es sollte mehr sein, weil die Strecke einen Umweg macht." In diesem Fall ist der Gegensatz dadurch begründet, dass sich die Idee

„weniger" auf den Begriff „Flächeninhalt" bezieht und die Idee „mehr" auf den Begriff „Strecke" abzielt. In der Nachbearbeitung legte ich solch eine Treppenfigur mit Streichhölzern und forderte die Schülerinnen und Schüler auf, die Figur durch ein Umlegen der Streichhölzer zu verändern. Viele Schülerinnen und Schüler zählten wiederholt die Streichhölzer bis sie erkannten: „Der Umfang bleibt gleich, weil ja nichts dazu kommt oder weg genommen wird". Der Transfer zur Zimmermannaufgabe fiel nicht schwer.

Ausblick

Abschließen möchte ich diesen Bericht mit einem Denkansatz aus der Mathematikdidaktik, der nicht nur einen wichtigen Hintergrund der PISA-Konzeption darstellt, sondern auch einen wesentlichen theoretischen Grundsatz für meine Arbeit. Hans Freudenthal beschreibt seine Auffassung von Lehren und Lernen von Mathematik:

> *„Unsere mathematischen Begriffe, Strukturen und Vorstellungen sind erfunden worden als Werkzeuge, um die Phänomene der natürlichen, sozialen und geistigen Welt zu ordnen"* (Freudenthal 1983)

Freudenthals Sichtweise zielt darauf ab, dass nicht eine vorweggenommene Abstraktion und die anschließende Anwendung fertiger Konzepte, sondern der verständige, reflektierte Gebrauch in geeigneten Situationen das Lernen mathematischer Begriffe bestimme. Mathematische Begriffe werden aus vielfältigen außer- und innermathematischen Situationen heraus gebildet und tragen umgekehrt „als Werkzeuge" zur Erschließung „der Welt" bei. Auf diese Weise kann es gelingen, dass Begriffe bei den Schülerinnen und Schülern nicht (nur) rechnerisch, formelorientiert und anhand bekannter Figuren, sondern vielmehr anschaulich, beziehungsreich und an Inhalte gebunden repräsentiert sind.

Literatur

Blum, W., Neubrand, M., Ehmke, T., Senkbeil, M., Jordan, A., Ulfig, F. und Carstensen, C. (2004). Mathematische Kompetenz. In: Prenzel, M., Baumert, J., Blum, W., Lehmann, R., Leutner, D., Neubrand, M., Pekrun, R., Rolff, H.-G., Rost, J. und Schiefele, U. (Hrsg.). (2004). PISA 2003. Der Bildungsstand der Jugendlichen in Deutschland – Ergebnisse des zweiten internationalen Vergleichs. Münster: Waxmann

Busse, A. und Borromeo Ferri, R. (2003). Agieren, kommentieren, reflektieren – ein Beitrag zur Methodendiskussion in der Mathematikdidaktik. Beiträge zum Mathematikunterricht 2003. S. 169-172

Flick, U. (2004). Triangulation. Eine Einführung. Wiesbaden: VS Verlag für Sozialwissenschaften

Freudenthal, H. (1983). Didactical phenomenology of mathematical structures. Dordrecht.

Kattmann, U. Duit, R., Gropengießer, H. und Komorek, M (1997). Das Modell der Didaktischen Rekonstruktion – Ein Rahmen für naturwissenschaftliche Forschung und Entwicklung. Zeitschrift für Didaktik der Naturwissenschaften 3 (3), S. 3-18

Was kommt denn da von draussen rein?

Hans Walser

Zusammenfassung. Unter dem Kürzel HarmoS wurde 2003/04 von der kantonalen Erziehungsdirektorenkonferenz ein Projekt zur Harmonisierung der Schulen in der Schweiz gestartet. Ich möchte das Projekt unter folgenden externen Aspekten beleuchten: Verwendete Sprache und Terminologie, aktuelle Schulpolitik, engagierte Personen, Akzeptanz bei Betroffenen, Rolle und Bedeutung der Bildungsstandards.

Vorbemerkung

Ich versuche, ein Stimmungsbild zum Thema „Standards" in der Schweiz wiederzugeben, so wie ich das in meiner Umgebung wahrnehme. Ich möchte betonen, dass ich damit nicht meine persönliche Meinung wiedergebe.

Schon der Titel ist eine Provokation. Mit „draussen" – Schreibweise mit ss statt mit ß — wird in der Schweiz oft Deutschland bezeichnet. Der Grundtenor ist, dass die „Standards" eine deutsche Erfindung seien, welche nun übernommen werden muss. Beim Vergleich der Resultate schweizerischer Schüler bei TIMSS und PISA im Fach Mathematik mit denen deutscher Schüler drängt sich dabei die Frage nach dem Leistungsnachweis des deutschen Schul- und Lehrerausbildungssystems auf.

Leider breitet sich in der Schweiz im Rahmen einer allgemeinen Xenophobie insbesondere auch eine wachsende Deutschfeindlichkeit aus. Das hat wohl auch etwas mit der Sprache zu tun: die Schweizer schaffen es nicht, so schnell und geschliffen das Wort an sich zu reißen.

Aufgabe 1: Woran erkennt man die Nationalität einer Bodenseeforelle?

HarmoS – das Umfeld

Mit *HarmoS* wird ein Projekt zur Harmonisierung der obligatorischen Schule in der Schweiz bezeichnet.

Umfeld: Schweiz seit 1848

Die Schulhoheit ist bei den Kantonen; es gibt daher 27 verschiedene autonome Schulsysteme. Es gibt aber auch Konkordate und Absprachen auf der Ebene EDK (Erziehungsdirektorenkonferenz). Seit kurzem hat allerdings das nationale

Parlament das Recht, bei allzu großen Diskrepanzen einzugreifen und über die Köpfe der Kantone hinweg zu bestimmen.

Pädagogische Hochschulen

Vor der Einführung der pädagogischen Hochschulen um die Jahrtausendwende gab es für die Primarlehrerausbildung so genannte Lehrerseminarien. Diese waren auf der Sekundarstufe 2 parallel zu den Gymnasien eingerichtet und vermittelten neben dem gymnasialen Lehrstoff auch Fachdidaktik und Pädagogik. Als Fachdidaktiker amteten in der Regel erfahrene Lehrer, häufig im Nebenamt. Die Ausbildung der Lehrkräfte für die Sekundarstufen 1 und 2 war den Universitäten angegliedert, dabei stand die fachliche Ausbildung im Zentrum. Die Pädagogik war oft die Lachnummer. Die so ausgebildeten Lehrer wurden gelegentlich als pädagogische *Wildheuer* bezeichnet. Wildheuer waren arme Bergbauern, welche in steilen Halden hoch oben das karge Berggras mähten und einbrachten. Die Arbeit der Wildheuer war lebensgefährlich.

Mit dem Lifting der Lehrpersonenausbildung in die Tertiärstufe ergab sich plötzlich ein Professorenbedarf. Daher wurden zum einen die bisherigen Lehrpersonen an den Lehrerbildungsanstalten über Nacht zu Professoren befördert, und andererseits wurden Stellen ausgeschrieben, welche dann von Personen aus dem Ausland besetzt wurden. Die Situation erinnert entfernt an die Situation an den ostdeutschen Universitäten nach der Wende, als die bisherigen Stelleninhaber aus politischen Gründen abgewickelt wurden und ein Vakuum entstand.

Diese neuen Professoren müssen nun aber neben der Lehre auch Forschung betreiben; da ist die Beschäftigung mit den „Standards" ein gefundenes Fressen.

HarmoS – die Inhalte

Die folgenden Ausführungen basieren teilweise auf Unterlagen der EDK (siehe Literaturverzeichnis).

Zielsetzung

> *1. Harmonisierung der Lerninhalte*
>
> *2. Stärkung einer koordinierten Steuerung der obligatorischen Schule*
>
> *3. Evaluation des Bildungssystems auf gesamtschweizerischer Ebene*
>
> *4. Qualitätsentwicklung des Bildungssystems*

Aufgabe 2: Wie lässt sich eine solche Item-Liste didaktisch umsetzen?

Bildungsstandards und Qualitätsentwicklung

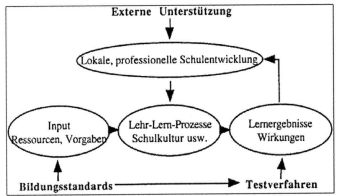

Abbildung 1: Die Bildungsstandards erscheinen

Aufgabe 3: Was besagt das „usw." in der mittleren Ellipse der zweiten Zeile?

„Bildung"

Aller Erfahrung nach wird das Wort „Bildung" fast ausschließlich ins Spiel gebracht, um Vorteile und Nischen für Lehrpersonen und Institutionen zu sichern. Vorsicht ist angebracht. Wenn etwa in einer Curriculumsdiskussion ein obsolet gewordenes Schulfach reduziert oder abgeschafft werden soll, operieren die betroffenen Lehrer gerne mit dem „Bildungswert" eben dieses Faches.

Aufgabe 4: Beispiele?

Zwischenspiel mit der Übersetzungssoftware: Wir lassen das Wort „Bildung" ins Englische übersetzen und dann ins Deutsche rückübersetzen.

Deutsch	→	Englisch	→	Deutsch
Bildung	→	Education	→	Ausbildung

Es kommt „Ausbildung" heraus. Die Übersetzung ist nicht bijektiv. Haben englischsprachige Mitmenschen keinen Bildungsbegriff?

Der Humboldt'sche Bildungsbegriff meint die individuelle Eigenleistung der SchülerInnen am Schulgeschehen. Bildung liegt also gerade knapp außerhalb des Aktionsradius der Lehrpersonen. Bildung kann nicht vermittelt werden. Vermeiden wir daher dieses Wort und lassen es im pädagogischen Giftschrank. Lieber eine fundierte und seriöse Ausbildung.

Kompetenz

Es muss kommen, und es kommt: das Wort *Kompetenz*.

> *„Bildungsstandards konkretisieren die Ziele in Form von Kompetenzanforderungen."*

- Duden, 19. Auflage 1986: kompetent (zuständig, maßgebend, befugt)
- Duden, 21. Auflage 1996: kompetent (sachverständig; befähigt; zuständig, maßgebend, befugt)

Im Beamtenrecht werden *Kompetenzen* im Sinne einer Zuständigkeit oder Befugnis von oben nach unten delegiert. Sie können auch wieder weggenommen werden und erlöschen am Ende der Beamtung.

Im Duden war früher ausschließlich dieser Kompetenzbegriff aufgeführt. Unter diesem Aspekt ist eine Wortbildung wie „Selbstkompetenz" schon sehr in der Nähe von „Kompetenzüberschreitung", jedenfalls aber ein Oxymoron, ein Wort, das sich selber widerspricht.

Aufgabe 5: Kennen Sie weitere Oxymora?

In der aktuellen pädagogischen Fachsprache wird *Kompetenz* etwa gleichbedeutend mit *Fähigkeit* verwendet. Diese Bedeutung ist wohl über das Englische in die deutsche Sprache gekommen. In dieser Bedeutung ist „Selbstkompetenz" eine Tautologie.

Aufgabe 6: Gibt es weitere Formulierungen in der pädagogischen Sprachkompetenz, welche Sie ratlos lassen?

Zynischerweise wird mittlerweile der Kompetenzbegriff in der Umgangssprache mit negativer Bewertung verwendet: Einem so genannten *Scheininvaliden*, der den Sozialstaat ausnützt, wird Sozialkompetenz zugeschrieben, und *selbstkompetent* steht für *eingebildet, überheblich* und *arrogant*. Das Wort „Kompetenz" hat abgewirtschaftet.

Beim Gejammer um den Sprachzerfall an unseren Schulen muss man sich allerdings fragen, wie weit die pädagogischen Hochschulen mit der Schlüsselkompetenz der Sprachkompetenz vorangegangen sind.

Aufgabe 7: Wo lässt sich folgender Text verorten? *... a seminary, or an establishment, or any thing which professed, in long sentences of refined nonsense, to combine liberal acquirements with elegant morality, upon new principles and new systems ...*

Aufgabe 8: Übersetzen Sie: Der Sozialpark des Lehrens und Lernens erlebt einen Paradigmenwechsel.

Aufgabe 9: Wie kann die Lehren-Lernen-Realität auf den Punkt gebracht werden?

Eigenschaften der schweizerischen nationalen Bildungsstandards

---

1. ... beschreiben KOMPETENZEN, die alle Schülerinnen und Schüler bis zu bestimmtem Zeitpunkt erreicht haben sollen.
2. ... werden (vorläufig) für vier Fachbereiche festgelegt per Ende des 2., 6. und 9. Schuljahres.
3. ... entsprechen einem bestimmten Niveau auf einer Skala mit Kompetenzbeschreibungen.
4. ... sind so konkret, dass sie mess- und überprüfbar sind (mit Hilfe validierter Tests).

Kompetenzbeschreibung im Beispiel

Verdichtung: Kompetenz Form und Raum Klasse 6

Die Schülerinnen und Schüler sind am Ende der Jahrgangsstufe 6 kompetent, Situationen zu bewältigen, die eine Orientierung im Raum oder in der Ebene erfordern. Sie bewältigen die damit verbundenen Probleme:

1. *durch Anfertigen und den Gebrauch von Skizzen und Zeichnungen,*
2. *durch Erkennen, Darstellen oder Abbilden ebener Figuren und Körper,*
3. *durch das Vergleichen der Eigenschaften verschiedener ebenen Figuren und Körpern,*
4. *durch Messen und Berechnen von Umfang, Flächeninhalt oder Rauminhalt.*

Wir kennen alle den Uraltwitz vom Bauern mit den Kartoffeln, der seit den 70er Jahren die mathematikdidaktische Entwicklung begleitet und karikiert. An diesen Witz fühlte ich mich bei obigem Beispiel einer Kompetenzbeschreibung erinnert. Der Witz geht von unten nach oben:

1950: Ein Lehrplan von anno dazumal enthielt die untersten 4 Punkte. 1950, das war die Zeit von „Schaffe, schaffe, Häusle baue"; die Schulkinder lernten Geometrie auf der Baustelle.

Aufgabe 10: Schalung für einen Kaminsockel, aus vier Brettern unterschiedlicher Größe, ohne die Bretter zu zerschneiden?

1970: Da wurden die „Probleme" salonfähig.

1998: Die *Orientierung im Raum oder in der Ebene* wurde in *Freiräume - Richtlinien - Treffpunkte* 1998 eingebracht. Ich gestehe, dass ich an dieser Formulierung mitschuldig bin. Zum Verständnis dieses Fehltrittes folgende Zeilen:

Nel mezzo del cammin di nostra vita

mi ritrovai per una selva oscura

ché la diritta via era smarrita.

Aufgabe 11: Wer schrieb diese Zeilen?

In diesen Zeilen wird eine mid-life crisis beschrieben, wo der richtige Weg verloren gegangen ist. Das Verfassen von Lehrplänen und Standards ist ein Symptom einer mid-life crisis. Ein Lehrer, der keine Ideen mehr hat, macht Lehrpläne.

2000: Dann kam der Kompetenzbeschrieb.

2005: Als Krönung wird diese Schaumschlägerei als *Verdichtung* bezeichnet.

Die vier Fachbereiche

Die vier Fachbereiche, auf welche sich die Standards vorerst beschränken sollen, sind:

1) Erstsprachen: Das sind die in der Verfassung festgelegten *Landessprachen*.

Sprache		Anteil
Deutsch	Landessprache	64%
Französisch	Landessprache	20%
Italienisch	Landessprache	6.5%
Serbokroatisch		1.5%
Englisch		1%
Rätoromanisch	Landessprache	0.5%
Andere		6.5%

2) Fremdsprachen: Hier zeichnet sich ein Sprachenstreit ab. Vor allem die Kantone der Ostschweiz hätten gerne Englisch als erste Fremdsprache in der Schule. Zum Teil wurde dies bereits eingeführt, mit großem finanziellem Aufwand (Zusatzausbildung der Primarlehrer). Die näher an der Sprachgrenze liegenden Kantone hätten gerne eine weitere Landessprache als erste Fremdsprache in der Schule. Diese „politische" Verordnung der zweiten Landessprache erinnert an die DDR, wo die Sprache der sozialistischen Bruderländer den Vorrang vor dem Englischen hatte.

Nachtrag (5. Oktober 2007): Das Parlament entschied sich für die föderalistische Lösung, indem jeder Kanton selber entscheiden darf, ob Englisch oder eine zweite Landessprache als erste Fremdsprache in der Primarstufe unterrichtet werden soll. Es müssen aber bis zum Ende der Schulpflicht ausreichende Kenntnisse einer zweiten Landessprache garantiert sein. Mit diesem Kompromiss wurde aber das Prinzip einer durchgehenden Harmonisierung durchbrochen.

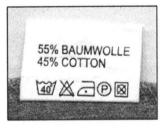

Abbildung 2: Total 100%

3) Mathematik: Die beteiligten Personen sind teilweise Autoren von Schulbüchern. Wie weit sind die „Standards" mit ökonomischen Interessen der Schulbuchverlage verfilzt?

4) Naturwissenschaft: Der Unterricht in Physik ist in der Schweiz – im Unterschied zum Mathematikunterricht – nicht sehr beliebt. Entsprechend schlecht waren die Resultate bei PISA.

Tests

Die Formulierung: *3...entsprechen einem bestimmten Niveau auf einer Skala mit Kompetenzbeschreibungen.* — führt zu einer in Worten formulierten Ordinalskala. Rechnen verbietet sich.

Die Formulierung: *4... sind so konkret, dass sie mess- und überprüfbar sind (mit Hilfe validierter Tests).* — erinnert an die Aussage von Galilei: Alles ist messbar, und was nicht messbar ist, wird messbar gemacht.

Der Glaube an die Normalverteilung ersetzt den Gottesglauben.

Prognose: Erfolgreiches Scheitern

Hier wird ein Oxymoron als ironisches Stilmittel verwendet.

Aufgabe 12: Warum haben Pädagogen so wenig Sinn für Ironie? In der Schweiz verlaufen die meisten „von oben" diktierten Schulreformen im Sande. Nach außen spricht man zwar von Amtes wegen von einem Erfolg. Man muss ja auch die Kosten rechtfertigen. Nach innen wird von notwendigen Modifikationen gesprochen. Das ist dann die Überleitung zur nächsten Schulreform.

Aufgabe 13: Geben Sie ein Beispiel für „erfolgreiches Scheitern".

Lösungshinweise zu den Aufgaben

Zu Aufgabe 1: Wenn sie das Maul aufreißt, ist es eine deutsche.

Zu Aufgabe 2: Offene Aufgabe

Negativbeispiele:

- Herunterlesen

- Die Guggus-dada-Methode: Powerpoint-Folie mit weißen Rechtecken (oder OHP-Folie mit Papier) teilweise abdecken, Abdeckung zeilenweise herunterziehen. Diese Methode geht auf ein Interaktionsspiel zwischen Kleinkindern und Erwachsenen zurück: Die erwachsene Person unterbricht den Blickkontakt zum Kind und sagt „guggus". Nach einer Kunstpause wird mit „dada" der Blickkontakt wiederhergestellt. Das Kind lächelt.

Zu Aufgabe 3: Das „usw." will andeuten, dass man noch klüger ist als man ohnehin schon ist, aber der beschränkte Raum der Ellipse diese Klugheit nicht fasst.

Zu Aufgabe 4: Latein, Geometrie

Zu Aufgabe 5:

- bittersüß

- verbessertes Vernichtungspotenzial (Werbetext einer Waffenschmiede)

- Offizielle Gebührenvignette für Kleinsperrgut

- Verdichteter Schaumstoff

Zu Aufgabe 6: Beispiele:

- Kontext („Mathematik im Kontext"), ohne Angabe, in welchem Kontext die Sache steht.

- Beziehungshaltigkeit ohne Angabe des Bezugspunktes

- Nachhaltigkeit ohne Zeithorizont.

- Der IQ ist das Ergebnis des IQ-Tests.
- Der Weg ist das Ziel.
- Lernen lernen
- Hilfe zur Selbsthilfe
- Über den eigenen Schatten springen

Zu Aufgabe 7: Austen, Jane: Emma (1816), Volume 1, Chapter 3.
Der vollständige Satz lautet:

> *Mrs. Goddard was the mistress of a School – not of a seminary, or an establishment, or any thing which professed, in long sentences of refined nonsense, to combine liberal acquirements with elegant morality, upon new principles and new systems – and where young ladies for enormous pay might be screwed out of health and into vanity – but a real, honest, old-fashioned Boarding-school, where a reasonable quantity of accomplishments were sold at a reasonable price, and where girls might be sent to be out of the way, and scramble themselves into a little education, without any danger of coming back prodigies.*

Zu Aufgabe 8: Hurra, die Schule brennt!

Zu Aufgabe 9: Die Geschichte lehrt, dass wir aus der Geschichte nichts lernen.

Zu Aufgabe 10: Betreten der Baustelle verboten.

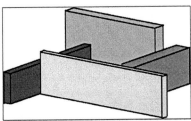

Abbildung 3: Schalung

Zu Aufgabe 11: Dante Alighieri (1265-1321), Commedia, Inferno, Canto uno.

Zu Aufgabe 12: Ich weiß es auch nicht.

Zu Aufgabe 13: Im Lande X wird die mehrgliedrige Sekundarstufe 1 durch eine Einheitsschule ersetzt (Oberstufenzentrum). Nach wenigen Jahren werden klammheimlich ein „Zug A" und ein „Zug B" eingeführt. Kennen Sie dieses Land?

Literatur

Austen, J. (1994). Emma. 1816. Penguin Popular Classics 1994. ISBN 0-14-062010-9

Dante: Commedia, Inferno, Canto I. http://www.italica.rai.it/principali/dante/testi/a_inf01.htm

Duden (1986). Rechtschreibung der deutschen Sprache und der Fremdwörter. 19., neu bearbeitete und erweiterte Auflage. Mannheim – Wien – Zürich: Dudenverlag. ISBN 3-411-20900-3

Duden (1996). Rechtschreibung der deutschen Sprache. 21., völlig neu bearbeitete und erweiterte Auflage. Mannheim – Leipzig – Wien – Zürich: Dudenverlag. ISBN 3-411-04011-4

EDK: Bildungsmonitoring Schweiz. Projektplan Bildungsbericht 2006 (Pilot). Bern: EDK, September 2004d.

EDK: HarmoS – Zielsetzungen und Konzeption. Bern: EDK, Juni 2004a. www.edk.ch/PDF_Downloads/Harmos/Harmos_Weissbuch_d.pdf

EDK: HarmoS: Lehrplanvergleich – Erstsprache. Bern: EDK, August 2004b. www.edk.ch/PDF_Downloads/Harmos/L1_d.pdf

EDK: HarmoS: Offertenausschreibung für die Entwicklung von Kompetenzmodellen. Bern: EDK, Juni 2004c.

Schweizerische Konferenz der Erziehungsdirektoren (EDK) (1998): Freiräume - Richtlinien -Treffpunkte: Mathematik während der obligatorischen Schulzeit, Bern

Geometrieunterricht konkret
Argumentieren und Beweisen
GDM-Arbeitskreis Geometrie
Tagung 2008 in Saarbrücken
12.09. bis 14.09.2008

Visuell-dynamische Puzzle-Beweise

Hans-Jürgen Elschenbroich

Zusammenfassung. Präformale, handlungsorientierte oder visuelle Beweise bieten einen schülergemäßen Ansatz, im Bereich der Geometrie das Argumentieren und Begründen zu entwickeln und zum Beweisen hinzuführen. Insbesondere das Ergänzen oder Zerlegen und neu Zusammensetzen von Zeichnungen eignet sich hierfür gut, weil es auf Alltagshandlungen der Schüler basiert. Dynamische Geometrie-Software bietet besondere, schüleraktivierende Möglichkeiten, dies umzusetzen.

Anschauliche ‚Siehe'-Beweise

In den Kategorien der Brunerschen Ebenen der Erkenntnisgewinnung (enaktiv, ikonisch, symbolisch) spielen sich die formalen Beweise auf der symbolischen Ebene ab, während die präformalen Beweise enaktiv oder ikonisch erfolgen. In der Figur bzw. in der Handlung ist dann der Beweisgedanke enthalten. Aber er muss durch Denken entfaltet werden, wie Heinrich Winter ausdrücklich betont.

> *„Wenn auch alle diese Gedanken nicht ausdrücklich ausgesprochen werden oder zu werden brauchen, so ist doch der anschauliche ‚Siehe'-Beweis nur insoweit ein Beweis, als das Sehen mit Denken (einschließlich des Erinnerns an Vorwissen) durchsetzt ist."* (Winter 1989, S. 137)

Dynamische Geometrie-Software[1] bietet dazu ein enormes didaktisches Potential. Die Aktivitäten verlagern sich von Lehrer und Tafel zu Schülern und Computer-Arbeitsplätzen[2] und durch die Dynamik des Zugmodus wird aus einem statischen Bild ein bewegtes Bild, eine kontinuierliche Bildfolge, die im Rahmen der Lernumgebung durch die Aktivitäten der Schüler gesteuert wird. Die Dynamisierung ermöglicht zum einen die Ablösung von einer speziellen Konfiguration und zum zweiten verschmelzen die ikonische und die enaktive Ebene weitgehend und öffnen sich teilweise auch in die symbolische Ebene.

So wie figurierte Zahlen schon lange Eingang in die Mathematik und den Mathematikunterricht gefunden haben, so können jetzt mit DGS „figurierte For-

---

[1] wie z.B. DynaGeo, GeoGebra, Geonext, Cinderella. Hier wurde DynaGeo genutzt.

[2] Schüleraktivierende Lernumgebungen wie elektronische Arbeitsblätter spielen dabei eine wesentliche Rolle. Multimediashows drängen die Schüler in eine bloß passive Konsumentenrolle und sollten daher vermieden werden.

meln" thematisiert werden. Wie in einem Puzzle können Figuren zerlegt oder zusammengesetzt, Flächen verschoben, gespiegelt, ergänzt, gefaltet und im Zugmodus Gesetzmäßigkeiten entdeckt und verifiziert werden. Die Betrachtung der Randfälle spielt dabei eine wichtige Rolle. Dieses gezielte Verändern und Variieren ist ein wesentlicher Aspekt des in der Meraner Reform von Felix Klein geforderten funktionalen Denkens.

„Diese Gewohnheit des funktionalen Denkens soll auch in der Geometrie durch fortwährende Betrachtung der Änderungen gepflegt werden, die die ganze Sachlage durch Größen- und Lagenänderung im einzelnen erleidet, z. B. bei der Gestaltsveränderung der Vierecke, Änderung in der gegenseitigen Lage zweier Kreise usw." (Lietzmann 1919, S. 238)

Im Folgenden wird zunächst durch Variationen einer Figur der Bogen von der ersten Binomischen Formel bis zum Satz des Pythagoras gespannt. Darüber hinaus wird gezeigt, wie man Flächeninhaltsformeln erkunden und entdecken sowie eine Optimierungsaufgabe visuell-dynamisch angehen kann.

Von der ersten Binomischen Formel ...

Die erste Binomische Formel $(a + b)^2 = a^2 + 2ab + b^2$ bereitet erfahrungsgemäß bis ins Abitur Probleme und wird immer wieder fehlerhaft als $(a + b)^2 = a^2 + b^2$ angegeben, wie am 18.11.2008 gar unkommentiert in den Tagesthemen zu sehen (vgl. Abbildung 1).

Abbildung 1: http://www.tagesschau.de/multimedia/sendung/tt980.html

Woher rührt dieser hartnäckige Fehler? Vermutlich von der Suggestivität der falschen Formel einerseits und von der fehlenden Verbindung mit einer visuellen Vorstellung andererseits. Geht man die Formel nicht algebraisch durch Ausmultiplizieren an, sondern deutet im klassisch-griechischen Sinn Produkte als Flächeninhalte von Rechtecken und Quadraten[3], so erhält man eine Figur wie in Abbildung 2.

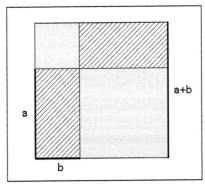

Abbildung 2: Erste Binomische Formel

Es ist offensichtlich, dass das gesamte Quadrat mit der Seitenlänge $a + b$ nicht von den Teilquadraten mit den Seitenlängen a und b ausgefüllt wird, sondern dass die beiden schraffierten Rechtecke noch fehlen.

Natürlich lässt sich diese Argumentation auch ohne DGS-Einsatz führen (und sollte auch vorab mit Schere und Papier gemacht werden). Das DGS-Arbeitsblatt kann den Erkenntnisprozess dadurch weiter vorantreiben, dass man nicht an eine starre, vorgegebene Konfiguration gebunden ist. Es lassen z. B. Teilflächen einzeln wegziehen und mittels Schieberegler a und b variieren. Dadurch können beliebig viele Fälle einschließlich Sonderfällen wie $a = b$, $a = 0$, $b = 0$ betrachtet werden. Der Einsatz „neuer" Medien ergänzt und unterstützt so den Einsatz klassischer Medien.

... zum Satz des Pythagoras

Obige Figur der ersten Binomischen Formel kann man dann dahingehend modifizieren, dass man die schraffierten Rechtecke jeweils in zwei Dreiecke zerteilt, die separat gezogen werden können (vgl. Abbildung 3 und Abbildung 4).

---

[3] Euklid: Die Elemente. II Buch, § 4

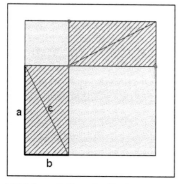
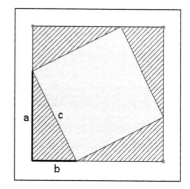

Abbildung 3: Satz des Pythagoras (1)   Abbildung 4: Satz des Pythagoras (2)

Auf diese Weise erkennt man, dass die hellgrauen, nicht-schraffierten Flächen in beiden Fällen gleichgroß sein müssen: $a^2 + b^2 = c^2$.

Während aber bei der ersten Binomischen Formel die Teilfiguren alle offensichtlich rechteckig waren und darum auch rechte Winkel nicht wirklich zur Diskussion standen, ist das in diesem Fall anders. Der Lehrer steht hier nach dem Aufstellen der Vermutung (was den Schülern in der Regel nicht schwer fällt) noch vor der Aufgabe, zunächst die Frage aufzuwerfen, ob das innere Viereck denn wirklich ein Quadrat ist (was eher selten von den Schülern selber erkannt wird). Eine zweite Aufgabe auf dem Weg zur Formulierung als mathematischen Satz besteht darin, herauszuarbeiten, dass eine hier etwas versteckte, aber wesentliche Voraussetzung darin besteht, dass a und b einen rechten Winkel bilden und a, b und c somit Seiten in einem *rechtwinkligen* Dreieck sind.

... und zu einer weiteren Binomischen Formel

Spiegelt man nun in Abbildung 4 die schraffierten Dreiecke an den jeweiligen Hypotenusen, so erhält man Abbildung 5.

Das innere Viereck hat die Seitenlängen $a - b$ (wobei a die längere Seite sei) und hat offensichtlich lauter rechte Innenwinkel, ist also ein Quadrat. Damit ergibt sich die Gleichung

$$(a + b)^2 = (a - b)^2 + 8 \cdot ab/2 \quad \text{und somit} \quad (a + b)^2 = (a - b)^2 + 4ab,$$

die man auch als „vierte Binomische Formel" bezeichnen könnte und die einen Zusammenhang zwischen der ersten und der zweiten Binomischen Formel ausdrückt. Der Zugmodus ermöglicht hier wieder das leichte Überprüfen zahlreicher Konfigurationen einschließlich der Sonderfälle $a = b$, $a = 0$, $b = 0$.

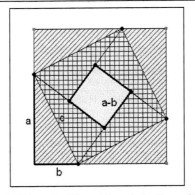

Abbildung 5: „Vierte binomische Formel"

Eine Flächenformel für das Trapez

Viele Sätze der elementaren Geometrie in der Sekundarstufe I (z. B. Innenwinkelsumme im Dreieck, Flächeninhaltsformeln für Dreieck und Vierecke, Satzgruppe des Pythagoras) lassen sich durch Puzzle-Überlegungen entdecken und begründen. Hier soll exemplarisch die Trapezfläche betrachtet werden. Je nach Ansatz kommt man dabei auf unterschiedliche Ausprägungen der Flächenformel.

Das Abschneiden und anders Anfügen von Teildreiecken der halben Höhe des Trapezes führt auf ein flächengleiches Rechteck und zur Formel $A_{Trapez} = m \cdot h$.

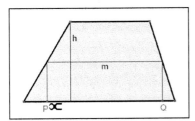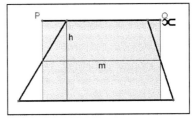

Abbildung 6: Umlegen von Teildreiecken

Ein Zerschneiden entlang der Mittellinie in zwei Teiltrapeze und anders Zusammenfügen (vgl. Abbildung 7) führt auf ein flächengleiches Parallelogramm und zur Formel

$$A_{Trapez} = (a+c) \cdot \frac{h}{2}.$$

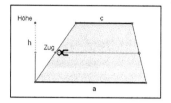 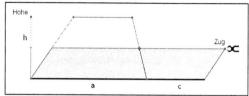

Abbildung 7: Umlegen von Teiltrapezen

Eine Optimierungsaufgabe ...

In einer typischen Optimierungsaufgabe geht es darum, einem gleichseitigen Dreieck Rechtecke wie in Abbildung 8 einzubeschreiben und dasjenige herauszufinden, das den maximalen Flächeninhalt hat.

Abbildung 8: Dem gleichseitigen Dreieck ABC wird ein Rechteck DEFG einbeschrieben

1.4 Aspekt 4: Bedingung für maximalen Flächeninhalt

Wir vereinbaren zusätzlich folgende Bezeichnungen:
Breite des Rechtecks: $b = |DG| = |EF|$,
Länge des Rechtecks: $a = |DE| = |GF|$.
Nach dem Strahlensatz notieren wir mit Blick von A aus

$$\frac{b}{h} = \frac{\frac{s}{2} - \frac{a}{2}}{\frac{s}{2}},$$

woraus

$$b = \frac{\frac{s}{2} - \frac{a}{2}}{\frac{s}{2}} h = \frac{s-a}{s} h$$

folgt.
Nach dem Satz des PYTHAGORAS gilt

$$s^2 = h^2 + \left(\frac{s}{2}\right)^2$$

oder umgeformt $h = \frac{s}{2}\sqrt{3}$.

Für den Flächeninhalt des Rechtecks gilt
$A_R = a \cdot b$.
Hier setzen wir nun die hergeleiteten Beziehungen für b und h ein und erhalten

$$A_R = a \cdot \frac{s-a}{2} \sqrt{3}.$$

Auflösen der Klammer liefert

$$A_R = -\frac{\sqrt{3}}{2} a^2 + \frac{s}{2}\sqrt{3} \cdot a.$$

Hier wird eine quadratische Funktion sichtbar, deren Graph eine nach unten geöffnete und nach rechts verschobene Parabel ist. Ihre Nullstellen liegen bei $a = 0$ und bei $a = s$.
Damit liegt der Scheitelpunkt aus Symmetriegründen bei $a = \frac{s}{2}$.

Setzt man in

$b = \frac{s-a}{s} h$ für $h = \frac{s}{2}\sqrt{3}$ und $a = \frac{s}{2}$ ein, so erhält man

$$b = \frac{\sqrt{3}}{4} s.$$

Für das Rechteck mit maximalem Flächeninhalt gilt

$$A_{R\,max} = \frac{\sqrt{3}}{8} s^2,$$

für die Fläche des Dreiecks ABC

$$A_D = \frac{1}{2} s \cdot \frac{\sqrt{3}}{2} s = \frac{\sqrt{3}}{4} s^2.$$

Das Rechteck mit maximalem Flächeninhalt füllt also exakt die Hälfte des Dreiecks.

Abbildung 9: Ausschnitt aus Engel (2007)

Der in Abbildung 9 dargestellte Beweisgang ist sicher korrekt. Aber ist er schülergemäß? Würde er so von Schülern selbst gefunden und durchgeführt? Hilft er zu verstehen, warum das so sein muss?

Ein geometrisches Herangehen bietet eine Chance, visuell und dynamisch zu arbeiten und gleichzeitig mit der Lösung des Problems auch die Frage „*Warum* ist das so?" zu klären. Durch den visuell-dynamischen Ansatz können auch diejenigen Schüler mitgenommen werden, die auf dem formalen, algebraischen Weg nicht mitkommen würden.

... wird schrittweise dynamisiert

Mit einfachen Flächenumformungen kann zunächst das Ausgangsproblem transformiert werden (vgl. Abbildung 10).

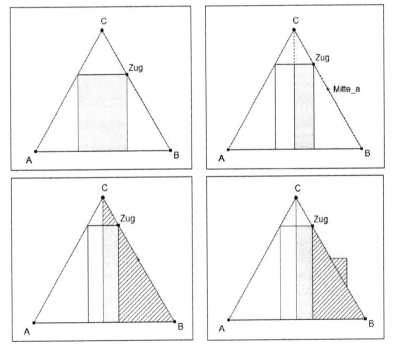

Abbildung 10: Ausgangsproblem durch Flächenumformungen transformieren (1)

Es reicht aus Symmetriegründen, sich auf die Hälfte des Dreiecks zu beziehen und den Zug-Punkt nur auf der oberen Hälfte von *a* zu variieren. Die graue

Rechtecksfläche wird dann maximal, wenn die schraffierten Dreiecke zusammen minimalen Flächeninhalt haben.

Man transformiert jetzt das obere schraffierte Dreieck durch Drehen und Verschieben an den Mittelpunkt von *a* (jetzt kariert). Das schraffierte untere Dreieck lässt sich nun in ein Dreieck unterteilen, das immer konstant bleibt, und in ein Trapez (siehe Abbildung 11).

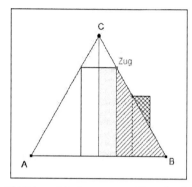 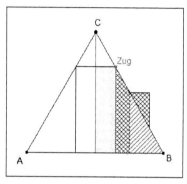

Abbildung 11: Ausgangsproblem durch Flächenumformungen transformieren (2)

Transformiert man jetzt noch das karierte Trapez, so erkennt man, dass die Flächen zusammen ein konstantes Rechteck mit einem aufgesetzten veränderlichen kleinen Rechteck bilden. Das ursprüngliche, einbeschriebene Rechteck ist somit maximal, wenn die hervorgehobene, aufgesetzte rechteckige Fläche minimal wird, siehe Abbildung 12. Das ist offensichtlich der Fall, wenn der Zug-Punkt in der Mitte von *a* liegt!

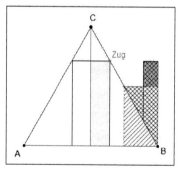

Abbildung 12: Ergebnis der Flächentransformation

Die geometrische Bearbeitungsweise führt zu einem Perspektivwechsel, der aber nicht das Problem in ein anderes gleichschweres überführt, sondern es vereinfacht. Es soll nicht mehr die Ausgangsfläche maximiert werden, sondern die Restfläche ist zu minimieren. Dies tritt (nach Umpuzzeln) offensichtlich in einem Randfall ein, nämlich wenn der Zug-Punkt in der Mitte der Seite a liegt. Damit das ursprüngliche Problem in visuell-dynamischer Weise gelöst!

Anders als bei den Beispielen rund um die Binomische Formel werden hier alte Medien (Papier und Schere) nicht mit den neuen Medien (DGS) konkurrieren. Die Dynamik bietet hier nicht nur ein Sahnehäubchen zu bekannten Visualisierungen, sondern ist essentiell. Nur im Zugmodus können die Schüler durch ihre eigenen Aktivitäten entdecken, was es mit dem Maximieren/Minimieren auf sich hat!

Eine Erweiterung

Am Ende kann mit dieser Art des Herangehens auch die Fragestellung öffnen, nämlich ob die Einschränkung, dass das umgebende Dreieck *gleichseitig* sein muss, überhaupt nötig ist.

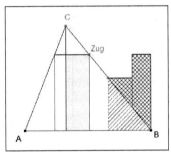

Abbildung 13: Eine Erweiterung

Diese erweiterte Fragstellung kann in der gleichen Weise mit DGS bearbeitet und beantwortet werden!

Beweis?

Immer wieder wird die Frage aufgeworfen: Was ist ein Beweis? Wann ist ein „Beweis" ein Beweis? Welche Rolle spielt die Anschauung? Wo ist die Grenze zwischen plausiblem Argumentieren und korrektem Beweisen? Welche Stellung hat das Beweisen heute im Mathematikunterricht? Dies kann und soll im Rahmen dieses Artikels nicht ausgelotet oder gar beantwortet werden. Hier geht es nur um die Rolle und das didaktische Potential von DGS im Unterricht der Sekundarstufe I.

Freudenthal stellte schon fest, „daß eine Zeichnung an und für sich nichts beweist, wussten die Griechen natürlich auch schon vor Euklid. [...] Die ideale Zeichnung wäre dagegen wohl beweiskräftig." Korrekt konstruierte, zugfeste DGS-Figuren sind heutzutage solche idealen Zeichnungen im Freudenthalschen Sinne. Sie sind für sich genommen noch kein Beweis, aber eben beweiskräftig und zwar werden sie dies durch die Handlungen der Schüler im Zugmodus und die Erkenntnisse und Argumentationen aufgrund dieser Handlungen.

Durch den Einsatz von geeigneten DGS-Dateien können Handlungen, die vordem im Kopf, vor dem geistigen Auge stattfinden mussten, nun real auf dem Bildschirm durchgeführt, nach Belieben wiederholt und untersucht werden. Starre Bilder werden beweglich, es müssen nicht mehr aufwändige Lehrfilme durch den Lehrer vorgeführt werden, sondern sie laufen jetzt schülergesteuert auf den Bildschirmen. Ein Beweis auf Schulniveau ist „eine nicht durch rationale Argumentationen zu erschütternde Antwort auf die Frage nach dem ‚Warum'." (Elschenbroich, 2002)

Ein visuell-dynamischer Beweis mit DGS ist ganzheitlich, er beinhaltet in der Figur die Aussage und die Begründung. Im Zugmodus wird der Sachverhalt im Arnheimschen Sinne „als allgemein verstanden", man bekommt „ein tieferes Verständnis für die Idealität der geometrischen Figur, die eben noch etwas anderes ist als eine bloß retouchierte visuell wahrnehmbare Zeichnung", wie Strunz es schon 1968 forderte.

Damit ist auch eine Grenze klar: Das bloße Messen der Winkelsumme im Dreieck in einem Termfenster beim Variieren des Dreiecks oder das bloße Messen der Flächeninhalte der Quadrate über den Katheten eines rechtwinkligen Dreiecks und ihr Vergleich mit dem Flächeninhalt des Hypotenusenquadrats führt zwar zu einer sinnvollen Vermutung, aber nicht zu einem noch so präformalem Beweis.

Fazit

Lernumgebungen in Form von DGS-Arbeitsblättern dynamisieren klassische Visualisierungen und ermöglichen neuartige dynamische Visualisierungen. Sie können eine Realisierung einer „idealen Zeichnung" sein. Sie helfen beim Finden und Überprüfen von Vermutungen und bieten – sinnvoll aufgebaut – Wege zur Erarbeitung tragfähiger Argumentationen.

Sie fördern die Schülerorientierung und bieten eine sichere Arbeitsbasis für Schüler und Lehrer. Sie bieten die Chance, statt verfrühter formal korrekt vorgeführter, aber zu oft unverstandener Beweise des Lehrers an der Tafel auf eigenen Handlungen und eigenen Bildern aufbauende Argumentationen zu entwickeln.

Dies geschieht aber nicht im Selbstlauf. Nicht jedes DGS-Arbeitsblatt ist dazu geeignet! Die Ersteller von DGS-Arbeitsblättern stehen vor der großen Aufgabe, Lernumgebungen so zu gestalten, dass die Schüler zu Vermutungen, Erkenntnissen und eben durch rationale Argumentationen nicht zu erschütternden Argumenten gelangen. Eine gewisse Führung (guided discovery learning) ist hierbei unumgänglich! Auch ist darauf zu achten, dass das visuelle Potential nicht in bloß multimedialer Illustration mündet, die man passiv wie im Film konsumiert, sondern als Basis für die Eigenaktivität der Schüler dient

Literatur

Arnheim, R. (1972). Anschauliches Denken. Zur Einheit von Bild und Begriff. Köln, DuMont Schauberg.

Bender, P. (1989). Anschauliches Beweisen im Geometrieunterricht – unter besonderer Berücksichtigung von (stetigen) Bewegungen bzw. Verformungen. In: Kautschitsch/ Metzler (hrsg.): Anschauliches Beweisen. Hölder-Pichler-Tempsky, Wien

Elschenbroich, , H.-J. (2009). Visuell dynamische Puzzles. Erscheint in mathematik lehren 155: Beweisen und Begründen.

Elschenbroich, H.-J./ Seebach, G.. Dynamisch Geometrie entdecken. Elektronische Arbeitsblätter, Klasse 5-10, CoTec

Elschenbroich, H.-J./ Seebach, G. (2007). Geometrie erkunden. In: mathematik lehren Heft 144, S. 4-8

Elschenbroich, H.-J. (2005). Mit Dynamischer Geometrie argumentieren und beweisen. In: Barzel/ Hußmann/ Leuders (Hrsg.). Computer, Internet & Co im Mathematik-Unterricht. Cornelsen Scriptor

Elschenbroich, H.-J. (2002). Visuell-dynamisches Beweisen. In: ml 110, S. 56-59

Elschenbroich, H.-J. (2001). DGS als Werkzeug zum präformalen, visuellen Beweisen. In: Elschenbroich/ Gawlick/ Henn: Zeichnung - Figur - Zugfigur. Franzbecker, Hildesheim 2001. S. 41-53

Elschenbroich, H.-J. (1997). Dynamische Geometrieprogramme: Tod des Beweisens oder Entwicklung einer neuen Beweiskultur? In: MNU 50/8, S. 494-497

Elschenbroich, H.-J. (2001). Lehren und Lernen mit interaktiven Arbeitsblättern. Dynamik als Unterrichtsprinzip. In: Herget/ Sommer (Hrsg.): Lernen im Mathematikunterricht mit neuen Medien. Franzbecker, Hildesheim 2001.

Engel, M. (2007). Vernetzen mathematischer Inhalte und Strukturen. In: MNU 7/2007

Freudenthal, H. (1986). Was beweist die Zeichnung? In mathematik lehren 17 S. 50-51

Kadunz, G./ Sträßer, R. (2008). Didaktik der Geometrie in der Sekundarstufe. Franzbecker, Hildesheim

Strunz, K. (1968). Der neue Mathematikunterricht in pädagogisch-psychologischer Sicht. Quelle & Meyer, Heidelberg

Lietzmann, W. (1919). Methodik des mathematischen Unterrichts. I. Teil. Quelle & Meyer, Leipzig

Winter, H. (1989). Entdeckendes Lernen im Mathematikunterricht. Vieweg, Braunschweig

Vom Begründensollen zum Vermutenwollen
– Heinrich Winter zum 80. Geburtstag –

Lutz Führer

Zusammenfassung. Auf Anstrengungen zum stufengemäßen „Beweisen"lehren sollte in keiner allgemeinbildenden Schule ohne Not verzichtet werden, weil der Mathematikunterricht wie kein anderer zeigen kann, was systematisches Argumentieren ausmacht. Zu den altbekannten Mühseligkeiten des Beweisenlehrens wachsen jedoch seit einiger Zeit schulische und soziale Rahmenprobleme, die das Begründensollen immer mehr als Zumutung für Lernende und das systematische Ordnen als Zeitvergeudung für Lehrende erscheinen lassen. Um dem elastisch zu begegnen, empfiehlt es sich, das (Nach-) Entdecken von Regelhaftigkeiten oder Besonderheiten stärker in den Vordergrund zu rücken und das Beweisen vorgreifend in die Satzentwicklung zu integrieren.

„Begründensollen" – Teil 1

Zeitlos gültige Beweise sind Markenzeichen der Mathematik. Sie verdienen als geistige Schöpfungen und Konzentrationsleistungen gewiss Bewunderung. Für den öffentlichen Unterricht bräuchte freilich die Kunst des Beweisens keine ausgezeichnete Rolle vor anderen Künsten zu spielen, beruhte sie nicht auf einem besonderen, gesellschaftsrelevanten Berufsethos, dem des Beweisenwollens. An dieser Haltung als Vorbild muss öffentliche Erziehung umso mehr interessiert sein, als es ihr um aufgeklärt-vernünftigen Umgang aller Bürger miteinander geht. Nimmt man, wie von H. N. Jahnke immer wieder gefordert, mathematisches Beweisen als Verflechten des Behaupteten mit einem oder mehreren einschlägigen systematischen Zusammenhängen, dann wird deutlich, warum Herbart dem modernen Schulwesen Mathematikunterricht als Sachwalter des „speculativen Interesses" ins Stammbuch geschrieben hat.

> *„Das geistige Interesse äussert sich in drei verschiedenen Richtungen. Es ist entweder 1) ein empirisches, oder 2) ein [Einzelfälle ergründendes und über-] denkendes, oder 3) ein speculatives. [...] Das speculative Interesse endlich strebt darnach, alles Einzelne zu einem Ganzen zusammen zu fassen, aus dem Einzelnen ein Ganzes zu construiren, in welchem das Zerstreute seinen bestimmten Platz findet und in seiner wahren Bedeutung erkannt wird. Und die so gewonnenen Resultate werden ununterbrochen demselben Process von neuem unterworfen, um aus ihnen wieder ein neues Ganzes zu finden."* (Meyer 1873, S. 29f)

Bei Herbart selbst heißt es:

„Spekulation [...] ist die Nachweisung eines notwendigen Zusammenhangs unter Begriffen." (Herbart: Über philosophisches Studium, 1807; zit. n. Blaß 1976, S. 71)

Und er meinte hier mit „Begriffen" zweifellos relationale, assoziativ verknüpfte Begriffsfelder, nicht einfach Bezeichnungen, die man in einer Unterrichtsstunde mal eben schnell „einführen" könnte.

Auch wenn wir der Persönlichkeitsbildung Herbarts und seinem Tugendideal nach einigen bösen Enttäuschungen skeptisch begegnen, muss wohl zugestanden werden, dass inzwischen kein besseres Erziehungskonzept gefunden wurde, als möglichst alle Gefühls- und Erkenntnisinteressen zu wecken und in eine „gleichschwebend-harmonisch-soziale" Haltung zu integrieren. Was Anderes sollte öffentliche Erziehung zu einer demokratischen Gesellschaft wollen? Und nur so, scheint mir, lässt sich steuerfinanzierter Mathematikunterricht jenseits irgendwelcher Aktualformen von Bürgerlichem Rechnen und Berechnen rechtfertigen, incl. des Begründensollens vom 1. Schuljahr an (Winter 1983, S. 85). – Man vergleiche nur Heymanns Begründungsnöte (1996) für Mathematikunterricht nach dem 7. Schuljahr; ganz zu schweigen vom aktuellen Kompetenzgemesse der KMK im Ungeiste des soeben gescheiterten CashValue-Denkens.

Verordnete Beweiserei

Ein Beispiel aus Unterrichtsbesuchen:

Ref'in. X teilt ein Arbeitsblatt mit sechs verschiedenen Dreiecken aus. Die Fünftklässler/innen sollen die Innenwinkel messen und zusammenzählen. Fast alle bekommen 180° heraus. Aber es gibt drei Abweichungen: 178°, 180,5° und 181°. Ref'in. X fordert zur Diskussion dieser Resultate auf, lässt dann abstimmen und fügt der Vereinbarung im rot umrandeten Merkkasten *„Wir wollen fortan ... 180."* einen fachwissenschaftlichen Segen vom Hörensagen hinzu.

Auf die anschließende Frage des Besuchers, warum und was die Kinder hier lernen sollten, antwortet statt der Ref'in. X ihr Fachlehrer-Mentor Y, nicht ohne Stolz: *„So können wir Zeit sparen und die wichtigen Winkelaufgaben schon früher rechnen. Das hat sich bei mir immer bewährt."*

Wie ich hörte, haben Kollegen sehr Ähnliches beobachtet und dann die nämliche Erfahrung gemacht: Versuche, die „alle Wirklichkeit" in Wahrnehmung und Denken normativ strukturierende Funktion des Winkelsummensatzes (oder des gleichwertigen Parallelenaxioms) zu verteidigen, wurden als Aufforderung zur Unterwerfung unter unseren didaktischen Geschmack verstanden. Leider gilt:

„Von dem so stark hervorgehobenen epistemologischen Status des Satzes bliebe jedenfalls nichts übrig, wenn er, wie vielfach üblich, einfach nur durch Messung verifiziert würde." (Kroll 1994, S. 94)

Das wird nicht viel besser, wenn man Schüler am Nasenring in Richtung eines klassischen Beweises zottelt:

„... Dabei müssen durchaus die Schüler nicht auf jede Vermutung selbst kommen. Auch eine geeignete Anleitung kann ein Ausgangspunkt für Entdeckungen und Erfahrungen sein. Das folgende Beispiel verdeutlicht dies beim Satz von der Winkelsumme im Dreieck. Es handelt sich dabei um ein ausformuliertes Lösungsbeispiel, das in seinen einzelnen Schritten selbstständig von den Schülern bearbeitet werden kann [...].

Das Problem: Alex and Chris haben verschiedene Dreiecke gezeichnet, jeweils die drei Winkel gemessen und ihre Summe bestimmt. Beide stellen überrascht fest, dass sie immer den Wert 180° bekamen. Sie glauben, dass das kein Zufall sein kann und vermuten: »In jedem Dreieck beträgt die Summe der Innenwinkel 180°.«

(1) Das Problem wird untersucht:

Man braucht: eine Schere, ein Geodreieck, ein paar Blätter Papier.

(a) Zeichne ein Dreieck ABC, bezeichne seine Winkel mit α, β, und γ. Miss die Größen dieser Winkel. Wie groß ist ihre Summe? Schreibe das Ergebnis auf. Wiederhole das Experiment mehrmals. Schreibe alle Ergebnisse auf.

(b) Zeichne ein Dreieck ABC, bezeichne seine Winkel mit α, β, und γ. Nimm die Schere, schneide es aus, reiß die Ecken ab und füge sie zu einem neuen Winkel aneinander. Wie groß ist dieser Winkel vermutlich? Schreibe das Ergebnis auf. Wiederhole das Experiment mehrmals. Schreibe alle Ergebnisse auf.

(c) Zeichne ein Dreieck ABC, bezeichne seine Winkel mit α, β, und γ. Nimm die Schere, schneide es aus. Schneide noch ein paar Dreiecke aus, die kongruent zum Dreieck ABC sind. Setze sie so zusammen, dass unten eine gerade Linie entsteht.

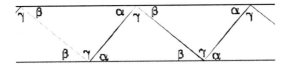

Offensichtlich entsteht dann auch oben eine gerade Linie. Die Vermutung liegt nahe, dass man mit kongruenten Dreiecken die Ebene parkettieren

kann, die Dreiecke also insbesondere beim Aneinanderlegen keine Lücken lassen.

Alle Experimente lassen vermuten, dass die Summe aller Winkel (und das sind die Innenwinkel) in einem beliebigen Dreieck 180° beträgt.

(2) Man erhält eine Vermutung: Ist ABC ein Dreieck mit den Winkeln α, β, und γ, dann ist α + β + γ = 180°. [...]

Methodisch bietet es sich daher an, auch bei der Entwicklung von Argumenten und Beweisschritten weitgehend die Schülerinnen und Schülern zu selbstständigem Arbeiten anzuregen.

In Bezug auf das Lösungsbeispiel heißt das also etwa zu klären, was man über Winkel und über Dreiecke weiß. Diese Informationen werden gesammelt. Auch ein Mathematiker weiß nicht von vorneherein, welche Argumente in einem bestimmten Beweis benutzt werden können. Diese Erfahrung sollten auch Schüler machen. Konkret könnten dabei etwa folgende Aspekte zusammen getragen werden:

- *eine gerade Linie überspannt einen Winkel von 180°.*
- *Scheitelwinkel sind kongruent.*
- *Stufenwinkel an parallelen Geraden sind kongruent.*
- *Wechselwinkel an parallelen Geraden sind kongruent.*

Vergleicht man diese Aussagen und die Ergebnisse der Experimente, dann kann dies zu einer Beweisidee führen.

(3) Beweisidee: Eine gerade Linie überspannt einen Winkel von 180°. Entsprechend müsste man zeigen, dass die Winkel in einem beliebigen Dreieck kongruent zu (passenden) Winkeln sind, die sich zu einer geraden Linie zusammen setzen lassen.

(4) Beweis der Vermutung: ... " (Hier folgt dann der klassische Beweis. Reiss 2002, S. 24-26; engl. in Reiss/Renkl 2002)

Das hier geschilderte Vorgehen ist trotz des marktschreierischen Titels „self-explaining heuristic worked-out example" (Reiss u.a. 2008, S. 457) keineswegs neu, sondern eher typisch für Schrittfolgen in Schulbüchern. So findet es sich z. B. schon fast wörtlich 1939 im „Holzmüller-von der Seipen" und dort noch mit zwei bemerkenswerten Ergänzungen: Nach einer Tabelle zum Arbeitsauftrag (a) wird als (b) erst noch das Messen abgesteckter Dreieckswinkel auf dem Schulhof verlangt, bevor es zum Eckenabreißen (c) und Aneinanderlegen (d) geht, und in einer Fußnote vor dem „eigentlichen" Beweis wird auf dessen Motiv hingewiesen, die Unzulänglichkeiten realen Messens durch „rein gedankliches Begründen" zu übersteigen (vgl. die Fotokopie in Reichmann 2008, S. 331).

E. Röhrl, seinerzeit ein besonderer Kenner des deutschen Schulverlagswesens, hat 1980 deutlich gemacht, warum solche lehrbuchartigen Bedienungsanleitungen zum Denkenlernen ihr gut gemeintes Ziel verfehlen müssen. Sie übten unvermeidlich „Erfahrungszensur" aus, zerdröselten vieles notgedrungen in kleinste Schritte und täuschten irreführend vor, die Bedeutung einer Sache sei proportional zum literarischen Aufwand, sie mitzuteilen. Erkundungen in Muße und alle Entdeckerfreuden entzögen sich nun einmal dem (Fach-) Literaturbetrieb:

„Ist es im Mathematikunterricht nicht die Aufgabe höchsten Ranges, die Schüler das Beweisen zu lehren?

Nein – sie ist es nicht! Es gibt eine Tätigkeit, die noch höher steht – und zu der das Schulbuch, wie es heute ist, nicht anzuspornen versteht: Das ist das Selber-auf-die-Suche-Gehen ... neugierig werden ... hoffen, dass man zu etwas kommt ... mit dem Weggefährten sich verbunden wissen ... einer Vermutung folgen und Ausdauer haben ... Vermutetes mit eigener Kraft aufklären ... die Freude gemeinsam genießen." (Röhrl 1980, S. 35)

Die vielfach berichteten schlechten Erfahrungen mit dem Beweisenlehren sind in diesem Sinne gewiss auch zu bemerkenswerten Teilen literarischen Vermittlungsformen geschuldet, ihrer Verbreitung über unselbstständige Lehre und Beobachtungsverzerrungen durch positivistische Erfolgserwartungen. Vor das Begründenkönnen ist nun einmal das Begründenwollen gesetzt, wie Heinrich Winter 1983 sehr eindrucksvoll dargelegt hat. Insofern Winters Rede vom „Beweisbedürfnis" (ein unglücklicher Ausdruck der viel älteren Reformdidaktik) auf anzuziehende Disposition und soziale Handlungsbereitschaft abzielt, also auf „Tugend" und „Moralität der Sittlichkeit" in Herbarts Ausdrucksweise, entzieht sich geeigneter Unterricht der Programmierung, der Messung und – wegen seiner Langfristigkeit – auch der Beobachtung. Haltungsvermittlung passt nicht zu Kompetenzorientierung, denn sie spielt sich im intimen pädagogischen Bezug jenseits des Operationalisierbaren ab. Man kann Dispositionen und Intentionen immer nur metaphorisch vermitteln und nachträglich vermuten wollen.

Beweise sollen klüger machen ...

„Ein guter Beweis ist ein Beweis, der uns klüger macht", soll Yuri Manin gesagt haben (Mormann 1981, S. 139 und 164). Die oben zitierten „präformalen" Anläufe (a) bis (d) zum Winkelsummensatz von Holzmüller u. a. leisten das gewiss in unterschiedlichem Maße. Sie binden den Satz auch in ganz unterschiedliche Kontexte ein. Aber man sagt es den Schülern nicht. Stattdessen wird die übliche Hierarchie suggeriert: vom Entdecken zum Vermuten, von dort zur empirischen Gewissheit und schließlich (?) über irgendeinen formalen Beweis zur glanzvoll überirdisch-überzeitlichen Wahrheit:

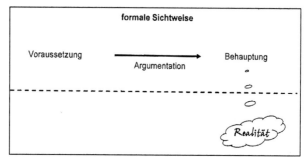

Abbildung 1: Formale Sichtweise

Walsch (1975; S. 331) und Winter (1983) haben ausführlich begründet, warum die unterschwellige Diskreditierung des Anschaulichen und Empirischen didaktisch bedenklich und teilweise auch irreführend ist. Dem wäre noch hinzuzufügen, dass sich die obere Bildhälfte keineswegs im platonischen Ideenhimmel abspielt, sondern in derselben, nur scheinbar untergeordneten Realität.

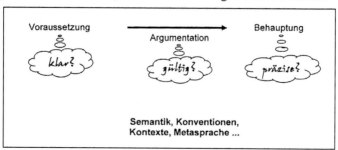

Abbildung 2: Semantik, Konvetion, Kontexte, Metasprache ...

Die nächste Grafik soll den in Wahrheit prozesshaften Zusammenhang andeuten, auf den oben schon im Zitat von Meyer (1873) angespielt wurde und den H. N. Jahnke (2007) wieder herausgearbeitet und in Beziehung zum sehr ähnlichen, bei Unterrichtsforschern modischen „vollen" Toulminschen Argumentationsschema gesetzt hat (Jahnke 2008; Toulmin 1958/1996; Teach Sam 1999/2000):

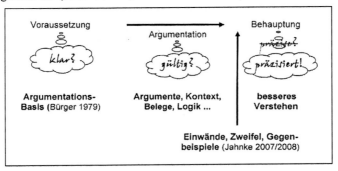

Abbildung 3: Einwände, Zweifel, Gegenbeispiele

Durch formales Beweisen wird man nicht unbedingt klüger! Warum sollen Schüler noch die Kapitel (2) bis (4) im „worked-out example" durchleiden?

Es fällt auf, dass die erwähnten präformalen, teilweise kaum mathematisierbaren Aktivitäten affirmativ sind und die vorgebliche Beobachtung von Chris und Alex nur zu bestätigen scheinen. Falls beim wirklichen Eckenabreißen, Zusammenschieben oder Schulhofmessen einzelne Schüler aus der suggerierten Reihe tanzen sollten, dürfte in der landläufigen Praxis wie im Referendarbeispiel verfahren werden, oder die Abweichungen freundlich-geduldig zurecht gemessen. Klüger wird man durch das formale Ritual am Ende nicht, denn Zweifel als Motiv zum Transzendieren sind nicht eingeplant; ein systematischer Zusammenhang ist noch nirgends zu sehen; und wirklich große oder mikroskopisch kleine, unmessbare Dreiecke sind nicht zufällig ausgeblendet. Man denke – um im messtechnischen Horizont von Siebentklässlern zu bleiben – z. B. an Aristarchs mathematisch brillante, physikalisch höchst delikate Untersuchung des rechtwinkligen Erde-Halbmond-Sonne-Dreiecks (van der Waerden 1966, S. 336-339) oder an die Tunnelkonstruktion des Epaulinos um 530 v. Chr. (ebenda, S. 168-172, sowie Kienast 1987) oder an die unmerkliche Horizontalenabweichung, die der römischen Wasserleitung von Waldrach nach Trier mit 25 tsd. Litern pro Tag zugrunde lag (Böhme 1998). Wie steht es mit sehr großen Dreiecken, mit sehr kleinen Winkeln? Ist es überhaupt möglich, dass irgendein Dreieck eine andere Winkelsumme hat als 180°?

Gauß hat bei der berühmten Messung zwischen den Gipfeln von Brocken, Hohem Hagen und Inselsberg nach allen Reduktionen etwa 15" über 180° herausbekommen und das nicht als ausreichenden Widerspruch zu 180° angesehen (Führer 1997, S. 262 f.; Abb. verändert nach Reidt/ Wolff/Athen 1965, S. 326). In Führer 1984 (etwas gekürzt in Führer 1997, S. 259-261) habe ich aus einer wirklichen Wiederholungsstunde berichtet, in der – im Sinne der „Processunterwerfung" und Behauptungspräzisierung – Tibauts Umlaufsbeweis auf der Erdoberfläche zu größeren Winkelsummen führte (vgl. Lietzmann 1912, S. 6f).

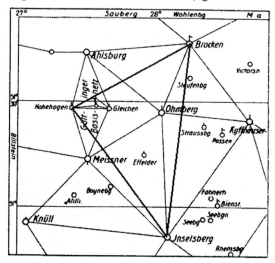

Abbildung 4: Gauß: Messung der Innenwinkelsumme im Dreieck

Erst mögliche oder auch nur angedachte Störungen der vermeintlichen Regel führen zu einer bewusste(re)n Verankerung, Verflechtung und Wechselwirkung des lokal, empirisch-theoretisch Eingesehenen mit einer globalen Theorielandschaft, die als „speculatives" Modell Wirklichkeit spiegeln, verallgemeinernd erklären und kontrastieren soll. Rolf Keppler, immerhin lebender Abkomme des großen Johannes Kepler, behauptet allen Ernstes, eine Präzisionsmessung in Florida 1897 habe eine negative Erdkrümmung nachgewiesen, und damit die sog. „Hohlwelttheorie", nach der wir im nichteuklidischen Innenraum einer Sphäre lebten (Keppler o. J.; Sexl 1983). Bespricht man Kepplers Behauptungen im Unterricht, so lassen sich natürlich mancherlei Fragen und Bedenken zum Messverfahren artikulieren, die die Sache rasch infrage stellen. Viel fruchtbarer ist aber eine „Metareflexion" der vorgebrachten Argumentationsversuche: Womit und warum verteidigten wir die euklidische Geometrie mit den geraden Parallelen und den 180°-Dreiecken so eifrig?

„Begründensollen" – Teil 2

In den weiteren Überlegungen möchte ich das soeben erläuterte zeitgemäßere und dynamischere Beweisverständnis voraussetzen, auch weil ich glaube, dass es die pädagogische Alltagsaufgabe erleichtern kann, rationales Begründen einzuüben und – hoffentlich, irgendwann – in eine Tugend zu überführen. Das Begründen soll ja im Unterricht möglichst allen zur Gewohnheit werden, auch Unmotivierten und Unmotivierbaren. Bürger forderte zusätzlich:

> *„Das Reden und das Reflektieren über das Beweisen ist an sich ein wesentliches Thema in einem Mathematikunterricht, in dem bewiesen wird, unabhängig von der Absicht, Schüler zu motivieren."* (Bürger 1979, S. 129)

Bürger räumte aber zwei Seiten später auch ein, dass „gewisse Schülergruppen durch bestimmte Beweisniveaus grundsätzlich überfordert" werden könnten, und dann „sollten an diese Schüler solche Anforderungen nicht gestellt werden". Bevor der Lehrer dieses Recht zur Resignation in Anspruch nehme, müsse freilich vieles versucht werden, um Mängeln „der gesamten Schulsituation" und „schulsoziologischen Gründen" durch bessere Unterrichtsführung zu begegnen. Viel wichtiger als „Motivation" sind dabei, meine ich, „pädagogischer Tact" (Herbart), Einfühlungs-, Differenzierungsvermögen, elementarmathematische Entdeckerfreude und Zutrauen zu Schülermöglichkeiten („Pygmalioneffekt"). (Überhaupt täte es unseren Schulen gut, nach hundert Jahren Reformpädagogik „vom Kinde aus" auch wieder ein wenig über Lehrermotivation nachzudenken.)

Das folgende Beispiel soll nur einen der gangbaren Wege für das 6. oder 7. Schuljahr skizzieren. Ich habe ihn mir als Referendar bei einem begnadeten Lehrer abgeschaut und fast zwanzig Jahre im Gymnasial-, Gesamtschul- und Seminarunterricht mit recht erfreulichen Ergebnissen variiert.

Sobald mittels Tangrammen, Papierfalten und geometrischer Symbolik bescheidene Grundkenntnisse über Bezeichnungen, Dreieckswinkel und –flächeninhalte vermittelt waren, kamen immer wieder Aufgaben aus der zauberhaften Eigenmann-Sammlung ins Spiel. Derartig „ikonisch" formulierte Aufgaben lassen dem Unterricht besonders viele Differenzierungsmöglichkeiten hinsichtlich Sprach- und Anspruchsniveaus, ohne ihn mit immer neuen Erläuterungen zu befrachten. Die 1. Aufgabe mag das illustrieren: Mit *„w"* sind auch bei allen späteren Aufgaben Winkelhalbierende gemeint, und mit Bögen stets Kreisbögen um die passend ausgezeichneten Mittelpunkte. Für Geometrie-Anfänger ist es gar nicht so offensichtlich, welcher Winkel hier mit w halbiert wird. Aber das macht gar nichts. Im Gegenteil: Wer für seine Lösung gut argumentiert, kann Recht bekommen, jedenfalls in Mathematik!

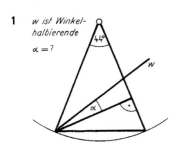

1   w ist Winkelhalbierende

$\alpha = ?$

Ob dann nur 23° und 12° richtig sind (letzteres steht als Lösung im Buch), oder auch 22°, 22,5°, 23,7°, 11° usw., hängt vom schon erreichten Niveau ab. Zunächst wird vielleicht nur halbwegs sorgfältig abgezeichnet und nachgemessen. (Das ist bei späteren Aufgaben gar nicht einfach, wenn die Reihenfolge oder Querbedingungen unklar sind.) Manche Schüler haben damit auch hier schon Probleme, andere sollen ihnen freihändig Bedienungsanleitungen zeichnen („Lösungscomics"):

Abbildung 5: Lösungscomic (1)

Das geht auch für „rechnerische" Lösungen (skizzengestützte „Analysis"):

Abbildung 6: Lösungscomic (2)

Sobald daraus nonverbale Konstruktionsbeschreibungen werden, merken viele Schüler rasch selbst, dass man die Konstruktion von Mittelsenkrechten, Höhen, Winkel- oder Seitenhalbierenden nicht jedes Mal wieder beschreiben muss, wenn man dafür „Makros" oder „Module" mit suggestiven Namen erfindet. So wird unter der Hand deutlich, wo Fachsprache nützlich ist und warum gute sprachlich-symbolische Repräsentationen Übersicht erleichtern...

Die folgenden Stichworte mögen die vielfältigen Möglichkeiten andeuten:

- zeichnerische oder rechnerische Lösung (zunächst) frei
- verdeckter Lösungsanschrieb: Jemand beschreibt seine Hausaufgabenlösung. Ein Mitschüler soll freihändig hinter einem Tafelflügel oder auf eine Overhead-Folie bei ausgeschaltetem Projektor mitzeichnen, die anderen zeichnen in ihr Heft. Am Ende wird verglichen und über Missverständnisse gesprochen...
- approximative Aufgaben und Lösungen: „Wie gut ist ...?"
- Lösungsvarianten, unvollständige oder falsche Lösungsvorlagen...

- Papierfaltmodelle, räumliche Interpretation der Linien in der Aufgabe...
- unterbestimmte Aufgaben: „Was wäre, wenn an der Spitze nicht 44°, sondern ... stünden?" (funktionale Kinematisierung; früher: „Determination")
- überbestimmt abgewandelte Aufgaben („Warum kann es nie gehen?")
- „Was ist der Trick beim Lösen?" (schrittweise explizitere Heuristik; z. B. Hilfslinien zwischen noch unverbundenen Punkten, „ähnliche" Aufgaben oder Sätze, Symmetrisierung, vorübergehendes Vereinfachen ...)

Es ist klar, dass derartiger Unterricht Zeit braucht, viel Zeit, und Muße. Aber er führt eben auch manche/n über Reproduktions- und Reorganisationsleistungen hinaus, wie auch die Erfahrung von Berufsanfängern immer wieder zeigte, und zwar umso mehr Schüler, je geduldiger Lehrer, Klasse und Vorschriften waren.

„Vermutenwollen" – Teil 1: Freudenthals Taschentuch

Es ist ja im allgemeinen nicht wahr, was kürzlich behauptet wurde: Beweise seien die eigentlichen Träger des mathematischen Wissens (Hanna/Barbeau 2008). Man denke nur einmal an den Pythagorassatz. Welcher der unzähligen Beweise könnte Schüler wirklich klüger machen? Mathematik lebt von einem semantischen Reigen, den Voraussetzungen, Argumentationen, Beweise und Neuverstehen aufführen, nicht von Konserven. Noch einmal sei diesbzgl. auf Meyer 1873 und auf Jahnkes Arbeiten zum Beweisen verwiesen. Wo Mathematik in Fähigkeiten überführt werden soll, gewissermaßen in aktivierbaren und nicht nur passiven Gedankenvorrat, da ist der Weg wichtiger als das Ziel. (Das heute – jedenfalls vorgeblich – stark favorisierte Mathematisieren ist immer nur Teil davon.) Dass der Weg das Ziel sei, gilt mindestens für den nichthandwerklichen, formalbildenden (= mental formenden) Teil des Geometrieunterrichts an allgemeinbildenden Schulen.

Eine sehr mächtige Form der mathematischen Wissenserweiterung ist das Verallgemeinern, besser: das kontrollierte Verallgemeinern. In den Variationen zu Eigenmann-Aufgaben klang das schon an. Hier sei es zusätzlich an einem alten methodischen Problem erläutert: einen organischen, trickfreien Weg zum Pythagorassatz zu finden („genetische Rekonstruktion").

Wie Wolfgang Kroll (1988) beginne ich mit einer Bemerkung Freudenthals zum „sokratischen" Spezialfall aus Platons „Menon":

„Ich habe diese Sokratische Stunde zahllose Male wiederholt. Mit Variationen, und kürzlich ist mir die beste gelungen. Ein Quadrat – ein Taschentuch, auf dem Tisch ausgebreitet – durch Falten halbieren. Es gelingt, fast

ohne Hilfe, mit 7-8jährigen. Das Halbieren ist leichter als das Verdoppeln, da es innerhalb der Figur stattfindet; nachher geht es auch mit dem Verdoppeln einfach. Das Kind faltet natürlich erst seitenparallel. Nein, das ist ein Rechteck. Dann von allen Seiten zugleich einen Streifen, aber das ist ungenau. Und nach einigem Zögern schlägt es die Ecken des Taschentuchs zur Mitte. Das ist das halbe Quadrat. Warum? Man sieht es, ad oculos demonstriert, auch wenn es nur das geistige Auge ist." (Freudenthal 1979, S. 187f)

Kroll fragte nun gleich, wie man aus dem (gedachten) Taschentuch beliebige kleinere Quadrate falten könne, und erhielt so geradewegs einen der bekannten Zerlegungsbeweise. Im realen Unterricht geht das gewiss nicht so schnell und algebraisch glatt. Aber das behutsame Verallgemeinern bringt dort auch mehr:

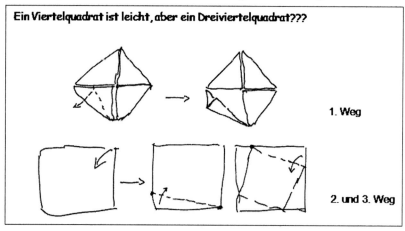

Abbildung 7: Tuch falten (1)

Die Frage nach dem ¾-Quadrat lässt das Taschentuch noch im Blick, und auf dieser enaktiven Ebene bieten sich mindestens drei Lösungswege an: Das ½-Quadrat erweitern (Weg 1) oder das ganze Taschentuch neu falten, und zwar durch Einklappen der Seiten (Weg 2) oder durch Einklappen der Ecken ohne Rücksicht auf die Seiten (Weg 3; so geht Kroll vor und bekommt den Pythagorassatz). Was ergibt sich beim 2. Weg? Nicht „nur" der Stuhl der Braut:

Das helle Quadrat soll ¾ von a^2 ausmachen!

Um die Tuch-Ecke um h-c-d ohne Hilfslinie zu falten, braucht man b.

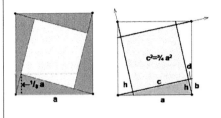

Steigungsdreiecke im schrägen Koordinatensystem rechts oben oder Ähnlichkeit liefert:
Das graue Dreieck „ist wie" das a-b-Dreieck, also $h/(h + c) = b/a$. Vier dunkle Dreiecke zu je $½(h + c) \cdot h$ geben $¼a^2$, und mit $c^2 = ¾\,a^2$ bekommt man h sowie $b = a \cdot (4-\sqrt{15})$.

Der Vergleich des b-d-Dreiecks mit dem grauen Dreieck ergibt für den Streckfaktor x:

(1) $h \cdot x = h + c$

(2) $d \cdot x = h$

(1):(2) $h : d = (h + c) : h$ (Höhensatz)

Das hilft dann auch im linken Bild weiter.

Abbildung 8: Tuch falten (2)

Und beim Ausstülpen des ½-Quadrats (1. Weg)?

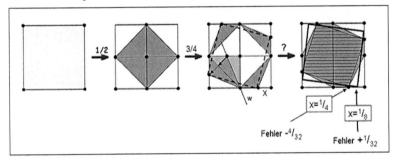

Abbildung 9: Tuch falten (3)

Immerhin kann man die vier Zipfel zur Hälfte herausziehen, so dass eine ¾-Fläche entsteht. Aber das wird leider nur ein Achteck. Klappt man dessen langgestreckte Überstand-Winkelchen ein, dann entsteht ein zu kleines Quadrat (gestrichelt). Wie wäre es mit einem Quadrat, das die kurzen Lückenmitten verbindet (rechtes Bild)? Das wäre zwar besser, wie ein paar Dreiecksberechnungen zeigen, aber etwas zu groß! Jetzt liegt geschicktes 1:4-Mitteln nahe („Doppelter falscher Ansatz" oder Regula falsi). Das ganz neue Quadrat zwischen den beiden skizzierten würde, wie man wieder ganz einfach nachrechnet, nur noch einen Fehler von $1/200$ der Taschentuchfläche ausmachen. Gut genug? Man könnte ja weiter machen ... Ein klassisches Näherungsverfahren ist entdeckt.

Eine Pythagorastabelle kann sogar mit einer einzige Faltlinie am Quadrat gefunden werden: Man teile die Oberkante eines Origami-Blattes in der Mitte, falte die rechte untere Ecke auf den Teilpunkt und glätte alles. Dann stehen drei „ägyptische" 3-4-5-Dreiecke über. Man bekommt alle pythagoreischen Dreiecksverhältnisse, indem man statt der Mitte andere kommensurable Teilungen der Oberkante wählt. („Satz von Haga" 1994; Haga 2002 und Henn 2004.)

Vermutenwollen – Teil 2: Drenckhahns Prinzip des „Stufenbeweises"

Anders als im Hochschulunterricht und in der Fachliteratur darf der Schulunterricht Einzelfällen ein Stück weit auf den Grund gehen. Es macht viel aus, ob man – den Satz schon im Hinterkopf – fragt, wie viel die Dreieckwinkel „zusammen machen" (wenn man sie wie zu einem Briefumschlag zusammen macht), oder welche Winkel diese Leiter mit Wand und Boden bilde, und wie es würde, wenn sie wegrutschte. Friedrich Drenckhahn (1935, S. 38ff) meinte genau das als er für „Stufenbeweise" eintrat, die vom (hier rechtwinkligen) Sonderfall Verallgemeinerungen zu finden erlaubten. Dabei braucht es mit dem Beweisfinden nicht genug zu sein. Ihm soll ja das Weiterfragen folgen, ein Bereichern der – und sei es: noch unverbalisierten – Theorie. Was passiert in den Leiter-Dreiecken auf der nächsten Seite nach dem Rutschen? Mit a und b, mit A und U, mit H, mit N, mit P („Satz von van Schooten"; Dörrie 1940, S. 219), mit inneren Recht- oder Dreiecken, ...?

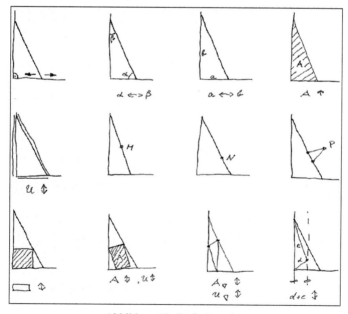

Abbildung 10: Stufenbeweise

Singuläre und paradigmatische Beispiele

Freudenthals Taschentuchidee macht aus einem Sonderfall des Pythagorassatzes einen typischen Fall. Es ist ja gar nicht einfach, ohne Trick aus dem Menon-Beispiel einen allgemeinen Beweis zu entwickeln. Erst durch die Aufforderung zum konkreten Falten wird eine generalisierbare Strategie mitgeliefert, und dadurch aus dem singulären ein paradigmatisches Beispiel geformt, an dem Schüler wieterdenken können. Drenckhahns Lehrstrategie des Stufenbeweisens ist ebenso paradigmatisch, und sie kann noch weiter tragen: zum Entdecken (subjektiv) neuer Zusammenhänge und Sätze. (Die gerade aufblühende Origami-Mathematik sucht begeistert nach derartigen Faltkonstruktionen.) Umgekehrt lässt sich wahrscheinlich der ganze mathematische Gehalt der schulischen Linearen Algebra, Vektorgeometrie und Stochastik auf paradigmatische Beispiele reduzieren, während das aus unterschiedlichen Gründen für die synthetische Elementargeometrie, für Algebra und Analysis kaum anzunehmen ist.

Wie findet oder entwickelt man paradigmatische Beispiele? Lehrer, die mit „schwachen" Schülern zu tun haben, wissen Wolfgang Ratichs Strategie wirklich zu schätzen: „Erst ein Ding an ihm selbst, hernach die Weise von dem Ding!" (Ratke 1617; zit. n. Ratke 1957, S. 70). Von ihren Schülern wurden sie vielleicht gezwungen, Rousseaus „größte, wichtigste und nützlichste Regel jeglicher Erziehung" nachzuerfinden: „Zeit verlieren und nicht gewinnen." (Rousseau 1762/1963, S. 212) Dann weiß der Praktiker schon, dass man oft mit Beispielen beginnen soll. Meist kommt noch ein Beispiel, vielleicht noch eines, oder eine ganze Schar von Beispielen mit dem Zugmodus – und irgendwann steht der gewünschte Satz da, als Regel induziert. Hier gilt wieder, was schon im Abschnitt „verordnete Beweiserei" galt:

„Das Wissen wird nicht als Prozess, als Übergang von einer Existenzweise in eine andere gesehen. Der mathematische Beweis [oder die Hinleitung; L. F.] *expliziert in dieser Auffassung bloß das Gegebene und dient nicht der Verallgemeinerung und Erweiterung des Wissens. Auf diese Weise* [...] *kann aber auch nicht sichtbar werden, welche Funktion und Rolle die Formalisierung in unserem Erkenntnisprozess spielt."* (Otte 1994, S. 324)

Paradigmatische Beispiele sollen es gerade ermöglichen, zur Variation und zur „speculativen Verallgemeinerung" einzuladen, statt zur unvollständigen Induktion, um gleichermaßen vieles zu entdecken und in begründende Zusammenhänge zu bringen. Hier noch einige Vorschläge zu solchen Beispielen:

- „Wohin sollte der Flugplatz?" Den Schülern sind „die Ortschaften" $A(2; 6)$, $B(8; 4)$, $C(8; 10)$ und $D(^{10}/_3; 10)$ gegeben; ein fast-Sehnenviereck, um genaueres Zeichnen, Streit und lehrreiche Alternativvorschläge zu provozieren. „Was ist am besten?" Die billigste Lösung, die gerechte Lösung, die politische Lö-

- sung, die schönste Lösung, die vernünftigste Lösung ...? Vielerlei Gelegenheiten, nach Verallgemeinerungen der Schnittpunktsätze für Dreiecke zu fahnden. („Sätze öffnen"; zu Viereckesmitten s. Führer 1985/2005)
- Archimedes' Methodenschrift (Archimedes 1972, S. 382-423) beschreibt, wie Sätze mit Gleichgewichtsexperimenten auffindbar sind. Für unterrichtsnahe Varianten sei auf Winter (1978/1989), Wellstein (2000), Koeller (o. J.) und Embacher (2008) verwiesen.
- Versuche, ebene Figurenkonstellationen räumlich zu deuten, sind außerordentlich anregend und erzeugen zwanglos Grundregeln der Projektionslehre. („Dimension ändern"; Abbildung 11; anregende Ideen bei Graumann 2002, 2005)

Abbildung 11: Denk/ Hofmann 1957, S. 8

- „Wie gut ist die alte Feldmesserregel $A \approx \dfrac{a+c}{2} \cdot \dfrac{b+d}{2}$ für Vierecke?" („Faustregeln öffnen"; zum Bsp. vgl. Mormann 1981, S. 127; Führer 1997a.)
- „Wie genau kann man den Rauminhalt des Berliner Fernsehturms herausbekommen, wenn man nur ein Foto aus dem Internet hat und von dort weiß, dass er 365 *m* hoch ist?" (Abwandlung von Aufg. 6 aus Jahnke/Wuttke 2001, S. 246f; „Eingrenzungsregeln für Fehler", s. z. B. Blankenagel 1985)
- Falsche Sätze oder Beweise entlarven und reparieren. (Vgl. z. B. Lietzmann 1913/1953, Konforowitsch 1990, Furdek 2002.)
- „Häuser der Vierecke" erst ausbauen und dann entwerfen lassen. (S. z. B. Neubrand 1981, Volkert 1999, Graumann 2002a)
- Viele Anregungen finden sich überdies in der umfangreichen Literatur zum problemorientierten (besser: problemorientierenden) Unterricht, zum Aufgabenvariieren und zum Aufgabenöffnen. (S. z. B. die MU-Hefte von Stowasser

1976-1979 oder Herget/Jahnke/Kroll 2001, Schupp 2002; fachdidaktischer Literaturüberblick in Graumann 2007; Unterrichtsprobleme und -bedenken in Führer 1997, Kap. 5.)

Fazit

Es wäre natürlich schön, wenn wir das Beweisen besser lehren könnten. Aber mehr als ein behutsames Heranführen ans Argumentierenwollen kann und muss das Thema „Beweisen" im Geometrieunterricht allgemeinbildender Sekundarstufen nicht unbedingt leisten. Der soziale Zweck dieses Heranführens ist die Einübung in vernünftige, sachlich fundierte und insofern systematische Rede, als gewohnheitsmäßig klare Begriffsbildungen vernetzt und Konflikte vernünftig ausgehandelt werden. Das ist mit Konstruktionsaufgaben nach antikem Vorbild immer wieder versucht worden. Man wollte auch das kontrollierte Verallgemeinern mit „Determinationen" am Ende der Aufgaben einüben, als Vorstufe des systemerweiternden, „speculativen" Denkens, das wir als eigentlichen Erkenntnisgewinn des Beweisens ausgemacht haben. Die zweifelhaften Erfolge sind leider seit hundert Jahren notorisch (s. z. B. Andelfingers Berichte, 1988), auch die Reanimation mit DGS verspricht im Argumentativen kaum Besserung. (Vgl. hierzu jedoch die optimistischere Ansicht in Hans-Jürgen Elschenbroichs einschlägigen Arbeiten.)

Es gibt freilich drei grundsätzliche Schwierigkeiten beim Beweisenlehren, die Hoffnung zulassen, weil sie zu wenig beachtet wurden und werden:

(1) Betont der Unterricht den Wahrheitssicherungszweck des Beweisens zu stark, indem vorwiegend mit hergeholten Zweifeln und Diskreditierungen gearbeitet wird (Wahrnehmung: opt. Täuschungen; Denken: kognitive Konflikte; Messung: Ungenauigkeiten; unvollständige Induktion: Allmachtsverlangen), dann wird das Beweisen allzu leicht von Schülern als weltfremdmoralinsaures Ritual abgetan.

(2) Formale Deduktionen machen Schüler nicht klüger. Sie gehören nicht in den Geometrieunterricht der Schulen. Zwar gilt: Will man nicht in Trivialitäten stecken bleiben, dann braucht es das Wechselspiel zwischen schülerzentrierten Entdeckungs- und lehrerzentrierten „Speculations"phasen. Aber das reine Systemdenken ist nichts für Anfänger. Herbart hat das immer noch gültig so begründet:

„Der Wert strenger Beweise wird nur dann erst vollständig erkannt, wenn man in der Sphäre von Begriffen, wohin sie gehören, schon einheimisch ist.[...]

Der pädagogische Wert des gesamten mathematischen Unterrichts hängt hauptsächlich davon ab, wie tief er in das Ganze des Kreises der Gedanken und Kenntnisse eingreife [heute: Vernetzung; L. F.]. *Dies führt zunächst darauf, daß man die Selbstthätigkeit der Schüler in Anspruch nehmen, und nicht bloß vortragen soll* [heute: Schülerzentrierung]. *Mathematische Beschäftigungen sind nötig* [heute: Still- bis Freiarbeit]. *Es muß fühlbar werden, wieviel man* [jeder!] *durch Mathematik vermag. Zuzeiten sind mathematische Aufsätze zu verfassen; nur müssen die Aufgaben leicht genug sein, und nicht mit Zwang mehr gefordert werden als der Schüler bequem leisten kann* [heute: Reisetagebücher]. *Manche reizt schon die reine Mathematik, besonders wenn Geometrie und Rechnung gehörig verbunden werden. Aber sicherer wirkt angewandte Mathematik, wenn der Gegenstand der Anwendung schon das Interesse für sich gewonnen hat. Dafür muß auf anderem Wege gesorgt sein* [Fächerübergiff und –abstimmung zur Weckung des „gleichschwebend vielseitigen Interesse(s)"].

Die mathematischen Übungen dürfen jedoch den Schüler nicht zu lange in einem engen Kreise aufhalten; sondern der Vortrag muß daneben fortschreiten. Käme es bloß darauf an, die Selbstthätigkeit zu erregen, so könnten sehr leicht die Anfangsgründe hinreichen, [...] *ohne von der Größe der Wissenschaft einen Begriff zu bekommen.* [Keine Laubsägeweltbilder!] *Viele Aufgaben sind mit witzigen Einfällen zu vergleichen, die am rechten Orte willkommen sein mögen, aber nicht die Zeit der Arbeit einnehmen dürfen."* [Schulehalten, mit und ohne Motivation] (Herbart, Umriss päd. Vorlesungen, 1835; zit. n. Herbart 1896, Band 1, S. 398f)

(3) Durch „vorgesetzte" Behauptungen wurden und werden Schüler vom semantischen Beweisen, d. h. vom Ausbau des Viererreigens „Voraussetzung – Argumentation – Beweis – Theoriehintergrund", eher abgeschreckt:

„Wenn der Lehrsatz [im Lehrer- oder Didaktorenkopf den ein, zwei, drei Beispielen ... ; L. F.] *fix und fertig vorangeschickt und der Beweis hinten nachgesandt wird, so sieht das Ganze wie eine Reihe starrer Behauptungen aus, die Fuß fassen und sich verschanzen.* [...] *Allenthalben ist eine kunstreiche Verkettung, nirgends ein Werden und Wachsen."* (Karl Mager 1846; zit. n. Schubring 1978, S. 87)

Deshalb halte ich das „speculative" Satzentwickeln im Geometrieunterricht für noch wichtiger als das Beweisenlehren. Überdies sollte stets bedacht werden, ob und wie sich beim Beweisen wirklich mehr lernen lässt als aus typischen Beispielen. Abstraktion und Bezeichnungskult nur der pompösen Anmutung willen richten in unserem Wissenschaftsbetrieb heute schon mehr Schaden an, als es auf Autoritätsgewähr angenommene Verallgemeinerungen je könnten.

Wie und ob sich das mit den heutigen KMK-Vorstellungen zum bundesdeutschen Mathematikunterricht und mit allerlei empirischen Forschungsmoden verbinden lässt, steht freilich auf einem anderen Blatt.

Literatur

Andelfinger, B. (1988). Geometrie. Soest: Didaktischer Informationsdienst Mathematik des Landesinstituts für Schule und Weiterbildung

Archimedes (1972). Werke. (Übers. von A. Czwalina) Darmstadt: Wiss. Buchges.

Blankenagel, J. (1985). Numerische Mathematik im Rahmen der Schulmathematik. Mannheim u. a.: BI

Blaß, J. L. (1976). Systemtechnik und pädagogisches Denken bei Johann Friedrich Herbart. In: F. W. Busch/H.-D. Raapke (Hrsg.): Johann Friedrich Herbart. Oldenburg: Holzberg, S. 67-78

Böhme, R. (1998). Erdvermessung und Geometrie im Laufe der Zeit. Ringvorlesung 1998 unter http://haegar.fh-swf.de/boehme/ringvorlesung/ (Abruf 1.10.2008).

Bürger, H. (1979). Beweisen im Mathematikunterricht. In: Dörfler/Fischer 1979, S. 103-134

Denk, F.; Hofmann, J. E. (1957). Ebene Geometrie. München: Blutenburg 1957

Dörfler, W.; Fischer, R. (Hrsg.) (1979). Beweisen im Mathematikunterricht. Wien/Stuttgart: hpt/Teubner

Dörrie, H. (1940). Triumph der Mathematik. Breslau: Hirt

Drenckhahn, F. (1935). Raumlehre in der deutschen Volksschule. Langensalza: Beltz

Eigenmann, P. (1964). Geometrische Denkaufgaben. Stuttgart: Klett 1964/1981

Elschenbroich, H.-J. (1997). Tod des Beweisens oder Wiederauferstehung? – Zu den Auswirkungen des Computereinsatzes auf die Stellung des Beweisens im Unterricht In: Hischer (Hrsg.): Computer und Unterricht. Neue Chancen für den Geometrieunterricht. Hildesheim: Franzbecker

Elschenbroich, H.-J. (2005). Mit dynamischer Geometrie argumentieren und beweisen. In: B. Barzel; S. Hußmann; T. Leuders (Hrsg.): Computer, Internet & Co. Berlin: Cornelsen Scriptor

Elschenbroich, H.-J. (2009). Visuell-dynamische Puzzle-Beweise. In: M. Ludwig; R. Oldenburg; J. Roth (Hrsg.): Argumentieren, Beweisen und Standards im Geometrieunterricht – AK Geometrie 2007/08. Hildesheim: Franzbecker, S. 155-166

Embacher, F. (2008). Die Schwerpunkte des Dreiecks. In: Math. Semesterber. 55 (2008), S. 131-148

Freudenthal, H. (1979). Konstruieren, Reflektieren, Beweisen in phänomenologischer Sicht. In: Dörfler/Fischer 1979, S. 183-200

Führer, L.; Gey, S.; Westermann, L. (1984). Widersprüche und Trugschlüsse als Unterrichtsmittel. In: Mathematik lehren 5 (1984), S. 44-49

Führer, L. (1985). Welche Vierecke haben einen „Mittelpunkt"? In: Mathematik lehren 8 (1985), 38-47. (Wiederabdruck in Weigand, H.-G. (Hrsg.): ml-Sammelband Geometrie. Velber: Friedrich/Klett 2005, 18-27.)

Führer, L. (1997). Pädagogik des Mathematikunterrichts. Wiesbaden: Vieweg

Führer, L. (1997a). Zur frühen Feldmessung. In: Mathematica didactica 20 (1997) 1, S. 20-25

Furdek, A. (2002). Fehler-Beschwörer. Norderstedt: Books on Demand
Graumann, G. (2002). Vielecke in der Ebene und im Raum. Bielefeld: Seminar für Didaktik der Mathematik
Graumann, G. (2002a). Mittenvierecke und das Haus der Vierecke – ein Problemfeld mit unterschiedlichen Aspekten. In: Beiträge zum Mathematikunterricht 2002, S. 183-186
Graumann, G. (2005). Investigating and ordering quadrilaterals and their analogies in space – problem fields with various aspects. In: ZDM 37.3 (2005), S. 190-198 (am 11.10.2008 abgerufen unter http://subs.emis.de/journals/ZDM/zdm053a8.pdf)
Graumann, G.; Pehkonen, E. (2007). Problemorientierung im Mathematikunterricht – ein Gesichtspunkt der Qualitätssteigerung. In: Teaching Mathematics and Computer Science 5 (2007) 1, S. 251-291 (Abstract unter http://tmcs.math.klte.hu/Contents/2007-Vol-V-Issue-I/graumann-pehkonen.pdf)
Haga, K. (2002). Fold Paper and Enjoy Mathematics. In: Hull, T. (Ed.): Origami"3". London: Peters, S. 307-326. (Am 6.10.2008 abgerufen unter http://books.google.de/books?id=_Nw4Hg89qxoC.)
Hanna, G.; Barbeau, E. (2008). Proofs as bearers of mathematical knowledge. In: ZDM 40 (2008) 3, S. 345-353
Henn, H.-W. (2004). Origamics – Papierfalten mit Spürsinn. (Vortrag 2004. Online verfügbar unter http://www.mathematik.uni-dortmund.de/didaktik/_personelles/people/henn/origa_hd.pdf Abruf am, 6.10.2008)
Herbart, J. F. (1896). Pädagogische Schriften (Hrsg. F. Batholomäi; E. von Sallwürk), 2 Bände. Langensalza: Beyer und Söhne 1896[6]
Herget, W.; Jahnke, T.; Kroll, W. (2001) Produktive Aufgaben für den Mathematikunterricht in der Sekundarstufe I. Berlin: Cornelsen
Heymann, H.-W. (1996). Allgemeinbildung und Mathematik. Weinheim: Beltz
Holzmüller, K.; von der Seipen, W. (1939). Raum- und Zahlenlehre für die Mittelstufe, Band II. FfM.: Salle
Jahnke, H. N. (1978). Zum Verhältnis von Wissensentwicklung in der Mathematik – Beweisen als didaktisches Problem. Bielefeld: IDM
Jahnke, H. N.; Otte, M. (1979). Der Zusammenhang von Verallgemeinerung und Gegenstandsbezug beim Beweisen – am Beispiel Geometrie diskutiert. In: Dörfler/Fischer 1979, S. 225-242.
Jahnke, H. N. (1984). Anschauung und Begründung in der Schulmathematik. In: Beiträge zum Mathematikunterricht 1984, S. 32-41
Jahnke, H. N. (2007). Proofs and hypotheses. In: ZDM 39 (2007), S. 79-86
Jahnke, H. N. (2008). Theorems that admit exceptions ... In: ZDM 40 (2008), S. 363-371
Jahnke, T.; Wuttke, H. (Hrsg.) (2001). Mathematik – Analysis. Berlin: Cornelsen
Keppler, R. (o.J.). Die klassische Erdmessung durch U. G. Morrow im Jahre 1897. Internet-Veröff. o. J. unter http://www.rolf-keppler.de/wbraun.html (Abruf 1.10.2008)
Kienast, H. J. (1987). Der Tunnel des Eupalinos auf Samos. In: von Ditfurth, H. (Hrsg.): Mannheimer Forum 1986/87. Mannheim: Boehringer, S. 179-241
Koeller, J. (o.J.). Schwerpunkt von Figuren. (Online abgerufen am 7.10.2008 unter http://www.mathematische-basteleien.de/schwerpunkt.htm)
Konforowitsch, A. G. (1990). Logischen Katastrophen auf der Spur. Leipzig: Fachbuchverlag

Kratz, J. (1994). Zentrale Themen des Geometrieunterrichts aus didaktischer Sicht. München: bsv
Kroll, W. (1988). Das gefaltete Taschentuch. In: Mathematik lehren 28 (1988), S. 28-29
Kroll, W. (1994). (Rezension von Kratz 1994). In: ZDM 94 (1994) 3, S. 93-95
Lietzmann, W. (1912). Stoff und Methode des Raumlehreunterrichts in Deutschland. Leipzig/Berlin: Teubner
Lietzmann, W. (1972). Wo steckt der Fehler? Stuttgart: Teubner 1972^6 (1. Auflage gemeinsam mit Viggo Trier bei Teubner Leipzig 1913)
Meyer, T. (1873). Über die pädagogische Verwendung von Beweisen. Jena: Ratz (Diss.)
Mormann, T. (1981). Argumentieren, Begründen, Verallgemeinern – Zum Beweisen im Mathematikunterricht. Königstein/Ts.: Scriptor
Neubrand, M. (1981). Das Haus der Vierecke – Aspekte beim Finden mathematischer Begriffe. Journal für Mathematik-Didaktik 2 (1981), S. 37-50
Otte, M. (1994). Das Formale, das Soziale und das Subjektive. Frankfurt am Main: Suhrkamp TB
Ratke, W. (1957). Artikel, auf welchen fürnehmlich die Ratichianische Lehrkunst beruhet. (1617; zit. n. Ratke, Wolfgang: Die neue Lehrart. Pädagogische Schriften Wolfgang Ratkes. Eingeleitet von Gerd Hohendorf. Berlin (DDR) 1957.)
Reichmann, K. (2008). Das Schulbuch im Mathematikunterricht. In: MNU 61 (2008) 6, S. 326-332
Reidt, F.; Wolff, G.; Athen, H. (1965). Elemente der Mathematik, Band 2. Hannover: Schroedel
Reiss, K.; Renkl, A. (2002). Learning to prove: The idea of heuristic examples. In: ZDM 34 (2002) 1, S. 29-35
Reiss, K. (2002): Argumentieren, Begründen, Beweisen im Mathematikunterricht. (BLK-Manuskript) http://blk.mat.uni-bayreuth.de/material/db/59/beweis.pdf (Abruf 1.10.2008)
Reiss, K.; Heinze, A.; Renkl, A.; Gross, C. (2008). Reasoning and proof in geometry: effects of a learning environment based on heuristic worked-out examples. In: ZDM 40 (2008) 3, S. 455–467
Röhrl, E. (1980). Von der prinzipiellen Schädlichkeit der Schulbücher. In: Mathematiklehrer 1 (1980), S. 34-37
Rousseau, J.-J. (1963): Émile oder Über die Erziehung. Stuttgart: Reclam (frz. Orig. 1762)
Schubring, G. (1978). Das genetische Prinzip in der Mathematik-Didaktik. Stuttgart: Klett-Cotta
Schupp, H. (Hrsg.) (2002). Thema mit Variationen oder Aufgabenvariationen im Mathematikunterricht. Hildesheim: Franzbecker
Sexl, R. /1983). Die Hohlwelttheorie. In: MNU 36 (1983) 8, S. 453 – 460
Stowasser, R. (Hrsg.) (1976-1979). Materialien zum problemorientierten Unterricht. In: MU 22 (1976) 3, 23 (1977) 1, 24 (1978) 6, 25 (1979) 2
Teach Sam (1999/2000). Das Argumentationsmodell von Stephen Toulmin. Unter: http://www.teachsam.de/deutsch/d_rhetorik/argu/arg_mod_toul_0.htm. (Abruf 1.10.2008).
Toulmin, S. (1996): Der Gebrauch von Argumenten. Weinheim: Beltz Athenäum 1996^2 (engl. Original 1958)

van der Waerden, B. L. (1966). Erwachende Wissenschaft. Basel/Stuttgart: Birkhäuser 1966²

Volkert, K. (1999). Das Haus der Vierecke – aber welches? In: MU 45 (1999) 5, S. 17-37

Wellstein, H. (2000). Schwerpunkte. In: Ders.: Elementargeometrie. Flensburg (Online-Skript, abgerufen am 7. 10.2008 unter http://www.uni-flensburg.de/mathe/zero/veranst/elemgeom/schwerpunkte/schwerpunkte.html.)

Walsch, W. (1972). Zur Realisierung der Leitlinie „Beweisen". In: Mathematik in der Schule 10 (1972), S. 90-105

Walsch, W. (1975): Zum Beweisen im Mathematikunterricht. Berlin: Volk und Wissen (2. Aufl.)

Winter, H. (1978). Geometrie vom Hebelgesetz aus. In: MU 24 (1978), S. 88-125

Winter, H. (1983). Zur Problematik des Beweisbedürfnisses. In: JMD 1983, Heft 1, S. 59-95

Winter, H. (1989). Entdeckendes Lernen im Mathematikunterricht. Braunschweig: Vieweg 1989

Bei den Kollegen Elschenbroich (Düsseldorf/Neuss), Graumann (Bielefeld), Krüger (Frankfurt), Lambert (Saarbrücken) und Profke (Gießen) bedanke ich mich herzlich für nützliche Hinweise und Kommentare.

Geometrische Hintergrundtheorien des Beweisens im Schulalltag: Auszüge aus einer qualitativen Studie über Lehreransichten

Boris Girnat

Zusammenfassung. Das Beweisen wird oft als ein zentrales Anliegen des Mathematikunterrichtes angesehen und hat mittlerweile auch als eine Teilkompetenz des Argumentierens den Weg in die Bildungsstandards gefunden. Anhand zweier Fallstudien soll deutlich werden, dass Lehrer diesem Bildungsziel zwar durchaus zugetan sein können, es aber trotzdem mit unterschiedlichen Ansprüchen und an verschiedenen Stellen in ihrem Unterricht verfolgen können. Anders als es die Standards verlangen, lässt das kaum auf ein vergleichbares Lernergebnis hoffen. Eingeschränkt auf den Geometrieunterricht, wird herausgearbeitet, dass diese Unterschiede nicht unbedingt in verschiedenen Einschätzungen der Bildungsstandards liegen, sondern im jeweiligen Gesamtbild, das ein Lehrer über die Mathematik als Wissenschaft und über die Geometrie als eine Theorie zwischen formalen und realitätsbezogenen Aspekten hat und damit die individuelle Einschätzung des Lehrers vermutlich beständiger ist als eine kurzfristige Reaktion auf Bildungsstandards und Rahmenrichtlinien.

Bildungsstandards zum Thema Beweisen

Das Beweisen wurde unter dem Oberbegriff des Argumentierens in die Bildungsstandards für den mittleren Schulabschluss aufgenommen (KMK 2004, S. 7f). Das ist keineswegs eine Selbstverständlichkeit: Während manchen „das Beweisen eine fundamentale Aktivität aller Mathematiker" und vor allem die „Geometrie ein ideales Gebiet" ist, „um das Beweisen zu lernen" (Holland 2007, S. 119), gab es in Nordamerika in den 90er Jahren die Bestrebung, das Beweisen aus dem Mathematikunterricht ganz zu verbannen – nicht ohne Antworten hervorzurufen, die auf die Bedeutung des Beweisens für die Mathematik als Wissenschaft, als Unterrichtsfach und als Teil der Allgemeinbildung aufmerksam gemacht haben. Beispielsweise listet Hanna die folgenden Aspekte der Mathematik auf, die nach Ansicht verschiedener Didaktiker im Unterricht vor allem oder vielleicht sogar ausschließlich durch Beweisaufgaben erreicht werden können:

(1) „verification (concerned with the truth of a statement)

(2) explanation (providing insight into why it is true)

(3) systematisation (the organisation of various results into a deductive system of axioms, major concepts and theorems)
(4) discovery (the discovery or invention of new results)
(5) communication (the transmission of mathematical knowledge)
(6) construction of an empirical theory
(7) exploration of the meaning of a definition or the consequences of an assumption
(8) incorporation of a well-known fact into a new framework and thus viewing it from a fresh perspective" (Hanna 2000, S. 8)

Neben dieser Auseinandersetzung in der Didaktik mag es interessant sein, was Lehrer – also Praktiker vor Ort – über das Thema Beweisen denken.

Dieser Beitrag stellt zwei *Fallstudien* vor, in denen sich Lehrer über Beweise im Geometrieunterricht äußern. Damit ist diese Arbeit zwar alles andere als repräsentativ, stellt aber zwei Ansichten vor, die sich grundsätzlich unterscheiden und ihren Ausgangspunkt in einer verschiedenen Sicht der Geometrie haben – nämlich in einer eher *formalen* und in einer stärker *anwendungsbezogenen*. Da dieser Unterschied fundamental und allem Anschein nach weit verbreitet ist (Andelfinger 1988, S. 107-133), liegt der Beitrag dieser Arbeit darin, typische Argumentationsmuster zweier relevanter Positionen im Detail darzustellen und mit der Verortung ihrer Ursache in einem Gesamtbild der Mathematik die Vermutung nahezulegen, dass ihr Einfluss stärker und überdauernder sein könnte als kurzfristige Reaktionen auf Bildungsstandards und Rahmenrichtlinien.

Subjektive Theorien zum Beweisen im Geometrieunterricht

Die beiden Fallstudien stammen aus einer gegenwärtig laufenden Studie, die neun Gymnasiallehrer allgemein zu *Zielen und Inhalten* ihres Geometrieunterrichts befragt und das Beweisen und Argumentieren dabei als einen Unterpunkt enthält. Der Blick auf den Lehrer wird dadurch begründet, dass er mit seinen *subjektiven Ansichten* über mathematische Inhalte und Kompetenzen ein wichtiger Einflussfaktor auf den Unterricht, das Lernangebot und das Lernergebnis ist: „That what teachers believe is a significant determiner of what gets thought, how it gets thought, and what gets learned in the classroom" (Wilson/Cooney 2002). Damit ordnet sich die Studie in einen Forschungszweig ein, der unter den Begriffen „Beliefs-Forschung" oder „Forschung über professionelles Wissen" bekannt ist (einen Überblick darüber gibt beispielsweise der Sammelband Leder et. al. (2002)).

Das Forschungsprogramm Subjektive Theorien

Neben diesem allgemeinen theoretischen Rahmen bildet das sogenannte *Forschungsprogramm Subjektive Theorien* den *methodologischen Hintergrund* der Untersuchung. Es handelt sich dabei um eine qualitative Forschungsmethode, die aus der Psychologie stammt, sich auf halbstrukturierte Einzelinterviews stützt (vgl. Groeben et al. 1988) und in der Mathematikdidaktik bereits im Rahmen der Stochastik verwendet worden ist (Eichler 2005). Ihr wesentlicher Zweck besteht darin, den *argumentativen Zusammenhang* zwischen einzelnen Zielen und Überzeugungen des Lehrers herauszuarbeiten und so einen Überblick über das *subjektive Curriculum* zu bekommen, das neben dem offiziellen Curriculum dem individuellen Unterricht als Rahmenbedingung zugrunde liegt. Das subjektive Curriculum bzw. seine interpretative Rekonstruktion wird grafisch in einem hierarchischen Baumdiagramm dargestellt, so wie es im Folgenden auch hier – eingeschränkt auf das Beweisen – zu sehen sein wird. Zur Validierung der Interpretation werden diese Diagramme den Lehrern zur Rückmeldung vorgelegt – ein Verfahren, das sich an der Dialog-Konsens-Methode orientiert, die eine der Validierungsmethoden im Rahmen des Forschungsprogrammes Subjektive Theorien ist (Scheele/Groeben 1988).

Idealtypen und Dialog mit der Fachdidaktik

Ein zentrales Anliegen dieses Forschungsansatzes ist es, einen *Dialog* zwischen dem professionellen Wissen der Praktiker – hier der Lehrer – und den Theorien der entsprechenden wissenschaftlichen Disziplin – hier der Mathematikdidaktik – zu etablieren. Dabei ist es in der Regel nötig, sich auf einen Ausschnitt der subjektiven Theorien zu konzentrieren und diesen idealtypisch herauszuarbeiten; d. h. im weiteren werden zunächst die subjektiven Theorien zweier Lehrer möglichst umfassend und mit dem Anspruch empirischer Adäquatheit dargestellt, anschließend konzentrieren wir uns auf den ontologischen Aspekt der beiden subjektiven Theorien und stellen ihn idealtypisch heraus.

Dabei entfernt sich die Idealisierung in einigen Bereichen sicherlich von der Überzeugung der Lehrer bzw. stellt ausschließlich einen Aspekt davon pointiert dar. Eine empirische Angemessenheit wird dann nicht mehr erstrebt; vielmehr wird die bisherige Interpretation „folgerichtig zu Ende gedacht" und nimmt dadurch eher Züge einer rationalen Rekonstruktion und Vervollständigung als einer empirischen Interpretation an. Dies ist ein typisches Verfahren qualitativer Forschung: Erst durch eine Idealisierung ist man in der Lage, ein Ergebnis zu präsentieren, das über einen Einzelfall hinaus etwas Typisches darstellt und für weitere Fälle relevant sein könnte: „Eine interpretative Sozialforschung würde hinter ihren Möglichkeiten zurückbleiben, wenn sie sich auf die Rekonstruktion der jeweiligen Situation in ihrer Spezifität beschränken würde. [...] Das Ziel der

Interpretation muss darin bestehen, das strukturell Allgemeine an einem Text herauszuarbeiten", denn ihm „kommt zwar nicht notwendig Allgemeingültigkeit im Sinn von Repräsentativität (das Beweisziel der quantitativen Forschung), aber Typizität zu." (Beck/Maier 1994, S. 64f).

Der ontologische Hintergrund

Die Wahl der Ontologie und eine Typenbildung unter diesem Aspekt hat drei verschiedene Gründe: Erstens unterscheiden sich die beiden Interviews auffällig bezüglich dieses Themas; zweitens lässt sich von hier aus ein Dialog mit der Fachdidaktik etablieren, denn – wie später gezeigt wird – spielen ontologische Überlegungen dort eine wichtige Rolle; und drittens ergibt sich eine Relevanz für die Bildungsstandards: Sollen sie etwas „standardisiert" festlegen, so ist der Erfolg fraglich, wenn – wie hier am Beispiel des Beweisens – gezeigt werden kann, dass ein und derselbe Standard aufgrund des individuellen mathematischen und geometrischen Weltbildes so unterschiedlich ausgelegt werden kann, dass sich bereits im Curriculum, also schon in der „Planungsphase" des Unterrichtes, erhebliche Unterschiede zeigen.

Fallstudie Lehrer A

Lehrer A äußert generell eine positive Einstellung gegenüber dem Beweisen – insbesondere im Geometrieunterricht: „Ich schätze das sehr, dass man eigentlich die ersten Beweise, die man überhaupt führt, oft in der Geometrie führt." An anderer Stelle wird er noch ausdrücklicher: So „habe ich geschaut, dass ich eine Verschiebung durch zwei Achsenspielungen ersetzen kann; habe aber nicht nur geschaut, sondern das kann ich beweisen – und das kann ich toll beweisen." Als eines seiner Ziele nennt er die Forderung leistungsstärkerer Schüler: „Ich finde Beweise immer toll, weil man dann endlich mal die Leistungsstärkeren anspricht." Außerdem lässt er Aussagen in der Mittelstufe beweisen, damit er sie „dann auch in der Oberstufe vielleicht auf eleganterem Wege noch einmal beweisen kann."

Damit sind verhältnismäßig allgemeine und teilweise unterrichtspragmatische Gründe für das Beweisen genannt. Auf die Frage, warum ihm Beweise überhaupt wichtig sind, antwortet er, angesprochen auf den Satz des Thales, in zweierlei Hinsicht. Zunächst spricht er die Sicherung der Allgemeingültigkeit eines Satzes an: „Dann ist doch die Beweisnotwendigkeit in der Regel dadurch da, dass die Schüler, wenn sie zeichnen, eben auch mal 89 oder 92 Grad haben, das heißt, es ist erstens nur ein Verdacht, dass da 90 Grad sind. Aber ob das immer gilt auch in Extremfällen, wenn der eine Punkt ganz dicht am anderen liegt?"

Offenbar selbst nicht davon überzeugt, dass sich so eine Beweisnotwendigkeit automatisch ergibt, versucht er, sie durch eigene Anstöße zu erhöhen und Schüler zum Beweisen herauszufordern: „Also ich würde damit argumentieren, dass, wenn man genau nachmisst, eben 91 Grad rauskommen." Das Beweisen scheint bei Lehrer A also teilweise dadurch begründet zu sein, dass Beweisen ein typisches Element der Mathematik als Wissenschaft ist.

Anschließend geht er auch auf Ziele des Beweisens ein, die weniger fachmathematisch motiviert sind: Deduktiven Verbindungen ordnet auch eine kultur- und wissenschaftshistorische Bedeutung zu: „Was ich aber auch versuche, ist, an der Stelle so ein bisschen historisch zurückzugreifen, also dass die Griechen schon versucht haben, nicht nur zu sagen: ‚Das ist so.' Sondern die hatten einen hohen Anspruch. Sie wollten eben begründen, warum das so ist." Lehrer A spricht damit beide Ziele an, die in der Didaktik – beispielsweise bei Holland – als die beiden zentralen Aspekte des Beweisens angesehen werden: Wissen, *dass* etwas so ist, und Wissen, *warum* etwas so ist (vgl. Holland 2007, S. 136).

Den Wert des zweiten, deduktiven Aspektes sieht Lehrer A abseits des wissenschaftstheoretischen Exkurses aber auch in der Entwicklung kognitiver Kompetenzen und damit letztlich in einem Beitrag zur Allgemeinbildung: „Natürlich habe ich ganz viel Methodisches beziehungsweise, ja, Mathetypisches mitgenommen, also das Denken, die Denkweise, das Lösen von Problemen und dann eben auch dieses Beweisen, also das Schlussfolgern und so weiter. All das nehme ich mit – auch aus der Geometrie oder vielleicht sogar in besonderer Weise aus der Geometrie." Damit tritt das Beweisen bei Lehrer A auch aus Gründen der Allgemein- und Persönlichkeitsbildung auf.

Er betont andererseits aber auch, dass das Deduzieren nicht nur eine allgemeine Kompetenz der Schüler fördert, sondern auch ein wesentliches Element der Mathematik vermittelt und man daran insbesondere mathematische Sätze, Formeln und Algorithmen als analytische Aussagen, und nicht als willkürlich vorgegebene Handlungsanleitungen oder gar als willkürliche Spielregeln erkennen kann: „Also, ich kann überall dieses Übergeordnete oder so das Wesen der Mathematik, sage ich mal, diese Stringenz finden. Wenn Schüler immer sagen ‚Man darf aber nicht durch Null teilen', dann sage ich immer gern ‚Klar darfst du das, aber du kannst es, also es ist gar nicht möglich, du brauchst gar nicht nach dem Dürfen fragen, es geht nicht.' Also dieses Unterscheiden zwischen Können und Dürfen, das ist in der Mathematik doch zentral. Es gibt doch eigentlich nichts, was ich nicht darf. Ich kann es oder ich kann es nicht."

Neben dem Deduzieren im Detail legt Lehrer A ebenfalls wert darauf, dass im großen Überblick die Strukturen mathematischer Theorien und ihr axiomatischer Aufbau deutlich werden – weniger in der Mittelstufe, sondern vor allem in der analytischen Geometrie der Oberstufe: „In der Analysis und noch schlimmer in der Stochastik wird man sehr viel öfter sagen: Das ist so, das können wir aber nicht beweisen; und das sehe ich in der analytischen Geometrie eigentlich gar nicht [...]. Also, ich sage nur, in der Analysis muss ich irgendwelche Mittelwertsätze theoretisch machen [...], bis ich irgendwelche weitergehenden Aussagen beweisen kann; und das ist in der Geometrie hier anders. Also da sehe ich eigentlich jetzt – naiv, wie ich bin – keine großen Lücken."

Die Antworten von Lehrer A scheinen sich am besten so interpretieren zu lassen, dass er Beweise aus Zielen unterschiedlicher Reichweite verfolgt: Die Vorbereitung auf die Sekundarstufe II und die Förderung leistungsstärkerer Schüler sind kurzfristige Ziele. Daneben scheint er Ziele zu verfolgen, die einem langfristigen Bildungsprogramm angehören: Die deduktive Arbeit soll Strategien fördern und ein Bild der Mathematik als Wissenschaft und als Kulturgut vermitteln. Parallel dazu soll die Deduktion aber auch dazu beitragen, Argumentationsfähigkeiten und damit letztendlich die Allgemeinbildung der Schüler zu fördern.

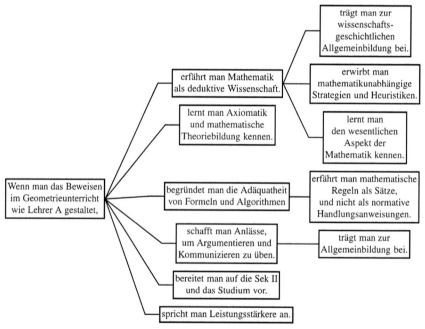

Abbildung 1: Ziele des Beweisens: Lehrer A

Ohne die Details jetzt weiter thematisieren zu können, fasst die Abbildung 1 diese Interpretation im Sinne einer subjektiven Theorie zusammen: Ausgehend von der Tätigkeit des Beweisens, werden mittlere und fernere Ziele hierarchisch in einer baumartigen Struktur dargestellt.

Bemerkenswert an dieser Grafik ist der Umstand, dass man neben den Prozesszielen des Argumentierens und Kommunizierens und den mathematikunabhängigen Strategien und Heuristiken mehrere Zielketten findet, die typische Aspekte mathematischer Theorien und mathematischen Arbeitens umfassen. Diese Ziele sind sozusagen Inhaltsziele auf einer Metaebene: Sie sollen nicht etwa Teile einer mathematischen Theorie vermitteln, sondern eine bestimmte Sicht auf die Geometrie oder auf die Mathematik als ganzes nahebringen. Lehrer A sogar vom Wesen der Mathematik. Seine Sichtweise lehnt sich dabei an eine Vorstellung von Mathematik als Produkt und seine Sicht mathematischer Theorien an fachwissenschaftliche Vorstellungen an. Unter den beiden letzten Aspekten erscheinen diese Ziele des Lehrers A im Licht einer „Geometrie als deduktive Theorie" im Sinne Hollands (vgl. Holland 2007, S. 21). Insofern sind diese inhaltlichen Metaziele Selbstzweck: Sie dienen keinen Prozesszielen oder Schülerkompetenzen, sondern sind Schlusspunkte einer Ziel-Mittel-Argumentation und damit aus Sicht von Lehrer A nicht weiter hinterfragte Aspekte davon, was es für ihn heißt, Mathematik und insbesondere Geometrie zu unterrichten.

Aus Sicht des Forschungsprogrammes Subjektive Theorien hat man damit ein Charakteristikum der Ziel-Mittel-Argumentation von Lehrer A herausgearbeitet, mit dem man sein individuelles Verständnis von Mathematik und seinem Mathematikunterricht näher expliziert hat: Neben Seitensträngen dominiert ein fachwissenschaftlicher, formal ausgerichteter Zugang.

Fallstudie Lehrer D

Lehrer D ist vorsichtig mit dem Begriff des Beweisens und schwächt ihn schon beim ersten Erwähnen auf das Begründen ab: „Also Beweisen würde ich erstmal vermeiden, das Wort ‚Beweisen', aber da – finde ich – eignet er [der Geometrieunterricht] sich ganz gut dazu, weil manche Konstruktionen eben nicht auf Anhieb ersichtlich sind, klar sind für Schüler; und die Notwendigkeit, dass man etwas begründen muss, etwas beweisen muss, unmittelbarer auftaucht, als wenn ich jetzt die Kommutativität oder das Assoziativitätsgesetz oder so etwas beweisen würde für rationale Zahlen in der Sekundarstufe II." Anders als Lehrer A sieht Lehrer D das Begründen unmittelbar im Dienste einer anderen Tätigkeit, dem Konstruieren. Er versucht nicht, Beweisnotwendigkeit zu erzeugen, sondern greift sie nur dort auf, wo sie von selbst entsteht. Anders als Lehrer A scheint ihm ein Beweisen als „wesentlicher Bestandteil" der Mathematik und die Vermittlung einer mathematisch-axiomatischen Theorienbildung weniger wichtig zu sein. Er empfindet das als wenig motivierend und lehnt entsprechend aufgebaute Lehrbücher ab: „Und wenn ich den Lambacher-Schweizer aufschlage, dann [...] sieht man Satz, Definition; wirklich, Satz, Definition, Satz, Definition – und das ist schlecht, das ist nicht motivierend."

Damit schließt er nicht aus, dass Begründungen oder Beweise dennoch einen Platz in seinem Unterricht finden – nämlich dann, wenn sie in einer bestimmten Weise motiviert sind und so aus seiner Sicht einen sinnvollen Zweck erfüllen: „Was jetzt im Lambacher-Schweizer ist, das eben losgelöst ist von irgendeiner realen Situation. Das ist die reine Mathematik, kein Bezug zur realen Umgebung, zu sonst irgendetwas. Und es ist kein Anlass im Prinzip, sich damit zu beschäftigen, außer dass der Lehrer gesagt hat: ‚Du sollst jetzt Aufgabe XY lösen und diese Beweise machen.' Und diese Zwangsläufigkeit, dass man sich mit irgendetwas beschäftigt, das muss deutlich werden dann auch im Unterricht. Also wie kommt man überhaupt dazu? Zu solchen Sätzen? Also die Begründung dafür und für die Mathematik, die dahinter steckt, die muss mitgeliefert werden. Wenn die fehlt, dann ist es Quatsch. Und diese Begründung, die liefert im Prinzip der Kontext." Das Begründen wird hier wieder als Hilfsmittel gesehen – allerdings dieses Mal nicht für Konstruktionen, sondern zur Lösung realer Probleme. Von daher – und nur soweit wie nötig – erhält das Begründen und überhaupt die gesamte mathematische Theorienbildung eine Berechtigung im Curriculum von Lehrer D: „Dann sieht das auch mit dem Kontext anders auch, dann brauche ich mir das nicht suchen, dann habe ich die Dinge ja als zentralen Punkt, wo an dem ich jetzt meine ganze Mathematik da hochhangeln kann – nicht? –; und wenn das so ist, so eine zentrale Geschichte ist und die Mathematik dann so eingebettet ist, dann ist das eigentlich ideal."

Allerdings geht Lehrer D nicht so weit, Mathematik als empirische Theorie anzusehen. Sie erscheint vielmehr als Theorie idealer mathematischer Objekte, die sich näherungsweise auch in realen Situationen anwenden lässt. Dieses Wechselspiel wird ausdrücklich betont: „Überall gibt es – was weiß ich? – Näherungen und Fehler und so etwas; und in der mathematischen Darstellung dann eben nicht. Da ist alles so, wie es ideal sein soll. Das ist auch schön. Das kann man ja dann auch mal vermitteln, wenn man solche Beispiele hat: Also hier haben wir es näherungsweise, aber hier ist alles genau." Beachtenswert ist es, dass auch hier der Realitätsbezug im Vordergrund steht und die Idealität mathematischer Objekte „dann auch mal" angesprochen werden kann. Eigenschaften der Mathematik bekommen bei Lehrer D anscheinend nie als Selbstzweck eine zentrale Bedeutung. Daneben werden einige Prozessziele des Beweisens bzw. Begründens genannt: „Einmal gibt das die Möglichkeit, dass man einen Weg selber findet, einen Weg aufzeigen kann, wie man Probleme selber lösen kann. Also wenn ich argumentieren kann, weiß ich dann auch, wie ich in anderen Situationen vielleicht auch Probleme lösen kann."

Analog zu Lehrer A wird der Ausschnitt der subjektiven Theorie über das Beweisen in der Abbildung 2 graphisch festgehalten. Aus Platzgründen müssen die Andeutungen, die sich oben zwischen den Zitaten finden, reichen, um die Interpretation nachvollziehbar und den hierarchischen Aufbau der subjektiven Teiltheorie plausibel zu machen.

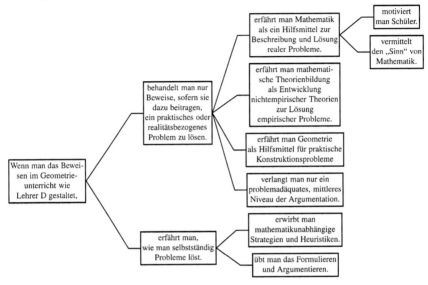

Abbildung 2: Ziele des Beweisens: Lehrer D

Zwischen Relation und Deskription, zwischen mathematischer Theorie und mathematischem Werkzeug

Vergleicht man den Ausschnitt der subjektiven Theorie über das Beweisen von Lehrer D mit der von Lehrer A, so fallen deutliche Unterschiede auf: Bei beiden treten zwar Beiträge zur Allgemeinbildung und Berufs- und Studienvorbereitung auf – wie etwa Heuristiken und Strategien, außerdem die Prozessziele des Argumentierens und Kommunizierens –, jedoch fehlen bei Lehrer D jegliche Zweige, die Beweise um ihrer selbst willen enthalten, oder solche, in denen die *axiomatischen, deduktiven oder formalen* Aspekte mathematischer Theorien angesprochen und als Inhaltsziele auf einer Metaebene angestrebt werden. Beweise treten nur im Dienste konstruktiver oder anwendungsbezogener Probleme auf. Folglich wird ein Beweis oder eine Begründung nur dann verlangt, wenn notwendige Aussagen bzw. mathematische Hilfsmittel strittig sind, nicht aber, um Aussagen auch ohne diese Notwendigkeit zu beweisen. Das Wissen-Dass steht bei Lehrer D dem Wissen-Warum gegenüber eindeutig im Vordergrund – allerdings selbst dann nur in der Rolle als Hilfsmittel für andere, *konstruktive oder anwendungsbezogene* Zwecke. Dieser entscheidende Unterschied wird nun aus den beiden subjektiven Theorien herausgegriffen, und es wird im Dialog mit der fachdidaktischen Literatur nach einem systematischen Zusammenhang gesucht, wie und warum sich die Rolle des Beweisens vor einer eher *formal-axiomatischen* Sicht der Mathematik und einer eher *konstruktiv-anwendungsbezogenen* Sicht unterscheiden. Die weiteren Überlegungen beschränken sich auf diese beiden Aspekte der Lehrerinterviews und arbeiten ihre Unterschiede idealtypisch heraus. Die Gemeinsamkeiten zwischen Lehrer A und D, die sich zweifelsohne bei Lernzielen wie dem Erwerb von Strategien, Heuristiken und Argumentationskompetenzen finden lassen, rücken dabei in den Hintergrund.

Sichtweisen von Geometrie und Ziele des Beweisens

Auf einen ähnlichen Sachverhalt wie diesen, den man bei Lehrer A und D über die Zwecke des Beweisens finden kann, macht Holland aufmerksam. Er unterscheidet vier Aspekte der Geometrie (Holland 2007, S. 19):

(1) Geometrie als Lehre vom Anschauungsraum,

(2) Geometrie als deduktive Theorie,

(3) Geometrie als Übungsfeld für das Problemlösen,

(4) Geometrie als Vorrat mathematischer Strukturen.

Holland geht weiterhin von zwei möglichen Zielen des Beweisens aus (Holland 2007, S. 136):

(1) Die Allgemeingültigkeit eines Satzes soll eingesehen werden (hier Wissen-Dass genannt).

(2) Beziehungen zu solchen Sätzen sollen hergestellt werden, die die Allgemeingültigkeit des Satzes begründen (Wissen-Warum oder lokales Ordnen).

Je nachdem, welchen der vier Aspekte von Geometrie man verfolgt, ergeben sich Hollands Meinung nach unterschiedliche Gründe, einen Beweis zu führen: „Unter dem Aspekt der Geometrie als Lehrer vom Anschauungsraum hat der Beweis die Einsicht seiner Allgemeingültigkeit zum Ziel. Unter dem Aspekt der Geometrie als einer deduktiven Theorie geht es beim Beweisen eines Satzes hingegen vordringlich um die Deduzierbarkeit des Satzes aus anderen, i. Allg. schon akzeptierten Sätzen der Geometrie" (Holland 2007, S. 21). Für das Problemlösen steht die jeweils gefragte Strategie oder Heuristik als Lernziel im Vordergrund, und keine der beiden hier zitierten genuinen Beweisziele (Holland 2007, S. 139).

In diesem Sinne könnte man Lehrer A als Vertreter einer deduktiven Sicht der Geometrie einordnen und Lehrer D auf den ersten Blick als Repräsentant einer Geometrie des Anschauungsraumes. Für Lehrer A mögen sich ausreichend viele Anhaltspunkte dazu finden; bei Lehrer D ist diese Sicht jedoch problematisch, denn nach Holland ist die „Struktur ‚Anschauungsraum' [...] kognitiv, weil sie eine Bewusstseinsstruktur des erkennenden Menschen ist" (Holland (2007), S. 19). Lehrer D bezieht sich jedoch keineswegs auf psychologische Strukturen, sondern sowohl bei Anwendungen als auch bei Konstruktionen auf Situationen der realen Außenwelt.

Relationale und deskriptive Geometrie

Eine angemessenere Einschätzung der beiden Lehrer findet man, wenn man Hollands Überlegungen zur Geometrie des Anschauungsraumes verallgemeinert und als Verallgemeinerung eine Begriffsunterscheidung von Kadunz und Sträßer benutzt: Sie unterscheiden zwischen einer *relationalen* und einer *deskriptiven* Sicht der Geometrie, nämlich zwischen einer „relationale[n] Geometrie als Studium logisch-geometrischer Zusammenhänge und [einer] deskriptive[n] Geometrie zur außermathematischen Verwendung" (Kadunz/Sträßer 2007, S. 4). Die relationale Geometrie entspricht Hollands Geometrie als deduktiver Theorie; die deskriptive Theorie verallgemeinert Hollands Gedanken von einer Bezugnahme auf den Anschauungsraum zu einer Bezugnahme auf überhaupt einen Aspekt der realen Welt. Vom Anschauungsraum ist in den Zitaten von Lehrer D nichts zu erkennen, wohl aber von einer Bezugnahme auf die alltägliche Umwelt, und zwar sowohl beim Konstruieren als auch beim Anwenden; und bei den Anwendungen kommt möglicherweise auch der Raum im physikalischen Sinne ins Spiel (der in einem stärkeren Sinne nur „näherungsweise" eine euklidische Geometrie ist als die unmittelbare Umwelt mittlerer Dimension, vgl. bspw. Vollmer (2003)).

Der Werkzeugcharakter der Geometrie

Mit den Begriffen einer relationalen bzw. deskriptiven Sicht der Geometrie kann der Hauptunterschied zwischen Lehrer A und D beschrieben werden: Bei Lehrer A steht die relationale Geometrie, die Geometrie als deduktive Theorie, im Vordergrund, die eine Beschäftigung mit Beweisen als Selbstzweck und zur Vermittlung des „Wesens" der Mathematik nahelegt. Lehrer D hingegen sieht die Geometrie deskriptiv und verwendet Beweise nur, wenn deskriptive Aussagen stritig sind, die im jeweiligen Problemkontext gebraucht werden. Insgesamt erscheinen bei ihm mathematische Theorien und Methoden im Wesentlichen als „Hilfsmittel (tool[s]) zur Bewältigung des gegenwärtigen und zukünftigen Lebens" (Graumann 1994, S. 36).

Methodologische Reflexion

Die Verallgemeinerung der Hollandschen These erscheint hier als ein Beispiel dafür, wie eine qualitative Studie im Sinne des Forschungsprogrammes Subjektive Theorien einen Beitrag zur Mathematikdidaktik liefern kann: Einerseits hat man mit den beiden Fallstudien zwei unterschiedliche Sicht- und Argumentationsweisen kennengelernt und dieses Ergebnis zunächst rein empirisch für eine Typenbildung festgehalten (die allerdings mehr als zwei Fälle erforderte; in diesem Artikel aber auch gar nicht angestrebt wird). Andererseits stand für Lehrer D ein Stück mathematikdidaktischer Theorie zur Verfügung, das seine Ansichten verständlich machen konnte, aber nur „beinahe" passte. Von hier aus kam die Anregung, eine Unterscheidung Hollands zu verallgemeinern und damit für Lehrer D passend zu machen, d. h. im Sinne des Forschungsprogrammes Subjektive Theorien einen hermeneutischen Deutungsrahmen zu suchen, der seine Überlegungen verständlich und nachvollziehbar zu machen (ohne darüber zu entscheiden, ob er mit seiner Meinung Recht hat).

In diesem Sinne trägt das Forschungsprogramm wie oftmals eine qualitative Methode zu gegenstandsbegründeter Theoriebildung aufgrund von Einzelfallstudien bei (Flick 1996, S. 56f). Dadurch erhält die Didaktik einen neuen Anstoß, der insbesondere dadurch begünstig wird, dass subjektive Theorien eine ähnliche argumentative Struktur aufweisen wie „offizielle" didaktische Theorien: Lehrer D argumentiert für seine Ziele des Beweisens ähnlich, wie Holland über die Geometrie des Anschauungsraumes spricht. Diese Argumente können in den didaktischen Diskurs eingebettet werden, und dort kann untersucht werden, inwiefern seine Meinung und Argumentation relevant, stimmig oder stichhaltig ist.

Bildungsstandards und tatsächlicher Unterricht

Abschließend soll an einem Beispiel kurz auf die praktische Relevanz der Interpretation eingegangen werden. Dabei rückt wie eingangs die Frage in den Blick, ob und wie sehr Bildungsstandards darauf hoffen lassen können, dass der reale Unterricht tatsächlich stärker standardisiert wird. Die Deutsche Mathematiker-Vereinigung und die Gesellschaft für Didaktik der Mathematik haben in ihrer gemeinsamen Stellungnahme zu den Bildungsstandards diesen Aspekt besonders positiv aufgenommen: „Beide Gesellschaften halten eine solche Formulierung von Standards dringend geboten, um für alle Schülerinnen und Schüler in der Bundesrepublik Deutschland gleiche Lernchancen zu ermöglichen" (Kramer/Reiss 2003, S. 1). Unsere Fallstudie mag es jedoch fraglich erscheinen lassen, inwiefern gemeinsame Standards zu einem vergleichbaren Unterricht führen.

Sowohl Lehrer A als auch Lehrer D werden darauf bestehen, dass sie die Kompetenz „Beweisen und Argumentieren" in ihrem Unterricht berücksichtigen – und beide haben damit Recht. Der entscheidende Unterschied wurde jedoch schon in einem der ersten Zitate angesprochen: Der Lehrer hat einen entscheidenden Einfluss darauf, „*how* it gets thought" (Wilson/Cooney 2002). Ob man Beweise aus Sicht einer relationalen oder deskriptiven Geometrie betrachtet, wirkt sich darauf aus, welche Beispiele, welchen Anspruch und welche Funktionen man mit Beweisen erreichen möchte. So findet man in der subjektiven Theorie von Lehrer A mehr Einträge als bei Lehrer D, die in der Liste auftreten, die im ersten Abschnitt als Zusammenstellung typischer Ziele des Beweisens zitiert worden ist.

Dass bei Lehrer D nicht so viele dieser Punkte auftreten, ist kein Zufall, sondern hat einen *systematischen Grund*: Fasst man Geometrie deskriptiv und als Hilfsmittel für Probleme auf, die sich in einem empirischen Kontext ergeben – Anwendungen und Konstruktionen sind es bei Lehrer D –, dann treten Aspekte der Geometrie als deduktiver Wissenschaft nur insofern auf, als sie für die Probleme dieses Kontextes wichtig sind. Wie man in der der subjektiven Theorie von Lehrer D sieht, fehlen hier beispielsweise die Punkte 2, 3, 7 und 8 der Hannaschen Liste, die bei Lehrer A hingegen eine große Rolle spielen. Die anderen Punkte scheinen bei beiden in ähnlicher Weise berücksichtigt zu werden.

Aus unserer Fallstudie scheint man zwei Schlüsse ziehen zu können. Erstens: Setzen zwei Lehrer einen Haken unter den Punkt „Das Prozessziel des Beweisens wurde im Geometrieunterricht berücksichtigt", muss das keineswegs zu vergleichbaren Erfahrungen der Schüler führen. Allein schon im intendierten Curriculum lassen sich verschiedene Absichten erkennen, was Stellenwert, Auswahl und Anspruch von Beweisaufgaben angeht. Wie sehr sich diese Sicht im realen Unterricht auswirkt, müsste anderweitig untersucht werden. Wegen der gravierenden theoretischen Differenzen lässt sich an dieser Stelle jedoch ein erheblicher Einfluss vermuten.

Zweitens sollte ein wichtiger Einflussfaktor auf die Ausgestaltung des Bildungszieles „Argumentieren und Beweisen" deutlich geworden sein: die Sicht der geometrischen Ontologie. Je nachdem, ob man Geometrie als formale oder empirische Wissenschaft auffasst, rücken gewisse Aspekte des Beweisens in den Vordergrund oder Hintergrund. Mit den Punkten 2, 3, 7 und 8 aus Hannas Liste kann man diesen Bereich sogar genauer angeben. Noch interessanter als diese inhaltlichen Details ist es jedoch, dass mit dem ontologischen Hintergrund von der Art her ein Einflussfaktor aufgetreten ist, mit dem nicht unbedingt zu rechnen gewesen wäre: Immerhin handelt es sich bei den Bildungsstandards um normative Vorgaben, die auf bestimmte Schülerkompetenzen, also Prozessziele abzielen. Dass in den subjektiven Curricula zweier Lehrer diese Prozessziele auf eine bestimmte Art und Weise durch inhaltliche und philosophisch-weltanschauliche Ansichten über Geometrie und Mathematik beeinflusst werden können, dürfte neben den inhaltlichen Einzelheiten auf einer abstrakteren Ebene das markanteste Ergebnis sein.

Literatur

Andelfinger, B. (1988). Didaktischer Informationsdienst Mathematik. Geometrie. Soest: Verlagskontor

Beck, C.; Maier H. (1994). Mathematik als Textwissenschaft – Zum Status von Texten als Grundlage empirischer mathematikdidaktischer Forschung. In: Journal für Mathematik-Didaktik (JMD), 15 (1994) 1/2, S. 35-78

Eichler, A. (2005). Individuelle Stochastikcurricula von Lehrerinnen und Lehrern. Hildesheim und Berlin: Verlag Franzbecker

Flick, U. (1996). Qualitative Forschung – Theorie, Methoden, Anwendung in Psychologie und Sozialwissenschaften. Reinbek bei Hamburg: Rowohlt Taschenbuch Verlag

Graumann, G. (1994). Geometrie im Alltag – Konzeptionen, Themenübersicht, Praxisberichte. In: W. Blum et al. (Hrsg.): Materialien für einen realitätsbezogenen Unterricht (ISTRON Band 1), Hildesheim und Berlin: Verlag Franzbecker, S. 31-59

Groeben, N. et al. (1988). Das Forschungsprogramm Subjektive Theorien – Eine Einführung in die Psychologie des reflexiven Subjekts. Tübingen: Francke Verlag GmbH

Hanna, G. (2000). Proof, Explanation and Exploration: An Overview. In: Educational Studies in Mathematics, Nr. 44, S. 5-23

Holland, G. (2007). Geometrie in der Sekundarstufe – Entdecken, Konstruieren, Deduzieren – Didaktische und methodische Fragen. Hildesheim und Berlin: Verlag Franzbecker

Kadunz, G.; Sträßer R. (2007): Didaktik der Geometrie in der Sekundarstufe I. Hildesheim und Berlin: Verlag Franzbecker

Kramer, J.; Reiss K. (2003). Gemeinsame Stellungnahme der Deutschen Mathematiker Vereinigung (DMV) und der Gesellschaft für Didaktik der Mathematik (GDM) zu den „Bildungsstandards im Fach Mathematik für den mittleren Schulabschluss". http://didaktik-der-mathematik.de/stellungnahmen/2003_01.pdf

KMK (2004). Kultusministerkonferenz: Bildungsstandards im Fach Mathematik für den Mittleren Schulabschluss: Beschluss vom 4.12.2003. München: Hermann Luchterhand (Wolters Kluwer Deutschland GmbH)

Leder, G. et al. (Hrsg.) (2002). Beliefs: A hidden variable in mathematics education? Dodrecht: Kluwer Academic Publishers

Scheele, B.; N. Groeben (1988). Dialog-Konsens-Methoden zur Rekonstruktion subjektiver Theorien. Tübingen: Francke

Vollmer, G. (2003): Die Erkenntnis der Natur, Band 2, Was können wir wissen? Stuttgart: Hirzel

Wilson, R.; T. Cooney (2002). Mathematics teacher change and development. The role of beliefs. In: G. Leder, E. Pehkonen und G. Törner (Hrsg.): Beliefs: a hidden variable in mathematics education? Dodrecht: Kluwer, S. 127-148

Interaktive Instruktionsvideos für das raumgeometrische Konstruieren

Olaf Knapp und Heinz Schumann

„Man kann des Kindes Erforschung des Raumes in mannigfaltiger Weise organisieren." (Hans Freudenthal, 1973, S. 387)

Zusammenfassung. Dynamische Raumgeometriesysteme (DRGS) wie etwa Cabri 3D bieten in vielen geometriedidaktischen Bereichen reichhaltige Potentiale für die Schulpraxis. Durch den Einsatz interaktiver Instruktionsvideos (IIVs) können DRGS, insbesondere für noviziale Schüler im Rahmen eines schülerzentrierten Unterrichts und auch für Lehrpersonen, mit zusätzlichen didaktischen Mehrwerten versehen werden. In diesem Beitrag werden die Entwicklung geeigneter IIVs und deren Anwendung auf das Lösen raumgeometrischer Konstruktionsaufgaben sowie die zugehörigen Ergebnisse qualitativer und quantitativer empirischer Studien vorgestellt, die für den schulpraktischen Einsatz und die entsprechende Entwicklung interaktiver Lernumgebungen für das raumgeometrische Konstruieren hilfreich sein können.

Interaktive Instruktionsvideos und Dynamische Raumgeometriesysteme

Die Umsetzung mathematikdidaktischer Theorien und ihrer Implikationen in der Schulpraxis scheitert häufig u.a. an der mangelnden schulpraktischen Kenntnis der Theoretiker und/oder entsprechender schulpraktischer Unterstützung für die noviziale Lehrer- und Schülerschaft[1]. Auch scheinen die in allgemein bildenden Schulen tatsächlich vorhandenen rechtlichen, personellen, administrativen, organisatorischen Ressourcen etc. wenig bekannt zu sein. Dies gilt insbesondere für die Schularten der Sonder-, Haupt- und Realschulen.

Mit Dynamischen Raumgeometriesystemen (DRGS) wie etwa Cabri 3D (Bainville/Laborde 2004-2007) oder Archimedes Geo 3D (Goebel/Oldenburg 2007) stehen uns heute Werkzeuge für den Mathematikunterricht zur Verfügung, die im Kontext der Schulgeometrie zum geometrischen Arbeiten im virtuellen Raum als interaktivem Handlungsraum dienen können (Schumann 2005, 2006 u. 2007).

---

[1] So stellen etwa Bortz/Döring (2006, S. 74ff) fest, dass Studierende exorbitant als Versuchspersonen an empirischen Untersuchungen teilnehmen. Die so gewonnenen Ergebnisse werden häufig einfach auf Schüler übertragen und übergeneralisiert.

Dabei drängen sich zahlreiche Fragen auf, von denen hier einige genannt werden sollen:

Wie kann die Lehrkraft bzw. der Schüler als instrumenteller Novize diese Werkzeuge nutzen? Wie kann ein erster qualifizierter Zugang geschaffen werden? Wie können sich Schüler mathematische Problemlösestrategien mittels dieser Werkzeuge aneignen?

Wie sollten diese Werkzeuge und die sie unterstützenden Medien gestaltet sein, damit gerade Menschen, welche wenig Begeisterung für die Raumgeometrie mitbringen, dazu motiviert werden, individuell, spezifisch und effektiv zu handeln?

Mit entsprechenden, die mathematische Bildung unterstützenden Computerwerkzeugen wie etwa Computeralgebra-Systemen, Dynamischen (Raum-) Geometriesystemen, Modellbildungssystemen, etc. können Schüler einen individuellen, für sie passenden Zugang zur Mathematik finden. Kognitive Strategien, welche das interaktive Problemlösen (hier das Lösen von Konstruktionsaufgaben) zugänglich machen, bieten weitere vielfältige Möglichkeiten.

Ohne zwingende Kenntnis der Methoden der Darstellenden Geometrie ermöglichen leistungsfähige DRGS wie z.B. Cabri 3D dem Novizen einen interaktiven und intuitiven Zugang, um räumliche Konstruktionen zu visualisieren, auszuführen und diese im virtuellen Handlungsraum – z. B. im Zugmodus mit dem Zwecke der Variation – zu manipulieren.

Vor dem mathematikdidaktischen Hintergrund des Argumentierens und Beweisens in der Geometrie sind u. a. raumgeometrische Konstruktionen Voraussetzung für das Finden und Begründen raumgeometrischer Aussagen; außerdem ist das Lösen raumgeometrischer Konstruktionsaufgaben ein Übungsfeld für das Problemlösen. Die hier zu betrachtenden raumgeometrischen Konstruktionen im Kontext der synthetischen Geometrie sind im Allgemeinen direkt nur mittels geeigneter interaktiver Raumgeometriesysteme konkret ausführbar (wie z.B. die Verwendung des Kugel-Zirkels oder des Planeals in Cabri 3D) - im Gegensatz zu den ebenen Konstruktionen. Interaktive Computerwerkzeuge, welche für das raumgeometrische Konstruieren in der Schulgeometrie nach aktuellen softwaretechnischen/-ergonomischen Standards entwickelt wurden, sind seit 2004 verfügbar.

Unter raumgeometrischen Konstruktionen verstehen wir hier alle auf die räumlichen Postulatkonstruktionen einschließlich der ebenen Postulatkonstruktionen rückführbaren Konstruktionen. Die räumlichen Postulatkonstruktionen sind die folgenden (ohne Sonderfälle):

- Die Konstruktion einer Geraden durch zwei verschiedene Punkte. (Konstruktion einer Verbindungsgeraden mittels Geraden-Lineal)

- Die Konstruktion einer Ebene durch drei nicht auf einer Geraden liegender Punkte. (Konstruktion einer Verbindungsebene mittels Planeal)

- Die Konstruktion einer Kugel um einen Punkt als Mittelpunkt durch einen von diesem verschiedenen Punkt als Kugelpunkt. (Konstruktion einer Kugel mittels Kugel-Zirkel)

- Die Konstruktion des Schnittpunkts einer Geraden mit einer Ebene, zu der die Gerade nicht parallel ist. (Konstruktion Durchstoßpunkt Gerade mit Ebene)

- Die Konstruktion der Schnittpunkte von einer Gerade mit einer Kugel. (Konstruktion Durchstoßpunkte Gerade mit Kugel)

- Die Konstruktionen der Schnittgeraden zweier nichtparalleler Ebenen. (Konstruktion Schnittgerade Ebene mit Ebene)

- Die Konstruktion des Schnittkreises von einer Ebene mit einer Kugel. (Konstruktion Schnittkreis Ebene mit Kugel)

- Die Konstruktion des Schnittkreises von einer Kugel mit einer Kugel. (Konstruktion Schnittkreis Kugel mit Kugel)

Im Folgenden beschränken wir unsere Ausführungen auf das geometrische Konstruieren im virtuellen Raum mit dem Programm Cabri 3D in der Schule (Schumann 2007).

Videos[2], das sind u. a. On-Screen-Recorded (u. a. Bildschirmaufzeichnungen von Dialogen Nutzer – Werkzeug, TechSmith 2006a), Realfilme, Trickfilme, Animationsfilme, können die Nutzung dieser Werkzeuge unterstützen und so eine Brücke zwischen dem Nutzer und dem Werkzeug bilden. Aus mathematikdidaktischer Sicht sind dabei die Instruktion, Animation, Präsentation und Dokumentation idealisierte Einsatzfunktionen im computerunterstützten Mathematikunterricht. Vor dem Hintergrund der Themenstellung dieser Arbeit soll es im Folgenden nicht um einen Medien-/ Methodenvergleich (zur Symbiose bzw. zum Gegenstandsproblem Medium-Methode vgl. Clark 1994) Video vs. bspw. Printmedium gehen, soweit dies forschungstheoretisch überhaupt möglich ist (vgl. ebd.).

---

[2] Auf die bei vielen Autoren häufig anzutreffende etymologische Verengung der Begriffe „Film" und „Video" im Sinne nicht mehr zeitgemäßer Vorstellungen (immerhin existieren seit 1996 „DVDs") gehen wir hier aus Platzgründen nicht näher ein.

Aufgrund entsprechender empirischer Forschungsergebnisse (Klauer/Leutner 2007, Urhahne/Harms 2006) beschränken wir uns im Folgenden auf die Instruktionsfunktion. Nach Atkinson et al. (2000) ermöglichen Instruktionen dem Lernenden die Problemlösestrategie eines Experten nachzuvollziehen und diese selbst auszuführen. So können Instruktionsvideos einerseits dem Lehrer bei der Arbeit mit den Lernenden helfen, ihn unterstützen und entlasten; andererseits können sie die Lernenden zu selbstständigem und effektivem Lernen anleiten.

Neben dem reinen mathematischen Fachwissen können Schüler ferner ihre Medien- und Methodenkompetenz (durch das Lernen mit interaktiven Instruktionsvideos [IIVs]) erweitern und vertiefen.

Lern-, kognitions- und instruktionspsychologischen Erkenntnissen Rechnung tragend (Edelmann 2000, Anderson 2001, Klauer/Leutner 2007), gehören diese Videos zum Lernen durch Beobachtung und Imitation, speziell zum Lernen am Modell (Spada 1992, Bandura 1976). Sie stellen damit grundlegende Lernprozesse dar (Atkinson et al. 2000, Riempp 1999). In Abgrenzung zur Mimikry nach Tomasello/Carpenter und die unter Wissenschaftlern umstrittenen unterschiedlichen Aspekte und Etymologien des Begriffs „Imitation" sei auf Mazur (2006) verwiesen. – Im Hinblick auf die Praxis des Mathematikunterrichts halten die Autoren den aktuellen mathematikdidaktischen Trend, das Lernen von Mathematik unter vorwiegend konstruktivistischer Sicht zu betrachten und Aspekte des Lernens durch Instruktion außer Acht zu lassen, für eine modische Vereinseitigung. In diesem Zusammenhang könnte die Mathematikdidaktik von den Forschungsergebnissen der Lern- und Kognitionspsychologie profitieren.

Bei der Entwicklung und Gestaltung dieser Videos sind Überlegungen und empirische Befunde der kognitiven Belastungstheorie (Sweller 1988 und 2005) und ihrer Implikationen auf das Lehren und Lernen (insbesondere dessen mit Multimedia Mayer (2001, 2005); vgl. seine „Seven Principles of Multimedia Design") zu beachten. Speziell seien hier kurz die Kriterien für die Gestaltung von interaktiven Lernumgebungen angesprochen. Nach Paivios „dual channel theory" findet Lernen via verbalem und bildhaftem Kodierungssystem statt (vgl. Klauer/Leutner 2007, Mayer 2001). Berücksichtigt man diese Informationskodierungen kommt es demnach zu höheren Lerneffekten im Vergleich zur Nichtberücksichtigung dieser Kodierungstheorie.

Nach Clark, Nguyen & Sweller (2006) wird beim (kognitiven) Lernen der Lernende durch die Anstrengung beim Lernen („germane load"), durch den Lerninhalt („intrinsic load") und durch „überflüssige" Belastungen („extraneous load"; welche durch die Lernumgebung bedingt sind) belastet. Will man im schulischen Kontext zielorientiert, fachlich und didaktisch arbeiten, kann demnach nur durch die Reduzierung der „überflüssigen Belastungen" der Lernumgebung positiver Einfluss auf die Lerneffekte ausgeübt werden.

Welche Gestaltungselemente sind „überflüssig"?

In der – vorwiegend medienpädagogisch und psychologisch geprägten - Grundlagenforschung zur Entwicklung und Gestaltung von multimedialen Lernumgebungen finden sich u.a. in Kerres (2001), Mayer (2001, 2005), Clark, Nguyen & Sweller (2006) entsprechende allgemeine Prinzipien und Designkriterien[3]. Die Vertreter dieser Forschungsrichtungen haben allerdings naturgemäß Probleme mit der Struktur und Repräsentanz von fachspezifischen Wissensinhalten. So fehlen im Rahmen der Themenstellung der vorliegenden Arbeit u. a. bezüglich des raumgeometrischen Konstruierens, der Berücksichtigung des virtuellen (Handlungs)Raumes, der Erfassung potentieller geschlechts- und aufgabenspezifischer Unterschiede, sowie von software-inhaltsspezifischen (vice versa) Merkmalen vergleichbare Prinzipien und Designkriterien, ganz zu schweigen von ihrer entsprechenden empirischen Unterstützung. Darüber hinaus werden leider im Allgemeinen ausgewählte globale und spezifische Persönlichkeitsmerkmale (wie z.B. kognitive Leistungsfähigkeit, Angstverhalten, Computer(vor)erfahrungen und subjektive Einstellungen mit ihren jeweiligen Subvariablen), welche potentiell Einfluss auf die mechanischen und verstehenden Reproduktionsleistungen haben, nur selten erhoben. Hier bedarf es einer Konkretisierung und entsprechender empirischen Evaluation.

Es kommt folglich darauf an, interaktive Lernumgebungen zu schaffen, in welchen der noviziale Schüler raumgeometrisches Konstruieren lernen kann und welche die Lehrkraft entlasten. Diese können z. B. entsprechend gestaltete Instruktionsvideos enthalten, die Musterlösungen von ausgewählten Aufgaben präsentieren, wobei die Videos neben dem Erlernen des raumgeometrischen

---

[3] Wie sehr es aber generell an empirisch gestützter Grundlagenforschung mangelt zeigt u.a. die entsprechend fehlende Diskussion bzw. Prüfung auf geschlechtsspezifische Unterschiede beim computerunterstützten bzw. multimedialen Lernen. So konnten z.B. Strittmatter/Niegemann (2000, S. 142) in der Literatur keine geschlechtsspezifischen Unterschiede hinsichtlich der Lernleistungen beim computerunterstützten Lernen finden. Dies wurde speziell schon im Rahmen einer Medienvergleichsuntersuchung über die Verwendung der analogen Werkzeuge versus der Nutzung eines dynamischen Geometriesystems für das geometrische Konstruieren in der Ebene von Nolte 1993 in seiner leider nicht beachteten Dissertation festgestellt. Für die Mathematikdidaktik ist aber nach Zech (1996, S. 45ff) zu konstatieren, dass es wohl geschlechtsspezifische Unterschiede im Mathematikunterricht bzw. beim Lernen von Mathematik gibt. Gleichwohl bspw. Niederdrenk-Felgner (2003) hierfür einige allgemeine Erklärungsansätze angibt, fehlt eine entsprechende (empirisch gestützte) Grundlagenforschung, welche vor dem Hintergrund der konkreten Gestaltung von multimedialen Lernumgebungen, die obigen Anforderungen genügen will, geboten ist.

Konstruierens auch dem Erwerb der Nutzungskompetenz dienen. Der Inhalt der Videos zielt aber auf das Erlernen raumgeometrischen Konstruierens.

Lösungsbeispiele können dabei besonders zu Beginn des Erwerbs kognitiver Fertigkeiten (speziell in der Mathematik) eine wichtige Rolle spielen. Empirische Befunde zeigen eine hohe Lerneffektivität (Renkl 1999). Dabei kommt es auf die konkrete Gestaltung der musterhaften Lösungen von Musteraufgaben an, wobei sich allerdings instruktionale Erklärungen als weiterführend erweisen („Instruktionsvideos").

Musterhafte Lösungen von Musteraufgaben sollen es dem Lernenden ermöglichen, die gezeigte modellhafte Problemlösung eines Experten - die einen bestimmten Typus von Aufgabenklassen exemplarisch repräsentiert – nachzuvollziehen, selbst auszuführen, in seinem kognitiven Schemata abzuspeichern und im weiteren Verlauf des Lernprozesses handlungskompetent zu agieren (vgl. Atkinson et al. 2000, Mayer 2005).

Dies wirft weitere Forschungsfragen auf, welchen in qualitativ (Croplcy 2005) und quantitativ (Wellenreuther 2000) orientierten empirischen Untersuchungen mit weiblichen und männlichen Realschülern der 8. Jahrgangsstufe aus dem Süden des Landes Baden-Württemberg nachgegangen werden sollte:

- Welcher Filmmodus führt aus einer Auswahl an Filmmodi zu den höchsten Lerneffekten hinsichtlich einer einfachen raumgeometrischen Konstruktion?
    o Welcher (hinreichend effektive) Filmmodus wird von den Schülern präferiert?
- Ermöglichen IIVs das Erlernen von Konstruktionen (bzw. Konstruktionsvorgängen) im virtuellen Handlungsraum?
- Gibt es geschlechtsspezifische Unterschiede hinsichtlich der mittels IIVs induzierten Lernleistungen?
- Gibt es aufgabenspezifische Unterschiede hinsichtlich der mittels IIV induzierten Lernleistungen?

In Pilotstudien mit 192 Schülerinnen und Schülern wurden zuvor erstellte Filmmodi, das Untersuchungsdesign und die Messinstrumente hinsichtlich der Reproduktionsleistungen und Schülerpräferenzen für das Arbeiten mit Computerwerkzeugen untersucht (Schumann/Knapp 2005). Daraufhin wurden die Filmmodi (TechSmith 2006a, 2006b), das Untersuchungsdesign und die Messinstrumente erweitert und optimiert.

Eine erste Voruntersuchung mit 165 weiteren Schülerinnen und Schülern zeigte statistisch signifikante Mittelwertsunterschiede (Kleiter 1988/1990, Rost 2005) zwischen den verschiedenen Filmmodi. Diese wurden aus Designkombinationen (mit/ohne) von hörbaren und textlichen Kommentaren, verschiedenen Darbietungsarten von Stichwortkarten, Menü-Nummerierungen und Vorschaubildern hinsichtlich der Instruktion einer raumgeometrischen Rekonstruktion gestaltet.

In einer zweiten Voruntersuchung mit 242 weiteren Schülerinnen und Schülern zeigte sich, dass es statistisch signifikante Unterschiede (Kleiter 1988/1990, Rost 2005) hinsichtlich der Schülerpräferenz zwischen den Filmmodi gab (Knapp/Schumann 2006, 2007a, 2007b).

Aufgrund obiger quantitativ und qualitativ orientierter Forschungsergebnisse wurde für die Entwicklung und Gestaltung der IIVs das Instruktionsvideo der Voruntersuchungen mit den statistisch signifikant höchsten und damit effektivsten Rekonstruktionsergebnissen, welche zugleich von den Schülerinnen und Schülern präferiert wurde, verwandt. Für dieses Instruktionsvideo wurden in Pre-Post-Test-Verfahren (Bortz/Döring 2006) noch einmal die Messinstrumente zur mechanischen und verstehenden Reproduktionsleistung auf ihre Objektivität, Reliabilität und Validität hin überprüft. Die Messinstrumente können demnach als hinreichend (vgl. die Ausführungen zu Cohn in Jank/Meyer 1991, S. 226ff) objektiv, reliabel und valide angesehen werden (ebd., Rost 2005, Knapp/Schumann 2008).

Abbildung 1 zeigt diesen hinreichend optimierten Videomodus:

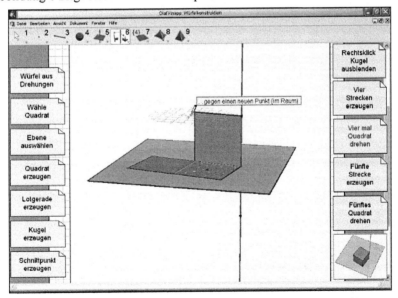

Abbildung 1: Screenshot eines hinreichend optimierten Instruktionsvideos

Wir verstehen im Folgenden unter einem IIV eine filmische Darbietung, welche den (vor allem novizialen) Nutzer durch individuelle schrittweise Mensch-Computer-Interaktion im Rahmen eines Eingabe-Ausgabe-Schemas in die Lage versetzt, Problemlösungen eines Experten zu beobachten, nachzuahmen und zu erlernen.

Abbildung 2 zeigt einen Screenshot eines IIVs, welches nach den hinreichend optimierten Gestaltungskriterien der Voruntersuchung entwickelt wurde:

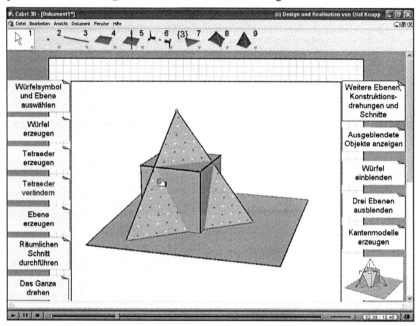

Abbildung 2: Screenshot eines IIVs einer dynamischen Durchdringungsaufgabe

Dabei wurden neben den oben beschriebenen Komponenten des Instruktionsvideos auch ein Start-, Pause- und Stopp-Button, Schieberegler und interaktive Stichwortkarten (welche spezifische Teilkapitel repräsentieren und je nutzerindividuell abrufbar sind - analog eines DVD-Menükapitels) als inter-aktive Elemente implementiert (TechSmith 2006a, 2006b). Selbstverständlich kann der Nutzer Kombinationsmöglichkeiten der oben beschriebenen Optionen je individuell nutzen.

Gemäß den aus obigen Studienergebnissen gewonnenen Gestaltungsprinzipien wurden neun verschiedene musterhafte Lösungen von Musteraufgaben in IIVs (TechSmith 2006a, 2006b, Matchware 2004, 2005) implementiert.

Im Besonderen wurden Videos zur räumlichen Orientierung, Auffaltung und Rotation erstellt, wobei als exemplarische Beispiele eine exakte Konstruktionsaufgabe, dynamische Durchdringungsaufgabe, Analogiebildungsaufgabe, Facettenkörperkonstruktionsaufgabe, Aufgabe zum Zusammensetzen von Körpern, Passungsaufgabe, Aufgabe zur Konstruktion von Körpernetzen, Parallelprojektionsaufgabe und eine Lageaufgabe gewählt wurden.

Zur Methodologie der Hauptuntersuchung

Aufgrund der oben erwähnten Studien wurden die mechanische und verstehende Reproduktionsleistungen (im Folgenden „Verstehensleistung")[4] mit den zuvor evaluierten Messinstrumenten erfasst. Dabei wurde unter der Reproduktionsleistung (RL) die Erfassung der in Cabri 3D ausgeführten Schülerkonstruktionen als zusammenfassender Unterschied im Vergleich zur Expertenlösung mittels Prozentpunktebewertung verstanden. Da zu den Lerneffekten beim Beobachtungslernen (Riempp 1999) neben der reinen Reproduktionsleistung auch die Fähigkeit zur Übertragung auf eine neue Situation als „kognitives Ergebnis" eines mentalen Handlungsplanes gehört, sollte die Konstruktion noch einmal – quasi vor dem „geistigen Auge" des Schülers – durchdacht werden. Auch dieser Sachverhalt wurde anhand der Verstehensleistung (VL) überprüft. Dabei wurde unter der VL die Erfassung mentaler Schülerreorganisationen als zusammenfassender Unterschied bei vorgegebenen richtigen und falschen Textbausteinen (Schritte der Konstruktionsbeschreibung) im Vergleich zur Expertenlösung mittels Prozentpunktebewertung verstanden.

Die RL wäre demnach – den „Beschlüssen der Kultusministerkonferenz vom 4.12.2003 über die Bildungsstandards im Fach Mathematik für den Mittleren Schulabschluss" (KMK 2003, S. 13) folgend – dem Anforderungsbereich 1 „Reproduzieren" zuzuordnen.

Die VL wäre der KMK 2003 folgend dem Anforderungsbereich 1 und bedingt auch dem Anforderungsbereich 2 „Zusammenhänge herstellen" zuzuordnen – und natürlich indirekt der allgemeinen Kompetenz „Argumentieren".

Es nahmen 129 Schülerinnen und 133 Schüler an der Hauptuntersuchung teil. Aus organisatorischen Gründen konnten die Stichproben nur aus intakten Gruppen (= Schulklassen) gezogen werden. Als klassisches statistisches Verfahren

---

[4] Zum Vergleich und zur Abgrenzung des technisch-mechanischen Lernens vs. sinnvollverstehenden Lernens sei auf Edelmann (2000, S. 138ff) und Klauer/Leutner (2007, S. 153ff) hingewiesen.

für Mittelwertsvergleiche wurde die Kovarianzanalyse (Bortz/Döring 2006) gewählt.

Um den unten beschriebenen potentiell intervenierenden Variablen der Versuchspersonen Rechnung zu tragen (Rost 2005), wurden die Probanden einer Reihe von Vortests und Messverfahren unterzogen.

Die potentiell intervenierenden Variablen der Versuchspersonen wurden neben aufgabenspezifischen Fragen zu den IIVs auf die kognitive Leistungsfähigkeit (Aufmerksamkeit, Raumvorstellungsfaktoren spatial visualization und mental rotation, Denk- und Gliederungsfähigkeit, verbales und figurales Gedächtnis), das Angstverhalten (Prüfungsangst, Manifeste Angst, Soziale Erwünschtheit, Schulunlust), sowie Computer(vor)erfahrungen und Einstellungen mit ihren jeweiligen Subvariablen beschränkt (Bäumler 1974, Brickenkamp 2002, Horn 1969, Peters et al. 1995, Vandenberg/Kuse 1978, Wieczerkowski et. al. 1981).

Um ferner die durch die Verbindung Software – Inhalt (vice versa) bedingten Aufgabenunterschiede der IIVs zu erforschen, wurden Variable wie z.B. die Bearbeitungszeit (150 % der Gesamtfilmzeit), Mauszeigerstrecke[5] (absolut, pro Minute), Wörter (absolut, pro Minute), Klicks (links, rechts, lang und kurz), der in Cabri 3D verwendeten Werkzeuge um das Konstruktionsziel zu erreichen, etc. untersucht.

Die Daten wurden mittels Fragebögen, Mensch-Computer-Interaktionsanalysen gemäß dem ACM-Usabality-Standard[6] (vgl. auch Nielsen 2001) und durch objektive, valide und reliable Tests erhoben (s.o.), um sie qualitativen und quantitativen Mess-, Untersuchungs- und Analyseverfahren zugänglich zu machen (Bortz/Döring 2006, Cropley 2005, Rost 2005, Wellenreuther 2000).

Die Erfassung der synchronisierten Nutzeraktivitäten auf dem Bildschirm (Mauszeigerbewegungen, rechte und linke Mausklicks, Tastatureingaben, etc.) und vor dem Bildschirm (körperliche Bewegungen des Nutzers [Kopf, Augen,...], sprachliche Äußerungen, Stellung der Hand beim Bewegen der Maus, etc.) erfolgte über die Softwareschnittstelle Morae (TechSmith 2005) und die entsprechenden hardwaretechnischen Voraussetzungen (Webcam, geeignetes Notebook). Morae wurde deshalb als Usability-Aufzeichnungs-Verarbeitungs-Präsentations-Werkzeug gewählt, da diese Software bei Studienbeginn der Hauptuntersuchung (Oktober 2006) weltweit die einzige vollständig digitale

---

[5] Unter der „Mauszeigerstrecke" verstehen wir die Gesamtlänge des Weges, den der Mauszeiger bei musterhafter Lösung der Aufgabe durch einen Experten auf dem Bildschirm zurücklegt.

[6] Vgl. http://www.acm.org (15.09.2008)

Lösung für HCI (human-computer-interaction) nach ACM-Usability-Standard war. Die Videoaufzeichnungen dieses qualitativen Studienanteils (Cropley 2005, TechSmith 2005) wurden entsprechend ausgewertet.

Abbildung 3 zeigt einen Screenshot einer solchen HCI-Analyse mittels Morae:

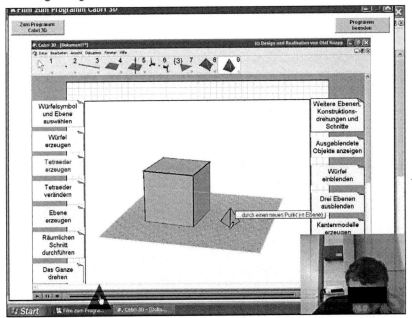

Abbildung 3: Screenshot einer HCI-Analyse mittels Morae

Nach den Vortests arbeitete jede Schulklasse mit einem der neun IIVs. Während der Bearbeitung musste jeder Schüler die musterhafte Lösung der Musteraufgabe selbst mittels Cabri 3D nachkonstruieren ohne sich Notizen machen zu dürfen. Anschließend musste sie/er selbständig den Fragebogen zur Erfassung der VL bearbeiten.

Ergebnisse und Diskussion

Ein IIV beinhaltete die Ausführung einer speziellen physischen Darstellung (Tastatureingabe). Einfache Varianzanalysen und t-Tests zeigten, dass es signifikante Mittelwertsunterschiede gab. Aus diesem Grund wurde dieses IIV von den weiteren Untersuchungen ausgeschlossen. Die Ergebnisse legen ferner die Vermutung nahe, dass die *Darstellung spezieller physischer Vorgänge nicht adäquat mittels On-Screenrecorded-Videos vermittelt wurde* oder werden kann.

Über alle verbleibenden IIVs und Probanden zeigten sich absolute Mittelwerte von über 70% hinsichtlich der RL und über 50% hinsichtlich der VL, verglichen mit der Expertenlösung. Diese Leistungsquoten wurden trotz der streng begrenzten Bearbeitungszeit erzielt. RL und VL korrelierten signifikant mit r = 0.345 (mittlerer Effekt nach Rost 2005).

In Ein- und Zwei-Wege-Kovarianzanalysen und entsprechenden Korrelationskoeffizienten (Bravais-Pearson, Punktbiserial, etc.) zeigten sich *statistisch signifikante Mittelwertsunterschiede hinsichtlich des Geschlechts*.

In je spezifischen Ein- und Zwei-Wege-Kovarianzanalysen erreichten die männlichen Probanden signifikant höhere RLen bei mittlerem Effektstärkenmaß (Rost 2005) und signifikant höhere VLen bei kleinem Effektstärkenmaß als die weiblichen Probanden.

Die These einiger Autoren, wonach Schülerinnen und Schüler beim Lernen mit multimedialen Lernumgebungen gleiche Lernergebnisse erbringen, kann zumindest vor dem Hintergrund dieser Arbeit nicht aufrechterhalten werden.

Es zeigten sich jeweils *signifikante aufgabenspezifische Mittelwertsunterschiede* hinsichtlich der RLen und VLen, welche aber von Probandengruppe zu Probandengruppe (männlich - weiblich - alle) schwankten. Es ließ sich kein allgemeines Muster erkennen.

Die Software – Inhalt Parameter wurden mittels kovarianzanalytischer Verfahren nivelliert und anschließend mit dem Korrelationskoeffizienten nach Spearman analysiert.

Dabei zeigte sich, dass die *Mauszeigerstrecke einen signifikanten Einfluss* auf die RL und VL hatte. Tendenziell gilt demnach, dass je größer die Mauszeigerstrecke pro Minute ist, desto geringer ist die RL und VL.

Hinsichtlich der Gestaltung der IIVs zeigte sich, dass die (inhaltlich bedingte) *Mauszeigerstrecke pro Minute* und die (inhaltlich bedingte) *Videolänge einen signifikanten Einfluss auf die RL und die VL hatten.*

Für die (inhaltlich bedingte) Klickanzahl (gesamt, rechts, links) pro Videominute und die (inhaltlich bedingte) Wortanzahl pro Videominute zeigten sich keine signifikanten Einflüsse auf die RL oder VL.

Demnach kann festgehalten werden, dass es für jedes IIV hinsichtlich des mathematischen Inhalts und der in der Software benutzten Werkzeuge je eigener empirischer Untersuchungen bedarf, um ihren jeweiligen didaktischen Mehrwert zu prüfen.

Die Schüler präferierten die interaktiven Videooptionen „Start-Pause-Button" und „Start-Pause-Button in Verbindung mit dem Schieberegler". Es konnten aber keine signifikanten statistischen Unterschiede hinsichtlich des Einflusses auf die Lerneffekte gefunden werden. Dabei ist aber zu berücksichtigen, dass einige Zellengrößen nicht den erforderlichen Anforderungen genügten (Rost 2005).

Neben dem Geschlecht zeigten die mentale Rotationsfähigkeit, das Spielen von 3D-Computerspielen und das Empfinden der Bearbeitungszeit als zu knapp signifikante Unterschiede mittlerer Effektstärke hinsichtlich der RL.

Hinsichtlich der VL zeigte neben dem Geschlecht das Denkvermögen signifikante Unterschiede mittlerer Effektstärke.

Qualitative Studien ergaben, dass die Schüler überwiegend gerne, positiv affektiv gefasst und sehr konzentriert mit den IIVs arbeiteten. Inwieweit dies dem „neuen" Medium, der „etwas anderen Schulstunde", etc. zuzuschreiben ist, müsste in weiteren Studien erforscht werden.

Das Implementieren musterhafter Lösungen von Musteraufgaben durch einen Experten (Renkl 1999) in IIVs kann zu schnellem und effektivem Lernen führen. Dabei hängt der Erfolg von gewissen Fähigkeiten ab.

Hinsichtlich der internen und externen Validität der Studien (Knapp/Schumann 2007a, 2007b, 2008) kann konstatiert werden, dass IIVs ein großes Potential für das Lehren und Lernen von Raumgeometrie in der Schule beinhalten.

Unter den genannten Beschränkungen zeigten verschiedene qualitative und quantitative Studien, dass IIVs Schüler(n) (1) beim selbstständigen und effektiven Lernen helfen, (2) beim Problemlösen helfen, (3) Erfolgserlebnisse erfahren lassen, (4) motivieren, (5) beim Nachahmen, mechanischen und verstehenden Reproduzieren von mathematischen Inhalten (hier von dynamischen raumgeometrischen Konstruktionen) unterstützen und (6) zu konzentriertem Arbeiten befähigen können. Durch ihre hohe Alltagstauglichkeit können sie zudem die Lehrperson entlasten und unterstützen.

IIVs können Computerwerkzeuge dabei unterstützen, ihren didaktischen Mehrwert zu entfalten, eventuelle Vorbehalte abzubauen und die Hürden für die Verwendung in der Schulpraxis zu verringern. Sie können u.a. als anschauliche und konkrete Hilfen den Unterrichtsalltag bereichern, sind vergleichsweise leicht einsetzbar und erfordern nur minimale Anforderungen an die Benutzer und die technischen Anlagen.

Die hier vorgestellten IIVs können zusammenfassend wie folgt charakterisiert werden:
- IIVs sind Lehr-Lernumgebungen

- IIVs sind multimedial und in der Raumgeometrie physisch nur bedingt erfahrbar
- IIVs ermöglichen dem Nutzer einen individuellen, wahlfreien - nur durch die Programmierung beschränkten - Zugang zur „Individualisierung des Wissenserwerbs"
- IIVs sind lernwirksam
- IIVs besitzen einen didaktischen Mehrwert
- IIVs ermöglichen inhaltsreiches Lernen

Weitere empirische Untersuchungen mit Schülern anderer Jahrgangsstufen, Schularten und Bundesländer, zu planimetrischen Konstruktionen, zu Variations- und Berechnungsaufgaben, bei höherer Schülerkompetenz im Umgang mit interaktiven Instruktionsvideos, zu Sättigungseffekten bei entsprechender Bearbeitungszeit (200%, etc.), zu interaktiven Optionen (alle, nur ausgewählte nutzbar), etc. wären wünschenswert.

Empirische Studien zur Implementierung von differenziert dargestellten IIVs in interaktive Lernumgebungen („Tutorials") existieren für die Raumgeometrie derzeit (noch) nicht, werden aber für den empirisch gestützten schulpraktischen Einsatz benötigt.

Literatur

Anderson, J. R. (2001). Kognitive Psychologie. Heidelberg, Berlin: Spektrum

Atkinson, R. K.; Derry, S. J.; Renkl, A.; Wortham, D. W. (2000). Learning from examples: Instructional principles from the worked examples research. Review of Educational Research, Vol. 70 No. 2, pp. 181-214

Bainville, E.; Laborde, J.-M. (2004-2007). Cabri 3D (Software). Deutsche Software-Schnittstelle von H. Schumann. Grenoble: Cabrilog

Bandura, A. (1976). Lernen am Modell. Stuttgart: Ernst Klett

Bäumler, G. (1974). Lern und Gedächtnistest LGT3. Göttingen: Hogrefe

Bortz, J.; Döring, N. (2006). Forschungsmethoden und Evaluation für Human- und Sozialwissenschaftler. Heidelberg: Springer

Brickenkamp, R. (2002). Test d 2 Aufmerksamkeits-Belastungs-Test. Göttingen: Hogrefe

Clark, R. C.; Nguyen, F.; Sweller, J. (2006). Efficiency in learning. Evidence-based guidelines to manage cognitive load. San Francisco, CA: Pfeiffer

Clark, R. E. (1994). Media will never influence learning. Educational Technology Research and Development, 42 (2), pp. 21-29

Cropley, A. J. (2005). Qualitative Forschungsmethoden. Eine praxisnahe Einführung. Eschborn: Dietmar Klotz

Edelmann, W. (2000). Lernpsychologie. Weinheim: Beltz

Freudenthal, H. (1973). Mathematik als pädagogische Aufgabe. Band 2. Stuttgart: Ernst Klett

Goebel, A.; Oldenburg, R. (2007). Archimedes Geo3D: Eine neue Raumgeometrie-Software an der Schnittstelle zwischen synthetischer und analytischer Geometrie. Vortrag auf der 41. GDM-Jahrestagung, Berlin. Minisymposium D03
Horn, W. (1969). Prüfsystem für Schul- und Bildungsberatung P-S-B. Göttingen: Hogrefe
Jank, W.; Meyer, H. (1991). Didaktische Modelle. Frankfurt am Main: Cornelsen Scriptor
Kerres, M. (2001). Multimediale und telemediale Lernumgebungen. Konzeption und Entwicklung. München: Oldenbourg
Klauer, K. J.; Leutner, D. (2007). Lehren und Lernen. Einführung in die Instruktionspsychologie. Weinheim, Basel: Beltz PVU
Kleiter, E.F. (1988, 1990). Lehrbuch der Statistik in KMSS. Band 1/1 Überblick und niedrig-komplexe Verfahren, Band 1/2 Niedrig-komplexe Verfahren. Weinheim: Deutscher Studien Verlag
KMK (2003). http://www.kmk.org/schul/Bildungsstandards/bildungsstandards.htm (15.09.2008).
Knapp, O.; Schumann, H. (2006). Evaluation von Instruktionsvideos für raumgeometrische Konstruktionen. In: Beiträge zum Mathematikunterricht 2006. Hildesheim, Berlin: Franzbecker, S. 307-310
Knapp, O.; Schumann, H. (2007a). Design und Evaluation von Instruktionsvideos für raumgeometrische Konstruktionen. Preprint, PH Weingarten
Knapp, O.; Schumann, H. (2007b). Instruktionsvideos für das Lernen von Raumgeometrie. In: Beiträge zum Mathematikunterricht 2007, Teil I. Hildesheim, Berlin: Franzbecker, S. 72-75
Knapp, O.; Schumann, H. (2008). Evaluation of interactive on-screen videos for geometrical constructions in virtual space. In: Eva Vásárhelyi (Hrsg.) (2008). Beiträge zum Mathematikunterricht 2008. Münster: Martin Stein, S. 525-528
Matchware A/S (Hrsg.) (2004). Mediator 8. Professional Edition. Mediator Handbuch
Matchware A/S (Hrsg.) (2005). Mediator 8. Expert Edition. Mediator Handbuch
Mayer, R. E. (2001). Multimedia Learning. Cambridge: Cambridge University Press
Mayer, R. E. (2005). The Cambridge Handbook of Multimedia Learning. New York: Cambridge University Press
Mazur, J. E. (2006). Lernen und Verhalten.6 München: Pearson Education Deutschland
Niederdrenk-Felgner, C. (2003). Mädchen, Jungen, Mathematik und Computer. In: Bender, P. Herget, W. Weigand, H.-G. & Weth, T. (Hrsg.). (2005). WWW und Mathematik - Lehren und Lernen im Internet. Hildesheim, Berlin: Franzbecker, S. 35-44
Nielsen, J. (2001). Designing Web Usability.2 München: Markt + Technik
Nolte, A. (1993). Der Computer als Konstruktionswerkzeug im Geometrieunterricht der Klassen 7-9 der Realschule. Dissertation, PH Weingarten
Riempp, R. (1999). Intentionales Beobachtungslernen von Bewegungs- und Handlungsabläufen. Dissertation, Universität Tübingen, Fakultät für Sozial- und Verhaltenswissenschaften
Peters, M., Laeng, B., Lathan, K., Jackson, M., Zaiouna, R. & Richardson, C. (1995). A redrawn Vandenberg and Kuse Mental Rotations Test: Different versions and factors that affect performance. Brain and Cognition, 28, pp. 39-58

Renkl, A. (1999). Lernen aus Lösungsbeispielen. In: Perleth, C.; Ziegler, A. (Hrsg.). Pädagogische Psychologie. Grundlagen und Anwendungsfelder. Bern: Hans Huber, S. 247-256

Rost, D. H. (2005). Interpretation und Bewertung pädagogisch-psychologischer Studien. Weinheim und Basel: Beltz

Schumann, H. (2005). Dynamische Raumgeometrie. In: Graumann, G. (Hrsg.). Beiträge zum Mathematikunterricht 2005, Hildesheim, Berlin: Franzbecker, S. 533-536

Schumann, H. (2006). Gestaltung einer interaktiven Lernumgebung für synthetische Raumgeometrie. In: Beiträge zum Mathematikunterricht 2006, Hildesheim, Berlin: Franzbecker, S. 497-500

Schumann, H. (2007). Schulgeometrie im virtuellen Handlungsraum. Ein Lehr- und Lernbuch der interaktiven Raumgeometrie mit Cabri 3D. Hildesheim, Berlin: Franzbecker

Schumann, H.; Knapp, O. (2005). Instruktionsvideos für das Arbeiten mit Computerwerkzeugen. In: Graumann, G. (Hrsg.) (2005). Beiträge zum Mathematikunterricht 2005. Hildesheim, Berlin: Franzbecker, S. 537-540

Spada, H. (Hrsg.) (1992). Lehrbuch allgemeine Psychologie. Bern: Hans Huber

Strittmatter, P.; Niegemann, H. (2000). Lehren und Lernen mit Medien. Eine Einführung. Darmstadt: Wissenschaftliche Buchgesellschaft

Sweller, J. (1988). Cognitive load during problem solving: Effects on learning, Cognitive Science, 12, pp. 257-285

Sweller, J. (2005). Implications of cognitive load theory for multimedia learning. In: Mayer, R. E. (Ed.), The Cambridge Handbook of Multimedia Learning (pp. 19-30). New York, NY: Cambridge University Press

TechSmith Corporation (2005). Morae. Getting Started Guide. Okemos: TechSmith Corporation

TechSmith Corporation (2006a). Camtasia Studio (update Version 4.02). Erste Schritte - Getting Started Guide. Okemos: TechSmith Corporation

TechSmith Corporation (2006b). SnagIt (update Version 8.22). Hilfe. Okemos: TechSmith Corporation

Urhahne, D.; Harms, U. (2006). Instruktionale Unterstützung beim Lernen mit Computersimulationen. In: Die Unterrichtswissenschaft. Heft 4 / 2006. 34. Jahrgang, S. 358-377

Vandenberg, S. G.; Kuse, A. R. (1978). Mental rotations. A group test of three-dimensional spatial visualization. Perceptual and Motor Skills, 47, pp. 599-604

Wellenreuther, M. (2000). Quantitative Forschungsmethoden in der Erziehungswissenschaft. Eine Einführung. Weinheim und München: Juventa

Wieczerkowski, W., Nickel, H., Janowksi, A., Fittkau, B. & Rauer, W. (1981). Angstfragebogen für Schüler AFS.6 Braunschweig: Westermann

Zech, F. (1996). Grundkurs Mathematikdidaktik. Theoretische und praktische Anleitung für das Lehren und Lerne von Mathematik.8 Weinheim und Basel: Beltz

Geometrische Beweiskompetenz fördern durch Reflexions- und Schreibanlässe zu beweisbezogenem Metawissen[1]

Sebastian Kuntze

Zusammenfassung. Um Beweise in der Geometrie verstehen oder generieren zu können, brauchen Lernende ein Grundverständnis über das Beweisen als mathematische Aktivität. Gelegenheiten zur Reflexion über das Beweisen, die durch Schreibanlässe vertieft werden können, stellen eine Möglichkeit dar, solches beweisbezogenes Metawissen zu stärken. Ergebnisse zweier empirischer Studien deuten darauf hin, dass die Kompetenz, geometrische Beweisprobleme zu lösen, durch eine entsprechende Lernumgebung gefördert werden konnte.

Einführung

Wiederholt wurden bei Lernenden der Sekundarstufe Defizite in Kompetenzen des geometrischen Beweisens und Argumentierens beobachtet (z. B. Healy & Hoyles, 1998; Lin, 2000). Diese Befunde machen einen Bedarf an Untersuchungen zur Wirksamkeit von Lernumgebungen zur Förderung von Beweiskompetenz deutlich.

In diesem Beitrag werden daher für eine auf Reflexions- und Schreibanlässe fokussierende Lernumgebung Auswirkungen auf die Beweiskompetenz von Lernenden in den Blick genommen. Die Lernenden wurden angeregt, über das mathematische Beweisen zu reflektieren und Texte über dieses Thema zu schreiben. Die Lernumgebung konzentrierte sich auf beweisbezogenes Metawissen. Ergebnisse zweier empirischer Untersuchungen zeigen für Lernende der Sekundarstufe sowie für Lehramtsstudienanfänger(innen) positive Wirkungen auf die Kompetenz, geometrische Beweisprobleme zu lösen. Darüber hinaus deuten die Ergebnisse darauf hin, dass die Reflektions- und Schreibanlässe auch das Begriffswissen über das Generieren von Beweisen stärken konnten.

Der folgende Abschnitt gibt einen Überblick über den theoretischen Hintergrund dieser Studie. Nach der Vorstellung der Forschungsfragen werden Informationen zum Untersuchungsdesign gegeben. Schließlich werden zentrale Ergebnisse zusammengestellt und diskutiert.

---

[1] Diese Studie wurde von der "Deutschen Forschungsgemeinschaft" im Rahmen des Schwerpunktprogramms „Bildungsqualität von Schule" gefördert (RE 1247/4).

Theoretischer Hintergrund

Kompetenzen in Verbindung mit dem mathematischen Beweisen und Argumentieren werden verstärkt als bedeutsame Komponente von Mathematical Literacy angesehen. Beispielsweise sollen entsprechend der „Principles and Standards" des National Council of Teachers of Mathematics (NCTM, 2000) alle Schülerinnen und Schüler über die Fähigkeit verfügen, „Beweisen und Argumentieren als fundamentalen Aspekt der Mathematik zu erkennen", „mathematische Behauptungen aufzustellen und zu untersuchen", „mathematische Argumente und Beweise zu entwickeln und zu prüfen", sowie „verschiedene Methoden des Beweisens und Argumentierens zu wählen und zu nutzen" (NCTM, 2000, S. 56, Übersetzung durch den Autor). Andererseits stoßen Lernende häufig auf große Probleme, wenn sie Beweise generieren oder prüfen sollen (Reiss, Klieme & Heinze, 2001; Healy & Hoyles, 1998; Lin, 2000; Reiss, Hellmich & Reiss, 2002). Solche Schwierigkeiten werden oft nicht nur auf Anforderungen im Bereich von Problemlösekompetenzen oder auf Defizite beispielsweise im geometriebezogenen Grundwissen der Lernenden zurückgeführt, sondern auch auf fehlendes Wissen über Beweisstrategien, Beweisheuristiken oder auf fehlendes Wissen über das Beweisen selbst als mathematische Aktivität. Offenbar ist für die Lernenden ein grundlegendes Verständnis vom Beweisen als mathematischer Aktivität erforderlich. Zu solchem, so genanntem *beweisbezogenem Metawissen* gehört, zu wissen, wozu Aussagen bewiesen werden, was Mathematiker(innen) dabei tun und welche Anforderungen an einen korrekten Beweis zu stellen sind. Für die Praxis des Beweisens von Mathematikerinnen und Mathematikern und Anforderungen an Beweise stellt Heintz (2000) eine hohe, auch internationale Kohärenz fest, die im interdisziplinären Vergleich letztlich als einzigartig erscheinen muss. Metawissen zum mathematischen Beweisen umfasst verschiedene Aspekte wie etwa die drei Bereiche *beweisbezogenes Methodenwissen, Wissen über die Entwicklung von Beweisen und Wissen über Funktionen des Beweisens*. Solches Wissen stellt eine Voraussetzung für das Generieren eigener geometrischer Beweise dar bzw. dürfte diesbezügliche Kompetenzen der Lernenden fördern. Die drei Bereiche werden daher in kurzen Worten näher vorgestellt:

- *Methodenwissen zum mathematischen Beweisen* wie von Heinze/Reiss (2003) charakterisiert umfasst die drei Unteraspekte "Beweisschema", "Beweisstruktur" und "logische Kette". Diese Unteraspekte betreffen wesentliche Kriterien, wann eine Argumentation als korrekter Beweis eingestuft werden kann. In gebräuchlichen Tests zum Methodenwissen werden Lernende aufgefordert, Argumentationen auszuwerten und ihre Korrektheit zu beurteilen (vgl. z. B. Healy/Hoyles, 1998; Selden/Selden, 1999). Dabei kann deutlich werden, inwiefern Wissen über Methoden des Argumentierens bei den Lernenden verfügbar ist.

- *Wissen über die Entwicklung von Beweisen* wie im Expertenmodell von Boero (1999) beschrieben dürfte für Lernende sehr nützlich sein, wenn sie selbst Beweise aufstellen müssen. Gerade die zentrale Rolle heuristischer Strategien, die von Experten genutzt werden, könnte Lernende anregen, explorative Aktivitäten zu entfalten, bevor hieraus gewonnene Argumente in einer logischen Kette verknüpft werden.

- *Wissen über Funktionen des Beweisens* (De Villiers, 1990; Hanna, 2000; Kuntze, 2005a) dürfte ebenfalls einen wichtigen Bereich beweisbezogenen Metawissens darstellen, weil die Lernenden Orientierung über Ziele und Zwecke des Beweisens als mathematische Tätigkeit erhalten können. Ein ganz wesentlicher Gesichtspunkt besteht darin, dass Behauptungen nicht nur bewiesen werden, um zu untermauern, dass sie wahr sind, sondern dass das Beweisen oft auch ein Tiefenverständnis über Zusammenhänge eines mathematischen Problems ermöglichen soll. Darüber hinaus hat das mathematische Beweisen die Funktion, Wissen kommunizierbar zu machen, mathematische Entdeckungen abzusichern, Kolleg(inn)en zu überzeugen, etc.

Für das Beweisen in der Geometrie wurden Kompetenzmodelle entwickelt und empirisch bestätigt (Reiss, Hellmich & Thomas, 2002; Reiss, Hellmich & Reiss, 2002), wobei die Beschreibbarkeit durch das eindimensionale Rasch-Modell eine im Wesentlichen eindimensionale Struktur dieses Kompetenzbereichs nahe legt. Das Kompetenzmodell weist die folgenden drei Kompetenzniveaus der Beweis- und Argumentationskompetenz auf (Reiss, 2002):

- Kompetenzniveau I: Einfaches Anwenden von Regeln (Beispiel: Wechselwinkelgleichheit bei einer Winkelberechnung benutzen können)

- Kompetenzniveau II: Begründen und Argumentieren (einschrittig; Beispiel: Basiswinkelsatz zur Begründung der Gleichheit zweier Winkel heranziehen können)

- Kompetenzniveau III: Begründen und Argumentieren (mehrschrittig, d.h. mit Verknüpfung mehrerer Argumente; Beispiel: einen Kongruenzbeweis ausarbeiten können)

In der Studie von Reiss (2002), in der auch Beispielitems für diese Kompetenzniveaus angegeben wurden, zeigte sich, dass das Beherrschen von Grundkompetenzen wie denen des einfachen Anwendens von Regeln und des elementaren Schlussfolgerns zwar eine notwendige, jedoch keine hinreichende Bedingung für die Fähigkeit darstellt, auch Aufgaben des zweiten und dritten Kompetenzniveaus zu lösen, d.h. für Beweis- und Argumentationsfähigkeit im engeren Sinne. Healy und Hoyles (1998) kamen in ihrer Studie mit Schülerinnen und Schülern der 10. Jahrgangsstufe zu dem Ergebnis, dass Probanden mit größerem Faktenwissen in allen Bereichen des untersuchten Beweisverständnisses bessere Ergebnisse erzielten, wobei die Beherrschung von Faktenwissen aber nicht die einzige mit einem guten Abschneiden assoziierte Variable darstellte. Ausreichende Grundkompetenzen im Bereich des Faktenwissens sind demnach als eine Voraussetzung für Beweis- und Argumentationskompetenz (im Folgenden synonym auch „Beweiskompetenz") anzusehen.

Darüber hinaus können auch die oben vorgestellten Bereiche beweisbezogenen Metawissens als Bedingungsvariablen für diese Beweiskompetenz und ihre Weiterentwicklung betrachtet werden. Auf den Punkt gebracht bedeutet dies, dass Beweiskompetenz dadurch gefördert werden könnte, dass Metawissen über das Beweisen als mathematische Aktivität unterstützt wird. So deuten empirische Ergebnisse einer Videostudie von Kuntze, Rechner und Reiss (2004) darauf hin, dass beweisbezogenes Metawissen im Mathematikunterricht nicht in zufrieden stellendem Maße gefördert wurde. Beispielsweise wurde zu den im Unterrichtsgespräch erarbeiteten Beweisen oft nicht in der Rückschau überlegt, wie der Beweis zustande gekommen war. Darüber hinaus wurden in den untersuchten Unterrichtsstunden häufig keine erklärenden Informationen über das mathematische Beweisen gegeben.

Ein möglicher Weg, den Aufbau beweisbezogenen Metawissens zu unterstützen, besteht darin, Prozesse des Reflektierens über das Beweisen, d.h. über die Struktur von Beweisen, über Argumentationsmittel und deren Zulässigkeit beim Beweisen, über Funktionen des Beweisens, sowie über Entstehungsprozesse von Beweisen anzuregen. Wie Morgan (2001, vgl. z.B. auch Mayer, 2000) ausführt, haben gerade Schreibanlässe im Mathematikunterricht das Potential, vertiefte Reflexionsprozesse über mathematische Begriffe zu unterstützen. Um Metawissen über das Beweisen in der Mathematik zu fördern, wurde daher die so genannte Themenstudienmethode (Kuntze, 2006, 2005b, 2003) gewählt. In dieser Lernumgebung werden die Lernenden mit einer heterogenen Auswahl von Materialien konfrontiert (wie beispielsweise teils fehlerhaften Argumentationen von Schülerinnen und Schülern, unvollendeten Beweisen, die zu einer Bewertung auffordern, metawissenschaftlichen Texten über das Beweisen oder Aspekte der Beweisentwicklung, Zitaten von Mathematiker(inne)n über die Rolle von Beweisen und den Prozess des Beweisens, Rechtsnormen über die Verwendung von Beweisen im Strafprozess, Interviewfragmenten mit Lernenden über das Beweisen, etc.). Auf der Grundlage einer Auseinandersetzung mit diesen Materialien (in Teams von Lernenden, aber auch in individueller Reflexion) sollen die Schülerinnen und Schüler eine Art schriftlichen Gutachtens zu einem Themenbereich erarbeiten, hier zum Argumentieren und Beweisen. Einzelheiten zur hier eingesetzten und untersuchten Lernumgebung werden im übernächsten Abschnitt vorgestellt. Beispiele für Materialien finden sich in den Abbildungen 1 bis 6.

Wenn die Lernenden materialiengestützt individuelle, überblicksartige Texte über das Beweisen schreiben, dürften sie angeregt werden, die in diesen Quellmaterialien enthaltenen Ideen zu rekonstruieren, zu verknüpfen und zu reflektieren. Die Wahl dieser Gestaltung der Lernumgebung kann sich auch auf die Ergebnisse der Überblicksstudie von Herrick (2005) stützen: Diese Studie fasst Befunde von 55 quantitativen Untersuchungen vorwiegend aus dem englischsprachigen Raum zusammen und stellt fest, dass schreibanlassbasierte Lernumgebungen im Vergleich zu herkömmlichem Unterricht zumindest keine negativen Effekte auf Leistungsentwicklung oder Motivation hatten, während positive Effekte auf Problemlösekompetenzen, sowie auf die Nutzung kognitiver und metakognitiver Strategien beobachtet wurden.

Aufgabenstellung:

Schreibe über das Thema „Beweisen und Begründen" einen Aufsatz mit höchstens 6 Seiten. Gib einen Überblick und ziehe Dein persönliches Fazit!
Verwende hierfür möglichst viele Fragen zur Rolle und zum Wesen von Beweisen und begründe Deine Entscheidungen zu diesen Fragen möglichst gut!

Folgende **Arbeitsschritte** helfen bei der Erfüllung dieser Aufgabe:

1. Lies die Dokumente „an", d.h. bilde Dir einen Überblick über die Dokumente!
2. Sortiere die Dokumente danach, wie wichtig sie Dir für mathematische Beweise erscheinen! Sprecht über Eure Sortierung!

   Zu erledigen bis zum Ende der ersten Unterrichtsstunde!

3. Lies die Dokumente genauer durch – vor allem die, die Du besonders wichtig findest!
   Wenn Du in einem Dokument etwas nicht verstehst, dann:
   a) Lies es noch einmal und versuche, es zu verstehen
   b) Besprecht das Dokument zu zweit!
   c) Wenn das auch nicht hilft: Legt das Dokument einfach beiseite!

   Hausaufgabe für 1 Woche

4. Eure Aufgabe ist es, eine **Themenstudie**, d.h. einen drei- bis sechsseitigen, mathematischen Aufsatz darüber zu schreiben, was ein Beweis in der Mathematik ist, wie ein Beweis entsteht, wann und durch wen ein Beweis wirklich zu einem Beweis wird, welcher Schaden durch einen Beweisfehler entstehen kann und wozu Beweise überhaupt da sind. Überlege dazu, was Dir in den Dokumenten besonders wichtig erscheint, welche Inhalte Du ablehnst und warum.

Abbildung 1: Ausschnitt aus der Aufgabenstellung des Themenstudienmaterials

Zum Nachschlagen:	
autoritär	befehlend, von Machtausübung geprägt
Axiom	mathematische Grundannahme, die unbewiesen als wahr angenommen wird und aus der mathematische Sätze gefolgert werden. Axiome stehen „am Anfang" jeder mathematischen Theorie.
Behauptung	der Teil eines Satzes, in dem die Aussage steht, die aus der Voraussetzung gefolgert wird. Die Behauptung muss man im Beweis aus den Voraussetzungen mit Hilfe von Axiomen und schon bewiesenen Sätzen so begründen, dass es keine Zweifel mehr geben kann.
Detail	Einzelheit
Experiment	Versuch
griechisch-orthodox	christliche Konfession („orthodox" bedeutet oft: strenggläubig)
heuristisch	am (oft versuchsartigen) Finden einer Lösung orientiert, nach als glaubwürdig erscheinenden Ideen vorgehend

Abbildung 2: Ausschnitt aus dem Glossar des Themenstudienmaterials

Forschungsfragen

Vor dem Hintergrund dieser Überlegungen ist anzunehmen, dass sich die Förderung beweisbezogenen Metawissens positiv auf den Aufbau von Beweiskompetenz auswirken dürfte. Aus diesem Grunde ist es von Interesse, empirische Evidenz für die folgenden beiden Forschungsfragen zu gewinnen:

(1) Kann Beweiskompetenz durch Reflexions- und Schreibanlässe, wie sie in der Themenstudienarbeit gegeben werden, gefördert werden?

(2) Wird Begriffswissen zur Beweisgenerierung durch die Lernumgebung unterstützt?

Untersuchungsdesign

Den Forschungsfragen wurde in zwei Studien nachgegangen. Ein zentrales Ziel der *ersten Studie* war dabei, herauszufinden, inwiefern die Reflexions- und Schreibanlässe der Themenstudienarbeit unter Normalbedingungen des Unterrichtsalltags der gymnasialen Sekundarstufe I implementiert werden können. Zusätzlich wurde entsprechend der ersten Forschungsfrage eine quantitative Evaluation vorgenommen, die die Erhebung der Beweiskompetenz der Lernenden in einem Vor- und Nachtest-Design einschloss. In dieser ersten Studie wurden die teilnehmenden Schülerinnen und Schüler der 8. Jahrgangsstufe zwei parallelisierten Experimentalgruppen zugewiesen, die zwei unterschiedliche Lernumgebungen bearbeiteten. Die erste Lernumgebung entsprach der Themenstudienmethode: $N_1=121$ Lernende (63 Schülerinnen und 58 Schüler) hatten die Aufgabe, auf der Basis der ihnen zur Verfügung gestellten Materialien einen Text über das Beweisen zu schreiben, in dem sie ihre Lernergebnisse zusammenfassten. Auszüge aus den Materialien finden sich in den Abbildungen 1 bis 6. Insgesamt enthielten die Themenstudienmaterialien die folgenden Dokumente (vgl. Kuntze, 2006):

- Zitate von Mathematikern
- Materialien zum Beweisen im Strafprozess
- Karikatur und die Glosse zum Beweisen
- Zeitungsartikel zum Beweis der Catalan'schen Vermutung und dem diesbezüglichen Begutachtungsverfahren
- Argumentationsbeispiele
- Ausschnitte aus Lexika
- „Blatt aus dem Papierkorb einer Mathematik-Studentin"
- „leeres" Dokument für von den Lernenden selbst eingebrachte Materialien

Die zweite Lernumgebung (im Folgenden auch Referenz-Lernumgebung genannt) bestand in dem so genannten „Lernen mit heuristischen Lösungsbeispielen" (Reiss/Renkl, 2002; Heinze, Reiss & Groß, 2006). In dieser zweiten Lernumgebung arbeiteten $N_2=111$ Lernende (55 Schülerinnen und 56 Schüler) an Beweisaufgaben, die ihnen in Form von gelösten Beispielen vorgelegt wurden. Diese Lösungsbeispiele enthielten Prompts, d.h. kleine selbsterklärungsunterstützende Aufgabenstellungen, die sich auf eine zusätzliche Unterstützung explorativer und heuristischer Strategien des Beweisgenerierungsprozesses konzentrierten. Diese Referenz-Lernumgebung hat sich in Studien mit nach ihren Leistungsdaten parallelisierten Gruppen von Lernenden als konventionellem Unterricht zum Beweisen überlegen herausgestellt (vgl. Hilbert et al., 2008; Heinze et al., 2006) und konnte daher als Vergleichsbasis für die Evaluation der Themenstudienmethode herangezogen werden. Darüber hinaus gab es in der ersten Studie jedoch keine Vergleichsgruppe, also insbesondere keine Kontrollgruppe ohne spezielles Training.

Themenstudie
„Gebt mir Beweise"

Dokument 1
(Fortsetzung)

"Ich bin immer der Meinung gewesen, ein Mathematiker sei in erster Linie ein Beobachter, jemand, der auf eine ferne Bergkette blickt und seine Beobachtungen aufschreibt. Seine Aufgabe ist einfach, so viele Gipfel wie möglich klar zu unterscheiden, während andere weniger klar sind. Er sieht A scharf, während er von B nur flüchtige Blicke erhascht. Schließlich macht er eine Kammlinie aus, die bei A beginnt, folgt ihr und entdeckt schließlich, dass sie in B gipfelt. Nun ist B in seinem Blick fixiert, und er kann von da aus weitere Entdeckungen versuchen. In anderen Fällen kann er vielleicht eine Kammlinie unterscheiden, die in der Ferne verschwindet, und er vermutet, dass sie zu einem Gipfel hinter den Wolken oder unterhalb des Horizontes führt. Aber wenn er einen Gipfel sieht, glaubt er an dessen Existenz, einfach weil er ihn sieht. Wenn er will, dass jemand anderes ihn sieht, zeigt er auf ihn, entweder direkt oder durch die Kette der Gipfel, die ihn selbst zur Entdeckung geführt hat. Wenn sein Schüler ihn auch sieht, ist die Forschung, die Begründung, der Beweis beendet."

„Ein Beweis wird nur dadurch zu einem Beweis, dass er von den Mathematikern gemeinsam als solcher anerkannt wird. Das gilt für die Mathematik genauso wie für die Physik oder die Biologie.
Es ist noch kaum untersucht worden, wie sich die Meinungen von Mathematikern darüber, wann eine Argumentationskette als Beweis anerkannt werden kann, im Laufe der Zeit entwickelt haben."

„Die höchst genaue und allgemeingültige mathematische Sprache und die besonders strenge Art, Aussagen zu begründen, unterscheidet die Mathematik von allen anderen Wissenschaften.
Zuerst stellt man Axiome und Regeln auf, und dann baut man alles andere (Sätze, Definitionen, Folgerungen) darauf auf. Dabei kommt es überhaupt nicht auf die Realität, oder etwa irgendwelche Experimente an.
Ganz vollständige und genaue, d.h. absolut strenge Beweise werden selten gegeben. Die meisten Beweise in Büchern oder in Vorträgen von Mathematikern sind nur ungefähre Beweisskizzen. Diese Beweisskizzen sind aber immerhin so ausführlich, dass man einen absolut strengen Beweis daraus machen *könnte*.

Abbildung 3: Auszüge aus den Themenstudienmaterialien: Zitate von Mathematikern

| Themenstudie „Gebt mir Beweise" | Dokument 2 |

Zeitungsmeldung:

Raubüberfall auf Geldtransporter - Urteil gesprochen
Verteidigung spricht von Fehlurteil!

Im Prozess um den Raubüberfall auf einen Geldtransporter am helllichten Tag sind die Urteile gesprochen worden. Der mutmaßliche Täter, bei dem die Tatwaffe gefunden wurde, wurde von den Richtern zu 12 Jahren Gefängnisstrafe verurteilt. Aus Mangel an Beweisen sprachen die Richter einen weiteren Mann, der lange für einen Komplizen gehalten wurde, frei. Er hatte Geld aus der Beute bei sich gehabt – angeblich hatte er es vom Täter für einen Gebrauchtwagen erhalten, den er an diesen verkauft hatte.

Aus den Notizen der Ermittler:

```
Raubüberfall auf Geldtransporter der Firma SECU am 18.07.00,
ca. 11:30 Uhr, vom Zeugen Z beobachtet.
Im Türblech des Transporters 5mm-Geschoss im Einschussloch
gefunden, entstammt (vermutlich) der Waffe des Täters.

Verdächtiger A besitzt illegal Waffe des Kalibers 5mm.
Verhaftung am 19.07.00 wegen illegalen Waffenbesitzes, blonde
Haare, Größe 1,95m, vorbestraft.

Verdächtiger B noch am 18.07.00, 23:00 Uhr verhaftet. In seinem
Besitz (unter dem Bett) fanden sich zehn 50-Euro-scheine aus
dem Geldtransporter. Rest der Beute unauffindbar.
B sagt, das Geld von A für ein gebrauchtes Auto erhalten zu
haben. B hat schwarze Haare und ist 1,80m groß.
```

Abbildung 4: Auszüge aus den Themenstudienmaterialien: Kriminalfall und Indizien (Ausschnitt)

	**Themenstudie** „Gebt mir Beweise"	**Dokument** **5**

Aus der **Strafprozessordnung** (Gesetzbuch, das alle die Paragraphen enthält, mit denen gerichtliche Strafprozesse und die dazugehörigen juristischen Beweisaufnahmen geregelt werden, hier unter anderem §§ 48ff, §§72ff, §§ 249ff usw.):

> **Beweis.** Das gesamte Ermittlungsverfahren, das tatrichterliche Verfahren und z.T. auch das Revisionsverfahren bestehen aus dem Suchen nach Beweisen, der Erhebung der Beweise, ihrer Würdigung und aus dem Ziehen von Konsequenzen aus den Beweisergebnissen in der Form von Entscheidungen (...).
>
> b) Die **Beweismittel** des Strafverfahrens sind: Zeugen, Sachverständige und Augenschein, Urkunden und andere Schriftstücke, ferner die Aussagen der Beschuldigten und der Mitbeschuldigten (...).

Aus einem Nachschlagewerk zum Strafrecht:

> A. Beweis und Glaubhaftmachung
>
> *Beweisen* heißt, dem Richter die Überzeugung von dem Vorliegen einer Tatsache verschaffen (...). Demgegenüber genügt für die *Glaubhaftmachung*, die z.B. für die Ablehnung eines Richters (...) oder für die Begründung eines Zeugnisverweigerungsrechts (...) erfordert wird, ein bloßes Wahrscheinlichmachen.

(...)

Abbildung 5: Auszüge aus den Themenstudienmaterialien: Beweisen im Strafprozess

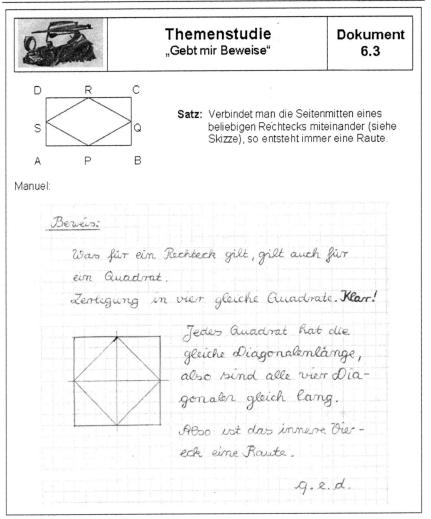

Satz: Verbindet man die Seitenmitten eines beliebigen Rechtecks miteinander (siehe Skizze), so entsteht immer eine Raute.

Manuel:

Beweis:

Was für ein Rechteck gilt, gilt auch für ein Quadrat.
Zerlegung in vier gleiche Quadrate. Klar!

Jedes Quadrat hat die gleiche Diagonalenlänge, also sind alle vier Diagonalen gleich lang.
Also ist das innere Viereck eine Raute.

q.e.d.

Abbildung 6: Auszüge aus den Themenstudienmaterialien:
Eines der Argumentationsbeispiele

Themenstudie „Gebt mir Beweise"	Dokument 8

..aus einer Abiturzeitung:

„20 Beweismethoden in Mathe":

1. Autoritäre Methode:
   „Das ist so!"
2. Historische Methode:
   „Des hamma irgendwann in der letzten Stunde schon bewiesen!"
3. Historisch-autoritäre Methode:
   „Adam Riese hat das schon gezeigt!"
4. Axiomatische Methode:
   „Das setzen wir halt eben als wahr voraus!"
5. Optische Methode:
   „Wie man hier sieht..."
6. Elastische Methode:
   Man biegt so lange, bis es passt.
7. Beweis durch Umkehrung:
   Aus Behauptung folgt Voraussetzung.
8. Griechisch-orthodoxe Methode:
   „Schon Thales hat gesagt..."
9. Überzeugte Methode:
   Ich muss mich irgendwo verrechnet haben, es stimmt aber so.
10. Überzeugende Methode:
    Wer's nicht glaubt, soll's selber nachrechnen.
11. Politische Methode:
    Man wartet so lange, bis die Zweifler unter die 5%-Hürde fallen.
12. Ausweich-Methode:
    „Das ist jetzt viel zu umständlich."
13. Altgriechische Methode:
    Man verwende genügend α, φ und ψ durcheinander.
14. Geometrische Methode:
    Je schneller man zwei Parallelen an die Tafel zeichnet, desto schneller treffen sie sich im Unendlichen.

Abbildung 7: Auszüge aus den Themenstudienmaterialien:
Eine Glosse zu „Beweismethoden"

Die *zweite Studie* fokussierte noch näher auf die Untersuchung von Zuwächsen der Beweiskompetenz beim Schreiben über beweisspezifisches Metawissen. Zu diesem Zweck wurden zwei verschiedene Kontrollgruppen einbezogen und die Lernzeit wurde weitaus konsequenter kontrolliert als dies in der ersten Studie möglich gewesen war. Als Teilnehmende wurden daher Grundschullehramtsstudierende zu Beginn ihres Studiums gewählt. Um sichergehen zu können, dass kein in Mathematiklehrveranstaltungen erworbenes Wissen die Ergebnisse verzerrt, fand die Studie vor Beginn der ersten Vorlesung des Studiengangs statt. Die Zeit für die Bearbeitung der Themenstudienarbeit wurde auf 120 Minuten begrenzt, die sich auf zwei Termine verteilten. Vor und nach dem Treatment nahmen die Studierenden an einem Beweiskompetenztest teil. Die Testitems konnten wie auch in der ersten Studie den oben bereits beschriebenen verschiedenen Kompetenzniveaus zugeordnet werden: Testaufgaben auf Kompetenzniveau I entsprachen geometrischen Grundkompetenzen, die Aufgaben auf Kompetenzniveau II erforderten einfache, einschrittige Argumentationen, während für die korrekte Beantwortung von Items auf Kompetenzniveau III komplexere Argumentationen notwendig waren. Vor- und Nachtest waren verschieden. Der Nachtest war nach seiner theoretischen Konzeption anspruchsvoller. An den Nachtest angegliedert war ein zusätzlicher Test zu Begriffswissen über das Generieren von Beweisen, der sich auf das Beweisprozessmodell von Boero (1999) bezog.

In der zweiten Studie wurden 153 Grundschullehramtsstudienanfänger(innen) (135 Studentinnen, 7 Studenten, 11 ohne Angabe) vier Gruppen zugeordnet, die nach ihrer im Vortest gemessenen Beweiskompetenz und motivationalen Variablen parallelisiert waren (vgl. Vortestergebnisse in Abbildung 8 im folgenden Abschnitt):

- Eine erste Gruppe erhielt ein unspezifisches Training (Kontrollgruppe „unspezifisches Training", $N_1=24$).

- Eine zweite Gruppe löste wiederholende geometriebezogene Aufgaben ohne Beweisaufgaben (Kontrollgruppe „Geometriewissen", $N_2=22$).

- Die dritte Gruppe erstellte Themenstudien über das Beweisen in der Mathematik (Experimentalgruppe „Schreibanlässe/Themenstudienarbeit", $N_3=18$).

- Eine vierte Gruppe erhielt ein Beweisaufgabentraining nach der Methode des Lernens mit heuristischen Lösungsbeispielen („Referenzgruppe", $N_4=89$).

Ergebnisse

Die Ergebnisse der ersten Studie zeigen für Vor- und Nachtest jeweils eine gute Passung der Testscores an eine Normalverteilung (Mittelwert des prozentualen Gesamtscores: 38.2 % der erreichbaren Punkte; Passung an eine Normalverteilung: Kolmogorov-Smirnov-Z = 0.905, $p = 0.386$). Der Nachtest erwies sich empirisch als schwieriger, wie dies auch aufgrund seiner theoretischen Konzeption zu erwarten gewesen war. Wie in Tabelle 1 aufgeführt, zeigten sich in der ersten Studie zwischen den beiden Experimentalgruppen, d.h. der Gruppe der Lernenden, die Themenstudien erarbeitet hatte, und der Referenzgruppe mit dem Beweisaufgabentraining, keine signifikanten Unterschiede. Im Mittel entwickelte sich die Beweiskompetenz in beiden Gruppen in vergleichbarer Weise weiter (Kuntze, 2006, 2008).

Ein in Abbildung 8 dargestellter Vergleich zwischen in Vor- und Nachtest parallelisierten Items deutet bei allen hier bei der Interpretation der Daten gebotenen Vorsicht auf Zuwächse der Beweiskompetenz hin (vgl. zu diesen Ergebnissen auch Kuntze, 2006, S. 248), denn während Grundkompetenzen auf Kompetenzniveau I stagnieren, zeigen sich bei dem Parallelitempaar auf Kompetenzniveau III Zuwächse.

Lernumgebung (prozentualer Gesamtscore)		Vortest	Nachtest
Reflexions- und Schreibanlass: (Themenstudienmethode, N=121)	M	58.4	38.5
	SD	16.7	15.0
Referenzgruppe (Heuristische Lösungsbeispiele, N=111)	M	56.1	37.9
	SD	17.8	15.3
Gesamt (N=232)	M	57.3	38.2
	SD	17.2	15.1

Tabelle 1: Ergebnisse (erste Studie): Beweiskompetenz in Vor- und Nachtest (Kuntze, 2006)

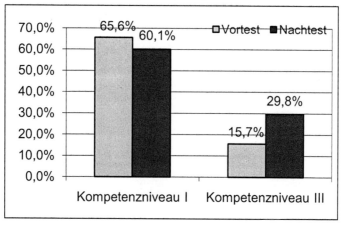

Abbildung 8: Auswertung zu Parallelitems (Themenstudienmethode, N=121) (Kuntze, 2006, S. 248)

In der zweiten Studie konnte eine Gruppe von Lernenden, die Themenstudien über das mathematische Beweisen schrieb, mit einer Kontrollgruppe mit unspezifischem Treatment und mit einer zweiten Kontrollgruppe, die ein Geometrie-Training ohne Beweisaufgaben erhielt, verglichen werden. Darüber hinaus bestand wieder die Vergleichsmöglichkeit zu einer Referenzgruppe mit einem Beweisaufgabentraining (Lernen mit heuristischen Lösungsbeispielen).

Da die Gruppen parallelisiert worden waren, gab es zum Zeitpunkt des Vortests keinen signifikanten Unterschied in der Beweiskompetenz zwischen den Gruppen (vgl. Abbildung 9). Im Nachtest hingegen schnitten die Lernenden, die Themenstudien geschrieben hatten, im Mittel signifikant besser ab als die Lernenden beider Kontrollgruppen (Kuntze, 2008). Es handelt sich jeweils um einen mittleren Effekt (im Vergleich mit der Kontrollgruppe mit unspezifischem Training: T=1,70; df=40; p<0,05; d=0,52; im Vergleich mit der Kontrollgruppe, die an Geometrieaufgaben arbeitete und Geometriewissen wiederholte: T=2,14; df=38; p<0,05; d=0,68).

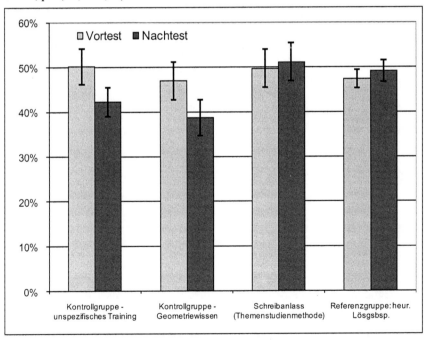

Abbildung 9: Ergebnisse (zweite Studie): Beweiskompetenz (Vor- und Nachtest), Mittelwerte und deren Standardfehler

Darüber hinaus enthielt der Nachtest Items zu beweisbezogenem Begriffswissen über das Generieren von Beweisen. Die Unterschiede im Begriffswissen waren hoch signifikant für Vergleiche zwischen der Themenstudienarbeit und den beiden Kontrollgruppen. Es handelt es sich hier um starke Effekte (im Vergleich mit der Kontrollgruppe mit unspezifischem Training: T=4.02; df=40; p<0.001; d=1.24; im Vergleich mit der Kontrollgruppe, die an Geometrieaufgaben arbeitete und Geometriewissen wiederholte: T=3.19; df=38; p<0.01; d=1.02).

Ähnlich wie in der ersten Studie zeigte sich kein signifikanter Unterschied bei Vergleichen der Themenstudiengruppe mit der Referenzgruppe, in der lösungsbeispielbasiert Beweisaufgaben trainiert worden waren.

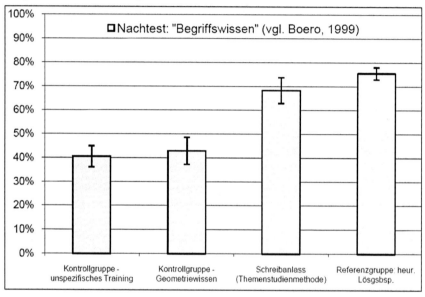

Abbildung 10: Ergebnisse (2. Studie): Begriffswissen zum Entwickeln von Beweisen (Messung nur zum Zeitpunkt des Nachtests), Mittelwerte und deren Standardfehler

Zusätzlichen Aufschluss konnte durch die Betrachtung der Ergebnisse auf den einzelnen Kompetenzniveaus gewonnen werden. Diese Ergebnisse unterstützen die Deutung der bereits berichteten Befunde dahingehend, dass sich die Leistungssteigerungen bei der Themenstudienarbeit insbesondere auf die Kompetenzniveaus II und III bezogen, d. h. auf Kompetenzen des Lösens von Beweisaufgaben im engeren Sinne. In diesem Bereich konnten signifikante Unterschiede zu den Vergleichsgruppen festgestellt werden, während sich zur Referenzgruppe kein signifikanter Unterschied zeigte, wie dies auf der Basis der Ergebnisse der ersten Studie auch zu erwarten gewesen war (vgl. Kuntze, 2008).

Diskussion

Die Ergebnisse deuten konsistent darauf hin, dass das Schreiben über das mathematische Beweisen in der Themenstudienmethode die Kompetenz, geometrische Beweise zu generieren, zumindest ähnlich gut fördern konnte wie das lernendenzentrierte Beweisaufgabentraining in der Referenzlernumgebung. Dies könnte als Replizierung der Ergebnisse von Herrick (2005) für den speziellen Fall des geometrischen Beweisens angesehen werden, sofern davon ausgegangen wird, dass die Vergleichsbasis „Normalunterricht" im Sinne des schülerzentrierten Beweisaufgabentrainings der Referenzgruppe interpretiert wird. Bezüglich der Förderung von Beweiskompetenz hatte sich die Referenzlernumgebung jedoch ihrerseits als herkömmlichem Unterricht zum geometrischen Beweisen überlegen herausgestellt (Heinze, Reiss & Groß, 2006), was die Möglichkeiten, geometrische Beweiskompetenz durch Reflexions- und Schreibanlässe zu beweisbezogenem Metawissen zu verbessern, in einem noch besseren Licht als dem einer bloßen Replizierung der Ergebnisse von Herrick (2005) erscheinen lässt.

Vor dem Hintergrund der im ersten Teil dieses Beitrags angestellten theoretischen Betrachtungen zum Beweisen in der Geometrie unterstützen die Ergebnisse die Annahme, dass Lernumgebungen, die auf beweisbezogenes Metawissen fokussieren, Effekte haben können, die sogar gezielten Beweisaufgabentrainings vergleichbar sind. Dies unterstreicht auch die Bedeutung dieses beweisbezogenen Metawissens für Beweiskompetenz und deren Entwicklung. Umgekehrt dürften fehlendes Metawissen zum Beweisen oder Defizite in diesem Bereich Beweiskompetenz und deren Aufbau in gravierender Weise erschweren. Es erscheint jedoch auf der Basis der Ergebnisse möglich, solches beweisbezogenes Metawissen durch geeignete Reflexions- und Schreibanlässe zu fördern und weiterzuentwickeln.

Literatur

Boero, P. (1999): Argumentation and mathematical proof: a complex, productive, unavoidable relationship in mathematics and mathematics education. International Newsletter on the Teaching and Learning of Mathematical Proof, 7/8

Hanna, G. (2000). Proof, Explanation and Exploration: An Overview. Educational Studies in Mathematics, 44, 5-23. Kluwer Academic Publishers

Healy, L.; Hoyles, C. (1998). Justifying and Proving in School Mathematics. Technical Report on thee Nationwide Survey. Mathematical Science. London: Institute of Education, University of London

Heintz, B. (2000). Die Innenwelt der Mathematik. Zur Kultur und Praxis einer beweisenden Disziplin. Wien: Springer

Heinze, A.; Reiss, K. (2003). Reasoning and Proof: Methodological Knowledge as a Component of Proof Competence. Proc. of CERME 3, Bellaria, Italien. http://www.lettredelapreuve.it/CERME3Papers/Heinze-paper1.pdf [Zugriff am 04.05.2005]

Heinze, A., Reiss, K., & Groß, C. (2006). Learning to prove with heuristic worked-out examples. In J. Novotná, H. Moraová, M. Krátká, & N. Stehlíková (Eds.). Proc. of the 30th Conf. of IGPME, Vol. 3 (pp. 273-280). Prague: PME

Herrick, C. J. (2005). Writing in the Secondary Mathematics Classroom: Research and Resources. Courtland: State University of New York College

Hilbert, T. S., Renkl, A., Kessler, S., & Reiss, K. (2008). Learning to prove in geometry: Learning from heuristic examples and how it can be supported. Learning and Instruction, 18, 54-65

Kuntze, S. (2003). Themenstudienarbeit im Mathematikunterricht als Vorbereitung auf die Facharbeit. In: Der math. und naturwiss. Unterricht (MNU), 56(8), S. 490-495

Kuntze, S. (2005a). „Wozu muss man denn das beweisen?" Vorstellungen zu Funktionen des Beweisens in Texten von Schülerinnen und Schülern der 8. Jahrgangsstufe. In: mathematica didactica, 28(2), S. 48-70

Kuntze, S. (2005b). Also ich meine dazu... – Materialien und Lernumgebungen zum Nachdenken über Mathematik. In: Mathematik lehren, 132, S. 4-10.

Kuntze, S. (2006). Themenstudienarbeit – Konzeption einer Lernumgebung für den gymnasialen Mathematikunterricht und Evaluation einer Themenstudienarbeit zum mathematischen Beweisen und Argumentieren. [Dissertation]. München: LMU

Kuntze, S. (2008). Fostering geometrical proof competency by student-centred writing activities. In: Figueras, O. Cortina, J.L., Alatorre, S., Rojana, T. & Sepúlveda, A. (Eds.), Proceedings of the Joint Meeting of PME32 and PME-NA XXX, Vol. 3 (pp. 289-296). México: Cinvestav-UMSNH

Kuntze, S., Rechner, M. & Reiss, K. (2004). Inhaltliche Elemente und Anforderungsniveau des Unterrichtsgesprächs beim geometrischen Beweisen - Eine Analyse videografierter Unterrichtsstunden. In: mathematica didactica, 27(1), S. 3-22

Lin, F.L. (2000). An approach for developing well-tested, validated research of mathematics learning and teaching. In: T. Nakahara & M. Koyama (Eds.), Proc. of the 24th Conf. of IGPME, (Vol. 1, pp. 84-88). Hiroshima: PME

Maier, H. (2000). Schreiben im Mathematikunterricht. In: Mathematik lehren, 99, S. 10-13

Morgan, C. (2001). The place of pupil writing in learning, teaching and assessing mathematics. In: P. Gates (Ed.), Issues in Mathematics Teaching (pp. 232-244). London: Routledge Falmer

National Council of Teachers of Mathematics (NCTM). (Ed.). (2000). Principles and Standards for School Mathematics. Reston, VA: NCTM

Reiss, K. (2002). Beweisen, Begründen, Argumentieren. Wege zu einem diskursiven Mathematikunterricht. In: W. Peschek (Hrsg.), Beiträge zum Mathematikunterricht 2002 (S. 39-46). Hildesheim: Franzbecker

Reiss, K., Klieme, E., & Heinze, A. (2001). Prerequisites for the understanding of proofs in the geometry classroom. In: M. van den Heuvel-Panhuizen (Ed.), Proc. of the 25th Conf. of IGPME (Vol. 4, pp. 97-104). Utrecht: PME

Reiss, K., Hellmich, F. & Reiss, M. (2002). Reasoning and proof in geometry: Prerequisites of knowledge acquisition in secondary school students. In: A. Cockburn & E.

Nardi (Eds.), Proceedings of the 26th Conf. of IGPME, Vol. 4 (pp. 113-120). Norwich, UK: University

Reiss, K.; Hellmich, F. & Thomas, J. (2002). Individuelle und schulische Bedingungsfaktoren für Argumentationen und Beweise im Mathematikunterricht. In: M. Prenzel; J. Doll (Hrsg.), 45. Beiheft zur Zeitschrift für Päd. (S. 51-64). Weinheim: Beltz

Reiss, K.; Renkl, A. (2002). Learning to Prove: The Idea of Heuristic Examples. In: Zentralblatt für Didaktik der Mathematik (ZDM), 34(1), S. 29-35

Selden, A.; Selden, J. (1999). Can you tell me wether this is a proof? In: O. Zavalavsky (Ed.), Proceedings of the 23rd Conf. of IGPME, Vol. 1 (p. 364). Haifa: PME

De Villiers, M. (1990). The role and function of proof in mathematics. Pythagoras, 24, S. 17-24

Beweisen im Mathematikunterricht
ein ungelöstes Problem der Mathematikdidaktik

Lothar Profke

Zusammenfassung. Liegt tatsächlich ein Problem vor? Einerseits vermittelt die Einladung zu dieser Tagung eher Zufriedenheit mit dem Erreichten, andererseits weisen einige Beobachtungen darauf hin, dass Beweisen im Mathematikunterricht doch problematisch ist. Dieser Artikel steuert leider nichts Neues bei, so dass er einer zufrieden stellenden Lösung des angeblich ungelösten Problems Beweisen im Mathematikunterricht kaum näher kommen wird.

Liegt tatsächlich ein Problem vor?

Einerseits vermittelt die Einladung zu dieser Tagung[1] eher Zufriedenheit mit dem Erreichten:

„Argumentieren, Begründen und Beweisen sind zu einer der sechs allgemeinen Kompetenzen für den Mathematikunterricht konkretisiert worden. [...] natürlich wurde schon vor der Formulierung der Bildungsstandards im Mathematikunterricht bewiesen, begründet und argumentiert. [...]. Es sind viele gute Ideen zum Beweisen und Erkenntnisse über Argumentieren und Begründen vorhanden, [...]."

Andererseits weisen die folgenden Beobachtungen darauf hin, dass Beweisen im Mathematikunterricht doch problematisch ist:

- Es ist ein immer wiederkehrendes Thema von Vorträgen, Aufsätzen, auch dieser Tagung.

- Viele Mathematiklehrerstudenten verfügen nicht über ausreichende Kompetenzen zum Beweisen.

- Das *Zentralblatt für Didaktik der Mathematik* (ZDM) widmete zwei Hefte dem Beweisen im Mathematikunterricht.[2] Die Zeitschrift *Mathematics Teacher* stellt Autoren als Hauptaufgabe für den Jahrgang 2009 das Thema:

"*Proof: Laying the Foundation.*

---

[1] Arbeitskreis Geometrie in der GDM, Herbsttagung 12. - 14.09.2008 in Saarbrücken
[2] ZDM 34 (2002) 1 und ZDM 40 (2008) 3

The Editorial Panel of the Mathematics Teacher seeks articles that address any of the following questions:

- *What is proof and how does proof in geometry relate to proof in other areas of mathematics?*
- *What experiences motivate students to engage in proof?*
- *How can classroom environments foster explanation and justification?*
- *What strategies are successful in teaching students at various stages of readiness to prove or justify inferences?*
- *What are some examples of "proof readiness" experiences that students can have prior to a geometry course and what does research tell us about what students need to experience?*
- *What are some good early proofs and some "proof readiness" experiences in geometry or other courses?*
- *What is the interplay between conjecture and proof? What role does technology play?*
- *How can students come to understanding that proof is a creative endeavor?*
- *How do early reasoning and justification experiences lay the foundation for proof in geometry as well as in subsequent mathematics courses?"* (Mathematics Teacher, 101 (2007/2008) 5, S. 323)

Dieser Artikel steuert leider nichts Neues bei, so dass er einer zufrieden stellenden Lösung des angeblich ungelösten Problems *Beweisen im Mathematikunterricht* kaum näher kommen wird. Aufmunterung von L. Führer:

„*Nichts* Neues *stimmt ja nicht.* Indem Altes *aus und an der Gegenwart reflektiert wird, ist es – schon aus hermeneutischen Gründen – neu und anders.*"

Weshalb Beweisen im Mathematikunterricht?

Zunächst, Lehrpläne für den Mathematikunterricht und seit einigen Jahren die *Bildungsstandards* der KMK verlangen dies: *Argumentieren* ist eine von fünf (sechs) *allgemeinen mathematischen Kompetenzen*, über die Schüler am Ende von Jahrgangsstufe 4 (bzw. 9 oder 10) „verfügen" sollen:

„*Argumentieren*

- *mathematische Aussagen hinterfragen und auf Korrektheit prüfen*
- *mathematische Zusammenhänge erkennen und Vermutungen entwickeln*
- *Begründungen suchen und nachvollziehen"*   *(KMK, 2005a, S. 6)*

„(K 1) Mathematisch argumentieren

Dazu gehört:

- *Fragen stellen, die für die Mathematik charakteristisch sind („Gibt es ...?", „Wie verändert sich...?", „Ist das immer so ...?") und Vermutungen begründet äußern,*
- *mathematische Argumentationen entwickeln (wie Erläuterungen, Begründungen, Beweise),*
- *Lösungswege beschreiben und begründen."* (KMK, 2004, S. 8 und KMK, 2005b, S. 7)

Bildungsstandards Mathematik für die Sekundarstufe II gibt es noch nicht. Als Ersatz kann man die *Einheitlichen Prüfungsanforderungen in der Abiturprüfung Mathematik* (EPA) nehmen (KMK 2002, S. 3).

Man beobachtet: Die *Bildungsstandards Mathematik* beschränken das Lehren und Lernen des Beweisens (Argumentierens, ...) auf mathematische Sachverhalte. „Alltagslogik" und sprachlich-logische Fertigkeiten sind (vielleicht) mitgedacht bei den Kompetenzen:

(K 5) Mit symbolischen, formalen und technischen Elementen der Mathematik umgehen

(K 6) Kommunizieren

Unabhängig von diesen staatlichen Forderungen kann das Beweisen im Mathematikunterricht mehreren *didaktischen Funktionen* dienen.

- Stoffentwicklung
    - Vermitteln „wichtiger" Beweise (genauer: Beweise „wichtiger" Sätze)
        - Beispiele: Winkelsummensatz für Dreiecke, Satz von Pythagoras
    - Gebietsspezifische Beweistechniken erfahren lassen

- Beispiel: Kongruenzsätze und Kongruenzabbildungen zum Nachweis der gleichen Größe von Figuren
  - Herleiten von Sätzen, Regeln, Verfahren
    - Beispiele: Satz von Pythagoras, Strahlensätze, Flächen- und Rauminhaltsformeln, Regel zum Addieren gewöhnlicher Brüche, Lösungsverfahren für quadratische Gleichungen, Grundkonstruktionen mit Lineal und Zirkel
  - Festigen von Inhalten
    - Immanentes Wiederholen von Begriffen und Sätzen, welche in Beweisen vorkommen.
    - Verknüpfen des zu Beweisenden mit „Bekanntem"
- Lehren des Beweisens

  Einsicht in die Notwendigkeit von Beweisen, Beweisstandards, Beweismethoden und -techniken, heuristische Hilfen, selbstständiges Beweisen
- Sprachlich-logische Schulung im Mathematikunterricht

  Umgangssprache vs. Fachsprache, präzisieren von Umgangssprache, ... (vgl. Winter 1983, besonders Abschnitt 2.2.).

Von diesen didaktischen Funktionen herrscht im Mathematikunterricht die Stoffentwicklung in den beiden Formen *Herleiten von Sätzen* und *Festigen von Inhalten* vor. Wenn überhaupt das *Beweisen* (und das *Definieren*) Unterrichtsgegenstand ist, dann bevorzugt im (gymnasialen) Geometrieunterricht der Jahrgangsstufen 7/8. *Sprachlich-logische Schulung* kommt im Mathematikunterricht (selbst im gymnasialen) kaum noch vor.

Was meint man mit „Beweisen"?

Zwischen Mathematikdidaktikern (einschließlich Mathematiklehrern), selbst zwischen Mathematikern gibt es Meinungsverschiedenheiten, was man als (mathematischen) Beweis anerkennen darf.

Ein Indiz hierfür ist die Bezeichnungsvielfalt:
- Argumentieren, Begründen,

  wobei man sich auf Anschauungen stützen darf.
- Beispiel- und sachverhaltsgebundenes Schließen,

  oder doch lieber „exakter" mit Variablen?

- Inhaltliches vs. formales Schließen
  in der Geometrie mit oder ohne Bezug auf Zeichnungen
- „Prä-" Beweise (vgl. Kirsch 1979)
- Deduzieren aus Axiomen

Wie wichtig ist dabei die äußere Form?
- Nur mündlich oder mit ausführlichem Aufschrieb?
- „Prosa" oder „exakter" mit mathematischen und logischen Kürzeln?

Die Antworten hängen ab vom *Zweck des Beweisens*:

Nur bei tiefliegenden logischen Fragen muss man alle Aussagen formalisieren und darf nur ganz bestimmte Schlussregeln verwenden. Sonst gibt es keine Vorschrift über das einzuhaltende Niveau beim Beweisen. Begründungen in jeder Form müssen stichhaltig sein und *überzeugende Gründe* für die Richtigkeit der Behauptung nennen: „Das muss so sein, weil ..."

Daher benutze ich hier *Argumentieren, Begründen, Beweisen, ...* synonym.

Welche Gründe überzeugen, müssten jeweils zwischen allen Beteiligten ausgehandelt werden:
- Welcher Sachverhalt ist fraglich?

  Behauptung: Die Ecken eines gegebenen materiellen Dreiecks lassen sich zu einem gestreckten Winkel zusammen legen.
  - o Das kann man ausprobieren.

  Behauptung: Bei jedem idealen Dreieck ist die Summe der Innenwinkel so groß wie ein gestreckter Winkel.
  - o Nun muss man nachdenken.

- Die Überzeugungskraft von Argumenten hängt ab von der persönlichen Erfahrung eines zu Überzeugenden.

  Man versucht dies zu objektivieren durch Vereinbaren einer Diskussionsgrundlage, Schematisieren und Formalisieren, Schlussregeln.

Beweisen im Mathematikunterricht erfasst nur Ausschnitte des Argumentierens im Alltag (vgl. Winter 1983, besonders Abschnitt 2.2.):
- Anlässe sind hier Meinungsverschiedenheiten, Streit, Überraschungen, Unklarheiten, auch Rechthaberei.

- Man möchte Strittiges rational klären, Zweifel ausräumen, etwas verstehen, „allgemeine" Gültigkeit einer Behauptung „sichern", vernünftige Kompromisse schließen, auch „Recht behalten".[3]

- Zu diesem Zweck überprüft man Behauptungen an typischen Einzelfällen, verallgemeinert durch (unvollständige) Induktion, stellt Analogien her, beruft sich

- auf Autoritäten, versucht zu überreden, argumentiert vernünftig (rational) und lässt immer wieder „Ausnahmen bestätigen eine Regel" zu.

- Die Überzeugungskraft eines Arguments ist gebunden an die jeweilige Situation, wird gelegentlich zwischen den Beteiligten *ausgehandelt* und hängt ab von deren Wissen und Erfahrungen.

Was sollen wir erreichen wollen?

Muss jeder Schüler im Mathematikunterricht das Beweisen lernen?

Wünschen kann man vieles. Doch sollten wir Lehrziele auf Machbares beschränken. Gehört dazu das *Beweisen können im Geometrieunterricht*?

Allgemeinbildende Schule hat einen Erziehungsauftrag, also auch der Mathematikunterricht:

„Die Aufgabe der Volksschule „ist die Entwicklung der kindlichen Kräfte und die Vermittlung von grundlegendem Wissen und Können in Verbindung mit einer Persönlichkeitsentwicklung bis zu dem Grade, dass sich die Jugendlichen bei ihrer Schulentlassung in bescheidenem Ausmaße dem werktätigen und öffentlichen Leben zuwenden können [...]." (Drenkhahn 1958, S. 22)

„Der Mathematikunterricht hat aber auch wesentlichen Anteil an der Entwicklung allgemeiner Fähigkeiten der Schülerinnen und Schüler. Er nimmt allgemeinbildende Aufgaben wahr, indem er

- *Dialogwilligkeit und Argumentationsfähigkeit,*
- *Urteils- und Handlungsvermögen,*
- *Kommunikations- und Kooperationsfähigkeit fördert."* (Hessisches Kultusministerium 1995, S. 7)

---

[3] Ein schönes Beispiel gibt Freudenthal (1973, S. 84).

„Die Tugend, Tatsachenbehauptungen sachlich zu begründen, gehört zum demokratischen Miteinander." (Führer 2009)

Damit lassen sich Lehrziele wie die folgenden rechtfertigen:

- zum Argumentieren im Alltag
    - Entscheiden, wann eine Begründung erforderlich ist.
    - Urteilen, welche Begründung jeweils angemessen ist.
    - Solche Begründungen gegebenenfalls suchen und sich selbst von guten Gründen überzeugen lassen.
    - Überlegungen, Handlungen erläutern
    - ...
- zu Einstellungen
    - Strittiges möglichst vernünftig klären wollen
    - Andere Standpunkte einnehmen können
    - Entscheidungen „aus dem Bauch heraus" rational überprüfen
    - ...

Zur Frage, ob im Mathematikunterricht bewiesen werden soll, meint H. Bürger:

„Beschäftigung mit Beweisen kann (möglicherweise) Beiträge zu allgemeinen Lernzielen liefern. Solche sind u.a.: [Liste ähnlich der vorigen] *Soll ein Transfer solcher Beiträge zu allgemeinen Lernzielen auf außermathematische Bereiche erfolgen, so muss dieser bereits im Unterricht angebahnt werden."* (Bürger 1979, S 130)

Doch in welcher Richtung findet ein solcher *Transfer* (wenn überhaupt) statt: Vom Beweisen im Mathematikunterricht zum Argumentieren in Alltagssituationen oder eher umgekehrt?

Zur Lage im Mathematikunterricht

Bei *Schülerkompetenzen* handelt es sich oft eigentlich um Defizite: Falsche Vorstellungen zum Beweisen in der Mathematik, wenig Bedürfnis zum Begründen mathematischer Aussagen, nicht ausreichend verfügbares mathematisches Wissen und Können.

Viele Publikationen zum Beweisen im Mathematikunterricht beklagen dies.

Langfristig bleibt kaum etwas hängen: Herleitungen und Beweise mathematischer Sätze sind vergessen, der Sinn solcher Begründungen wird kaum erfasst und ein Transfer (einerlei in welcher Richtung, s. o.) ist ungewiss.

Auch die *Kompetenzen vieler Mathematiklehramtsstudenten* und nicht weniger *Mathematiklehrer* lassen zu wünschen übrig:

- Mangelhafte Vorstellungen zum Beweisen in der Mathematik:
    - Weshalb beweist man in der Mathematik?

    Ist Beweisen nur ein Ritual?
    - Was sollte bewiesen werden?

    Auch Rechenregeln, Formeln, geometrische Konstruktionen?
    - Was zählt (nicht) als Beweis: Rechnen, Herleiten, beispiel- und sachverhaltsgebundenes Argumentieren, Handeln mit Material?

    Beweist etwa auf enaktiver Stufe das Abreißen der Ecken eines Papierdreiecks und anschließendes Legen der Fetzen zu einem gestreckten Winkel den Satz von der Winkelsumme in Dreiecken?

    Dieselbe Frage für gezieltes Falten eines Dreiecks zu einem Rechteck („rechteckigen Briefumschlag").

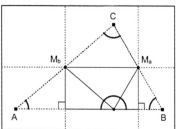

Abbildung 1: Falten eines Dreiecks zu einem Rechteck („rechteckigen Briefumschlag")

    - Welche Beweise sind stichhaltig?

    Gilt dies auch vom Umlaufbeweis des Außenwinkelsummensatz für Vielecke, obwohl sich jener nicht auf zweifach gekrümmte Flächenstücke übertragen lässt?[4]

---

[4] Der Beweis versteckt die Parallelenlehre. Na und? Lietzmann meint: „Man braucht solche Kunstgriffe, die unbequeme Dinge übertünchen, gewiß nicht ganz zu vermeiden. Unmoralisch wird die Sache nur, wenn man die Schüler im Glauben läßt, alles sei in

Beweisen im Mathematikunterricht – ein ungelöstes Problem der Mathematikdidaktik

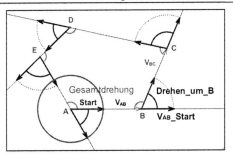

Abbildung 2: Umlaufbeweis des Außenwinkelsummensatz für Vielecke

o Was ist von geometrischen Grenzübergängen zu halten, die einmal Vernünftiges liefern, ein anderes Mal aber nicht?

Bei Kreisen von der Umfangsformel zur Flächeninhaltsformel (oder umgekehrt) durch Zerlegen einer Kreisfläche in Sektoren, die dann wie Tortenstücke beim Konditor zu einem „Rechteck" mit welligen Seiten gelegt werden; der Grenzübergang zu beliebig schmalen Sektoren liefert schließlich ein richtiges Rechteck.

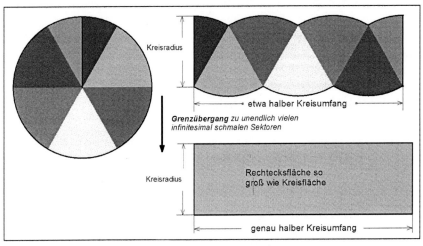

Abbildung 3: Von der Umfangsformel zur Flächeninhaltsformel bei Kreisen

Ordnung. Noch übler ist die Sache, wenn der Lehrer selbst nicht weiß, welche Sünden gegen den heiligen Geist der Mathematik er begeht." (Lietzmann 1923, S. 108)

Durch einen analogen Grenzübergang „zeigt" man, dass im Rechteck eine Diagonale genau so lang ist wie der halbe Umfang.

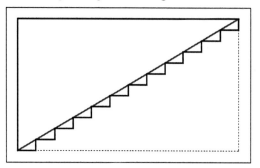

Abbildung 4: Im Rechteck: Diagonale = halber Umfang?

Formel für den Oberflächeninhalt von Kugeln als Grenzwert des Quotienten des Volumens einer Hohlkugel und ihrer Wanddicke. Eine „naive direkte" Übertragung auf ellipsenförmige Ringe liefert aber nicht die korrekte Formel für den Umfang von Ellipsen.

- o Wie hängen Korrektheit von Schlüssen und Wahrheit miteinander zusammen?

  Sind korrekt bewiesene Aussagen auch wahr? Kann man nur aus wahren Aussagen richtige Folgerungen ziehen?

- Defizite beim Verstehen und Führen von Beweisen:
  - o Schmales Fachwissen
  - o Schwierigkeiten mit mehrschrittigen Überlegungen

    Erkennen bzw. Planen eines „roten Fadens", Überblick behalten über den Stand der Argumentation, Zwischenschritte „zielgerichtet" anlegen und ausführen, Koordinieren aller Schritte.

    Entscheiden, welche Argumente zugelassen sind und wann eine Argumentationskette vollständig (lückenlos) ist.

  - o Mangelnde Sicherheit in der Logik und bei Beweistechniken:

    Identifizieren von Voraussetzungen und Behauptung, erkennen von Annahmen, logische Analysen von Aussagen, ...

    Wie beweist man eine Wenn-dann-Aussage, eine All-Aussage, ...? Verneinungstechniken, ...

    Allgemeine und gebietsspezifische Heuristiken

Trenne Technisches vom Kreativen.

- o Nachlässige, unpräzise Ausdrucksweisen (vieler Lehrer) auch bei endgültigen Formulierungen (Merksätze und Ähnliches)
- Vermengen von Realität und mathematischem Modell:

Genaues Zeichnen vs. exaktes Konstruieren

Welche Zeichengeräte und Konstruktionsoperationen sind (nicht) erlaubt?[5]

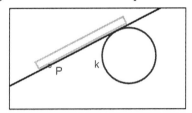

Abbildung 5: Tangenten aus einem Punkt an eine Kreislinie

Weitere Hindernisse:

- Im Mathematikunterricht gibt es mehr Herleitungen als explizite Beweise, anstelle von Vorweg-Vermutungen treten nachträgliche Erkenntnisse. Das Beweisen ist in einer Herleitung versteckt, oft um Beweisprobleme möglichst zu umgehen.[6] Zudem wird anschließend die Herleitung nicht als Beweis erkannt.

- *Inhaltsziele* (Regeln, Formeln, Sätze, Verfahren) sind oft wichtiger als *Prozessziele* (Beweisen als Tätigkeit).

- Im Mathematikunterricht kommen fast nur richtige Aussagen („Sätze") vor.

- Schüler werden im Mathematikunterricht erst spät zum Begründen angehalten.

Schüler müssen für die Korrektheit und Richtigkeit ihrer Aussagen nur selten einstehen, und falsche Aussagen von Schülern ordnet man fast nie dem Thema Beweisen und Widerlegen zu.

---

[5] Das Verfahren wie in Abbildung 5 ist angeblich weniger genau als die übliche exakte Lösung mit Lineal und Zirkel (vgl. etwa Furdek 2008).

[6] Vgl. Holland (2007), Abschnitt 7.2 Methoden zur Satz- und Beweisfindung

- Wird das Beweisen als Tätigkeit thematisiert? Unterrichtswerke geben hierfür kaum Hilfen, weder zu Beweisen von Sätzen, noch zum Beweisen als Prozess, erst recht nicht zu heuristischen Überlegungen.

Zum Lehren des Beweisens

Wir müssen uns an die Empfehlungen „alter Meister" erinnern und jene nach Möglichkeit im Mathematikunterricht umsetzen.

Im Folgenden eine kleine Auswahl von Veröffentlichungen, nach Erscheinungsjahren geordnet:

(1) Lietzmann (1923, S. 103-115) und Lietzmann (1924, S. 186-196)

(2) Winter (1972, S. 67-95, besonders S. 71-76)

(3) Walsch (1972)

(4) Bock/Walsch (1975)

(5) Bürger (1979, S. 103-134)

(6) Winter (1983, S. 59-95)

Was kann man dem noch hinzufügen?[7]

- Allgemeine Ratschläge:
  - Alles, was man sich für Schüler wünscht (nicht nur Gymnasiasten), muss zuvor bei Mathematiklehrern und Lehramtsstudenten erreicht werden. Also sind alle Empfehlungen zum Beweisen im Mathematikunterricht auch anzuwenden in der Aus-, Fort- und Weiterbildung von Mathematiklehrern.
  - An vertrauten, leicht durchschaubaren Alltagsbeispielen und an einfachen, sicher verfügbaren mathematischen Beispielen, der *„Wolle"*, wird man versuchen, das Argumentieren zu lehren und die logischen *„Strickmuster"* bewusst zu machen.[8]
  - Mit dem Argumentieren kann man bereits in der Grundschule beginnen.[9]

---

[7] Auch das ist nicht neu.

[8] In Anlehnung an Winters (1972, S. 70) Bonmot

[9] „Begründen sollte so selbstverständlich werden wie das Händewaschen im Alltag." K. Härtig (HU Berlin) am 06.07.1993 im Mathematikdidaktischen Kolloquium Gießen

- Einzelnes
  - Beispiele zum Argumentieren ausarbeiten für Lehrer, Studenten und Schüler wie ein Unterrichtsgespräch:

    Vormachen des Infragestellens von Behauptungen und Argumenten,[10] Offenlegen heuristischer Überlegungen, ausführliche Dokumentationen[11]
  - Sprachlich-logische Schulung auch im Mathematikunterricht

    Werbe- und andere Sprüche beurteilen, Analysieren rechtlicher Formulierungen, Ausfüllen von Formularen

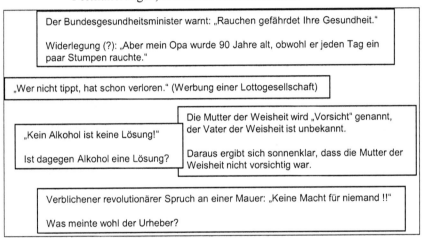

Abbildung 6: Werbe- und andere Sprüche beurteilen

Der Zwang zum präzisen Ausdruck zwingt auch zum Nachdenken über den betreffenden Sachverhalt.
  - Lösen von Berechnungs-, Konstruktions- und Beweisaufgaben und dabei zu einzelnen Schritten Gründe angeben.[12]

---

[10] Beispiele gibt Furdek (2008).
[11] Vgl. etwa Meyer (1979) und Zech (1975) Kap. 4
[12] Siehe Eigenmann (1985, S. 38) und Holland (1980)

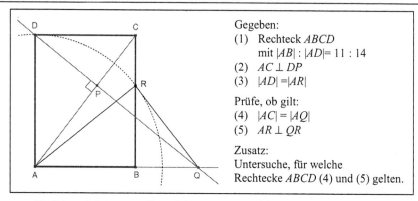

Abbildung 7: Lösen von Berechnungs-, Konstruktions- und Beweisaufgaben

Ausblick

Werden wir künftig breitere und nachhaltige Erfolge beim Beweisen im Mathematikunterricht haben? Erfahrungen mit Lehramtsstudenten sprechen dagegen. Ebenso Erfahrungen zum Mathematikunterricht der Schule.

Vielleicht weniger wegen „schwacher" oder nicht interessierter Schüler, sondern wegen *Schwächen* bei vielen *Lehrkräften*.

Vermutlich müssen wir die Forderung „*Beweisen für alle*" einschränken auf *gutes Argumentieren im Alltag*.

„Die Beschäftigung mit mathematischen Beweisen führt bei vielen Schülern zu einer negativen Einstellung zum Mathematikunterricht, weil sie teils die Notwendigkeit vieler mathematischer Beweise nicht einsehen, teils durch das Beweisen überfordert werden. […]

Sollten aber gewisse Schülergruppen durch bestimmte Beweisniveaus grundsätzlich überfordert werden, dann sollten an diese Schüler solche Anforderungen nicht gestellt werden.

Die […] Frage „Soll im Mathematikunterricht bewiesen werden?" kann […] nicht beantwortet werden. Eine allgemeingültige Antwort ist auch nicht zu erwarten."[13] (Bürger 1979, S. 131)

---

[13] Dem mag man entgegenhalten: „Wir müssen uns noch mehr einfallen lassen!" Vielleicht analog zu Matthäus 17, 20 und 21, 21: „So ihr Glauben habt wie ein Senfkorn, so

Literatur

Bock, H.; Walsch, W. (Hrsg.) (1975). Zum logischen Denken im Mathematikunterricht. Berlin: Volk und Wissen

Bürger, H. (1972). Beweisen im Mathematikunterricht – Möglichkeiten der Gestaltung in der Sekundarstufe I und II. Schriftenreihe DdM 2 (1979), S. 103-134

Drenkhahn, F. (1958). Das Schulwesen in der Bundesrepublik Deutschland. In: Drenkhahn, F. (Hrsg.): Der mathematische Unterricht für die sechs- bis fünfzehnjährige Jugend in der Bundesrepublik Deutschland. Göttingen: Vandenhoeck & Ruprecht, S. 15-36

Eigenmann, P. (1985). Geometrische Denkaufgaben. Stuttgart: Klett

Freudenthal, H. (1973). Mathematik als pädagogische Aufgabe. Stuttgart: Klett

Führer, L. (2009). Vom Begründensollen zum Vermutenwollen. In: M. Ludwig, R. Oldenburg, J. Roth (Hrsg.): Argumentieren, Beweisen und Standards im Geometrieunterricht – AK Geometrie 2007/08. Franzbecker, Hildesheim, S. 167-188

Furdek, A. (2008). Mephisto mischt im Matheunterricht mit. Eine teuflische Idee, unterschiedliche Sichtweisen im Unterricht auftauchen zu lassen. PM 50 (2008) 21, S. 34-36

Hanna, G.; de Villiers, M. (2008). ICMI Study 19: Proof and proving in mathematics education. ZDM 40 (2008), S. 329-336

Hessisches Kultusministerium (1995). Rahmenplan Mathematik Sekundarstufe I. Wiesbaden

Holland, G. (1980). Berechnungsprobleme im Geometrieunterricht der Sek I. In: Beiträge zum Mathematikunterricht 1980, S. 136-139

Holland, G. (2007). Geometrie in der Sekundarstufe. Entdecken – Konstruieren – Deduzieren. Hildesheim/Berlin: Franzbecker

Kirsch, A. (1979). Beispiele für „prämathematische" Beweise. Schriftenreihe DdM 2 (1979), S. 261-274

KMK (2002). Einheitliche Prüfungsanforderungen in der Abiturprüfung Mathematik. Beschluss der Kultusministerkonferenz vom 01.12.1989 i.d.F. vom 24.05.2002. http://www.kmk.org/fileadmin/pdf/PresseUndAktuelles/Beschluesse_Veroeffentlichungen/allg_Schulwesen/epa_mathematik.pdf (Abruf 25.03.2009)

KMK (2004). Bildungsstandards im Fach Mathematik für den Mittleren Schulabschluss. München: Wolters Kluwer Deutschland

KMK (2005a). Bildungsstandards im Fach Mathematik für den Primarbereich (Jahrgangsstufe 4). München/Neuwied: Wolters Kluwer Deutschland

KMK (2005b). Bildungsstandards im Fach Mathematik für den Hauptschulabschluss (Jahrgangsstufe 9). München/Neuwied: Wolters Kluwer Deutschland

---

mögt ihr sagen zu diesem Berge: Hebe dich von hinnen dorthin! So wird er sich heben; und euch wird nichts unmöglich sein."

Gewiss irrte sich Jesus nicht: Bleibt ein Berg standhaft, so liegt dies eben an unserem Kleinglauben. Natürlich müssen wir uns auch künftig um eine Verbesserung des Mathematikunterrichts insgesamt und um mehr Erfolge als bisher beim Lehren des Argumentierens bemühen.

Lietzmann, W. (1923). Methodik des mathematischen Unterrichts. 2. Teil: Didaktik der einzelnen Gebiete des mathematischen Unterrichts. Leipzig: Quelle & Meyer

Lietzmann, W. (1924). Methodik des mathematischen Unterrichts. 3. Teil: Didaktik der angewandten Mathematik. Leipzig: Quelle & Meyer

Meyer, K. (1979). Beweisen und Hefteintrag. Schriftenreihe DdM 2 (1979), S. 327-334

Reiss, K.; Renkl, A. (2002). Learning to prove: The idea of heuristic examples. In: ZDM 34 (2002), S. 29-35

Reiss, K. M.; Heinze, A.; Renkl, A.; Groß, Ch. (2008). Reasoning and proof in geometry: effects of a learning environment based on heuristic worked-out examples. In: ZDM 40 (2008), S. 455 - 467

v. Mangoldt, H.; Knopp, K. (1961). Einführung in die höhere Mathematik 3. Band. Stuttgart: Hirzel, Nr. 108

Walsch, W. (1972). Zum Beweisen im Mathematikunterricht. Berlin: Volk und Wissen

Winter, H. (1972). Vorstellungen zur Entwicklung von Curricula für den Mathematikunterricht in der Gesamtschule. Strukturförderung des Landes Nordrhein-Westfalen Heft 16. Ratingen

Winter, H. (1983). Zur Problematik des Beweisbedürfnisses. JMD 4 (1983), S. 59-95

Zech, F. (1995). Mathematik erklären und verstehen. Eine Methodik des Mathematikunterrichts mit besonderer Berücksichtigung von lernschwachen Schülern und Alltagsnähe. Berlin: Cornelsen

Die spinnen, die Mathematiker

Hans Walser

Zusammenfassung. Es werden zwei Argumentationsbeispiele referiert, eines aus dem Unterricht, das andere aus einem Pausengespräch unter Lehrer/innen und Fachdidaktiker/innen. Dabei werden folgende Punkte angetippt. Erstens: Welches ist das passende Medium, insbesondere die adäquate Sprache, für ein sinnvolles Argumentieren in der Geometrie? Zweitens: Wir müssen uns von der Vorstellung lösen, dass Argumentieren und Beweisen eine rein rationale Angelegenheit ist. Emotionale Aspekte und soziale Strukturen führen zu Randbedingungen, unter denen ein rationaler Gedankenaustausch sehr erschwert wird.

Bergwanderung – in welcher Richtung geht's am steilsten hoch?

Es ist, zumal in den Alpen und insbesondere für nicht ganz schwindelfreie Personen, eine eindrückliche Erfahrung, dass dort, wo auf der Landkarte die Höhenlinien nahe beieinander sind, es sehr steil ist.

Wir sind am eingezeichneten Punkt auf der Höhe 2440. In welcher Richtung geht's am steilsten bergauf?

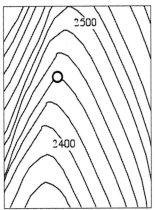

Abbildung 1: In welcher Richtung geht's am steilsten hoch?

Alle sagen: links – da sind die Höhenlinien am dichtesten.

Nur nicht Samuel, der sagt: geradeaus.

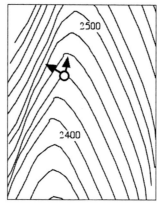

Abbildung 2: Samuel sagt geradeaus,
die anderen wissen, dass es irgendwie
nach links gehen muss

So in Klasse 10 eines mathematisch-naturwissenschaftlichen Gymnasiums in einem Fach namens *Anwendungen der Mathematik*, Nachfolgefach der verblichenen *Darstellenden Geometrie*. Die Theorie der Funktionen zweier Variablen ist noch nicht behandelt.

Wortmeldungen

- Aber geradeaus sind ja die Höhenlinien am dünnsten.
- Sicher wieder so eine Verarschungsfrage.

Samuel etwas trocken: Wenn man das von Nahem ansieht, dann sieht man es.

Der geneigte Leser, die geneigte Leserin muss wissen, dass die Schweizer im Allgemeinen und die Schüler/innen eines ländlichen Gymnasiums im speziellen sehr wortkarg sind. Sie schaffen es nicht, derart schnell und geschliffen das Wort an sich zu reißen wie ihre Kolleg/innen von anderswo.

Mit dieser Wortkargheit korreliert die Fähigkeit, auch knapp Formuliertes zu verstehen.

Weiter ist interessant zu wissen, dass Samuel Linkshänder ist. Ich habe im Unterricht wiederholt die Erfahrung gemacht, dass Linkshänder/innen Denkwege gehen, denen zu folgen den Klassenkolleg/innen und auch mir nicht leicht möglich ist, welche aber effektiv zielführend sind. Entsprechend ist es schwierig, den oft knapp formulierten Erklärungen der Linkshänder/innen zu folgen. Das kann auch so gesehen werden, dass Linkshänder/innen nicht alles ins Tausendste ausmünzen.

Interpretationen der Formulierung „von Nahem"

(1) Wir machen uns klein wie ein Salamander und steigen im typischen Kreuzgang über eine Höhenlinie (Abbildung 3).

Abbildung 3: Der Salamander steigt über die Höhenlinie. Zeichnung von Bigna Steiner

(2) Wir bleiben uns selber, lassen aber stockdicken Nebel aufsteigen und tasten mit den Fingerspitzen um die Schuhe herum (Abbildung 4).

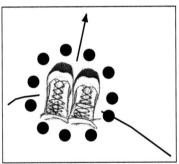

Abbildung 4: Wir tasten um die Schuhe herum

(3) Wir vereinfachen die Höhenlinien (Abbildung 5) (dürfen wir das?).

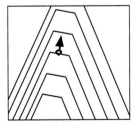

Abbildung 5: Simplere Höhenlinien

Schülerkommentare

Regula: Das Argument von Samuel ist stichhaltig. Aber wenn ich das meinen Bergsteigerkollegen bringe, heißt es sicher wieder, die spinnen, die Mathematiker.

Jonathan: Und der kleinste Fehltritt ändert die Situation gewaltig. – Das ist aber so, im Gebirge und im normalen Leben.

Stichworte

- Lokales versus Globales Denken
- Infinitesimal kleines Denken
- Lokale Linearisierung
- Später wird dann alles klar: Der Gradient hat die Richtung des steilsten Anstieges und steht senkrecht zu den Höhenlinien. – Aber ein kleines Stückchen links, tangential zu diesen Höhenlinien, geht es erst gar nicht bergauf!
- Unterschiede und Defizite: den einen geht die Fähigkeit zu argumentieren ab, den anderen die Fähigkeit, zuzuhören.

Pausengespräch

Kaffeepause

Pädagogische Arbeitstagung. Ein Lehrer und ein Fachdidaktiker im Pausengespräch.

Lehrer: *Bsundrs schöö findi dää Link zwüsched Phüsik und Geometrie: Wämmer es Drüüegg äso ufs Lineal leit dases duär de Schwärpunkt goht, blybz Drüüegg im Glychgwicht.* (Besonders schön finde ich folgenden Link zwischen Physik und Geometrie: Wenn wir ein Dreieck so auf ein Lineal legen, dass es durch den Schwerpunkt geht, bleibt das Dreieck im Gleichgewicht.)

Fachdidaktiker: *Klar, die beiden Hälften sind ja gleich groß.*

Lehrer: *Stimmt nöd.* (Stimmt nicht.)

Fachdidaktiker: *Warum sollte das nicht stimmen?!*

Lehrer: *Sisch falsch.* (Es ist falsch.)

Fachdidaktiker: *Der Schwerpunkt ist doch so gemacht. Er konstituiert sich als Schnittpunkt der Schwerlinien, und diese halbieren die Dreiecksfläche.*

Lehrer: *Scho, aber ...* (Schon, aber ...)

Fachdidaktiker: *Was aber???*

Lehrer: *Wändt vo obenabe halbiersch, muesch Wurzelzweihalbi neh, dasch irrational.* (Wenn du von oben herunter halbierst, musst du die Hälfte der Quadratwurzel von zwei nehmen, das ist irrational.)

Fachdidaktiker: *Irrationale Zahlen sind kein Argument auf der S1!!!*

Ende der Kaffeepause.

Zur Sprache

Argumentieren ist nur teilweise eine rationale Angelegenheit. Emotionale Momente, Stimmung und Ausdrucksform spielen eine wichtige Rolle. Nicht zuletzt die Wahl der Sprache.

Die Deutschschweizer sind auch innerhalb der deutschen Sprache zweisprachig. Es gibt eine gesprochene Sprache mit hohem Stellenwert – im Unterschied zu Deutschland, wo die Dialekte als bildungsfern gelten – und es gibt die Standardsprache (der Ausdruck *Hochdeutsch* wird in der Schweiz vermieden), welche primär eine Schreibsprache ist, aber bei gegebenem Anlass auch gesprochen wird. Die Standardsprache gilt als die Sprache der Autorität, der Vorschriften und Gesetze. Lehrsätze werden auch mündlich in der Standardsprache formuliert. Andererseits verwendet eine Mehrheit der Gymnasiasten im privaten schriftlichen Verkehr (E-Mail, SMS) das Schweizerdeutsche. Ich muss meinen Studierenden jeweils sagen, sie sollen doch wenigstens den Header nicht in Swiss German, sondern in German German schreiben, ansonsten ihre E-Mails Gefahr laufen, vom Spam-Filter in den Junk geworfen zu werden.

Beim schriftlichen Gebrauch des Schweizerdeutschen ist sogar eine beginnende Codifizierung, der Aufbau eines orthografischen und grammatischen Regelwerkes zu beobachten. Also erneut eine Standardisierung. Diese wird gelegentlich als „Hollandifizierung" bezeichnet, da das Niederländische als codifizierter deutscher Dialekt gilt.

Sprachbegabte Kinder beherrschen virtuos den Wechsel zwischen den beiden Sprachen, um dem emotionalen Hintergrund einzufärben.

Die Frage, welches nun die „richtige" Unterrichtssprache sei, ist in der Schweiz seit Jahrzehnten ein pädagogischer Dauerbrenner. Zur Zeit (2008) ist es in Basel so, dass in der Vorschule (ehemals Kindergarten) zu einem Drittel der Vorschulzeit die Standardsprache verwendet werden muss, während an einer mündlichen Maturitätsprüfung (Abiturprüfung) in Mathematik das Baseldeutsche gesprochen wurde.

Zur Sache

Die Behauptung, dass jede Gerade durch den Schwerpunkt die Dreiecksfläche halbiert, ist zwar falsch, aber alle hier vorgebrachten Argumente dazu sind richtig. Diese Argumente nehmen zwar Stichworte der Behauptung auf, gehen aber an der Behauptung vorbei.

Gibt es eine stufengerechte (Sekundarstufe 1) Argumentation, um die Behauptung, dass jede Gerade durch den Schwerpunkt die Dreiecksfläche halbiert, zu falsifizieren?

Ein Gegenbeispiel genügt, so einfach wie möglich. Wir arbeiten mit einem regelmäßigen Dreieck und unterteilen dieses in neun kongruente kleine regelmäßige Dreiecke (Abbildung 6). Der Schwerpunkt ist offensichtlich.

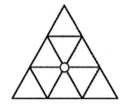

Abbildung 6: Unterteilung und Schwerpunkt

Nun legen wir eine horizontale Linie durch den Schwerpunkt. Dann gibt es oben vier kleine Dreiecke und unten fünf. Also keine Halbierung.

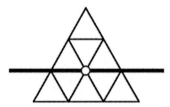

Abbildung 7: Flächenverhältnis 4:5

Schadensbegrenzung

a) Wie teilen die Geraden durch den Schwerpunkt eines Dreieckes dessen Fläche?

Wir arbeiten in einem gleichseitigen Dreieck gemäß Abbildung 8 mit einer orientierten Trennlinie durch den Schwerpunkt.

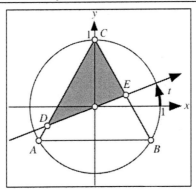

Abbildung 8: Drehen der Trennlinie

Für $t \in \left[-\frac{\pi}{6}, \frac{\pi}{6}\right]$ hat das Teildreieck CDE (Abbildung 8) die Eckpunktskoordinaten

$$C(0,1), \quad D\left(\frac{1}{\tan(t)-\sqrt{3}}, \frac{\tan(t)}{\tan(t)-\sqrt{3}}\right), \quad E\left(\frac{1}{\tan(t)+\sqrt{3}}, \frac{\tan(t)}{\tan(t)+\sqrt{3}}\right)$$

und damit den Flächeninhalt:

$$A_{\Delta CDE} = \frac{\sqrt{3}}{3-\tan^2(t)}$$

Das gleichseitige Dreieck ABC hat den Flächeninhalt $\frac{3}{4}\sqrt{3}$. Der Flächenanteil des Dreiecks CDE ist somit:

$$\frac{A_{\Delta CDE}}{A_{\Delta ABC}} = \frac{4}{9-3\tan^2(t)}$$

Für andere Werte von t nützen wir die Symmetrie im Dreieck ABC aus.

Für den Anteil des Gebietes links der orientierten Trennlinie ergeben sich dann die Werte der Abbildung 9.

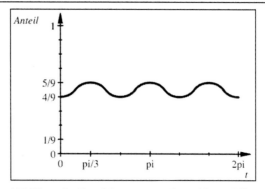

Abbildung 9: Abweichungen von der goldenen Mitte

Die Anteile schwanken zwischen vier Neunteln und fünf Neunteln. Das gilt nicht nur für das regelmäßige Dreieck, sondern für ein beliebiges Dreieck. Dieses kann nämlich affin auf ein regelmäßiges Dreieck abgebildet werden, dabei bleiben die Flächenverhältnisse invariant.

b) Welches sind die Geraden, die das Dreieck wirklich halbieren?

Für diese Geraden müssen die von einer Dreiecksecke aus gemessenen Abschnitte ein konstantes Produkt haben. Die Geraden hüllen Hyperbeln ein.

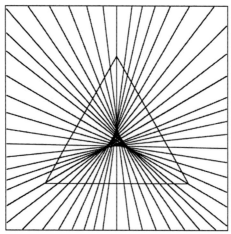

Abbildung 10: Diese Geraden halbieren die Dreiecksfläche

Die Schwerlinien sind die einzigen Geraden dieser Geradenschar, welche auch durch den Schwerpunkt verlaufen.

Autorenverzeichnis

Hans-Jürgen Elschenbroich
Medienberatung NRW
Medienzentrum Rheinland
Bertha-von-Suttner-Platz 3
40227 Düsseldorf
elschenbroich@medienberatung.nrw.de

Prof. Dr. Lutz Michael Führer
Institut für Didaktik der Mathematik und Informatik
Goethe-Universität
Senckenberganlage 9
60054 Frankfurt
fuehrer@math.uni-frankfurt.de

Boris Girnat
Institut für Didaktik der Mathematik und Informatik
Universität Münster
Fliednerstraße 21
48149 Münster
b.girnat@uni-muenster.de

Andreas Goebel
Otto-Hahn-Gymnasium Göttingen
Gaußstr. 16
37083 Göttingen
a-goebel@gmx.de

Prof. Dr. Günter Graumann
Deciusstrasse 41
33611 Bielefeld
og-graumann@web.de
graumann@mathematik.uni-bielefeld.de

Olaf Knapp
Pädagogische Hochschule Weingarten
Kirchplatz 2
88250 Weingarten
olafknapp@yahoo.de

Prof. Dr. Sebastian Kuntze
Institut für Mathematik und Informatik
Pädagogische Hochschule Ludwigsburg
Reuteallee 46, 71634 Ludwigsburg
kuntze@ph-ludwigsburg.de

Prof. Dr. Matthias Ludwig
Fachbereich Mathematik
Pädagogische Hochschule Weingarten
Kirchplatz 2
88250 Weingarten
ludwig@ph-weingarten.de

Prof. Dr. Reinhard Oldenburg
Institut für Didaktik der Mathematik und Informatik
Goethe-Universität
Senckenberganlage 9
60054 Frankfurt
oldenbur@math.uni-frankfurt.de

Prof. Dr. Lothar Profke
Universität Gießen
Institut für Didaktik der Mathematik
Karl-Glöckner-Str. 21C
35394 Gießen
lothar.profke@math.uni-giessen.de

Dr. Jürgen Roth
Universität Würzburg
Institut für Mathematik
Didaktik der Mathematik
Am Hubland
97074 Würzburg
mail@juergen-roth.de

Prof. Dr. habil. Heinz Schumann
Fak. II, Mathematik
PH Weingarten
Kirchplatz 2
88250 Weingarten
E-Mail: schumann@ph-weingarten.de

Frauke Ulfig
Riesebyer Str. 1
24340 Eckernförde
frauke.ulfig@uni-oldenburg.de

Dr. Hans Walser
Mathematisches Institut der Universität Basel
Rheinsprung 21
CH – 4051 Basel
hwalser@bluewin.ch